사회복지 아카데미(Academy for Social Welfare) 총서 ①

사회복지조사론

박선희 천정웅 공저

RESEARCH METHODS FOR SOCIAL WELFARE

양성원

머리말

사회복지조사론은 인간과 사회의 현상, 사회복지문제를 과학적 방법의 관점에서 조사하고 분석한다. 사회복지와 관련한 조사연구를 수행하거나 유사한 다른 연구들을 이해하기 위해서는 조사방법에 대한 이해가 필수적이다. 또한 사회복지실천현장에서도 방법론에 관한 지식을 바탕으로 전문성있는 실천을 하는 것이 점차 강조되고 있다. 이런 추세를 생각할 때 사회복지조사론은 사회복지사로서 기본적으로 배워야 하는 꼭 필요한 내용을 담고 있는 매우 중요한 학습인 것이다. 실제로 이미 집필된 많은 조사방법론 저서들이 그 중요성을 잘 말해주고 있다.

그럼에도 불구하고 여러 해 동안 사회복지조사론을 강의하며 느끼는 것은 학생들이 조사방법론을 어렵게 생각하는 경향이 있다는 것이다. 특히 처음 접하는 학생들 중에는 과목에 대한 흥미를 갖지 못하고, 이해하기 어렵고 복잡한 내용을 가진 것으로 보는 등 막연한 선입견을 갖는 경우가 있어서 안타까움을 갖게 된다. 이에 열정있고 호기심 많은 학생들이 선입견의 벽을 극복하고 전문지식과 기술을 익힐 수 있도록 학습자의 접근성을 높임과 동시에 조사방법론 고유의 기초적인 내용들을 총괄적으로 다루는 교재가 필요하다는 생각을 하게 되었다.

이 책의 특징은 크게 다음과 같은 두 가지로 정리할 수 있다. 첫째, 학생들이 내용을 보다 알기 쉽게 이해할 수 있도록 구성하겠다는 것에 초점을 두고 기존의 사회복지조사론 관련 저서들에서 난해하거나 어렵게 다가올 수 있는 부분들에서는 그림과 표 등의 자료들을 최대한 활용하여 학습자의 이해를 돕는 동시에 구성의 독창성을 높이려고 노력하였다. 둘째, 조사방법론이 다루어야 할 기초적이고 필수적인 내용을 담으면서도 다양하고 새로운 조사방법들의 차원을 체계적으로 구성하여 전문 학술서로서의 수준을 갖추고자 하였다.

이 책의 구성은 사회조사의 기초(제1부), 사회조사의 설계(제2부), 조사연구의 실제(3부), 그리고 질적연구방법(제4부) 등의 네 부분으로 구분하고 전체 14개의 장으로 편집하였다. 제1부와 제2부의 8개 장은 박선희 교수가 집필했으며, 제3부와 제4부의 6개 장은 천정웅 교수가 맡아하였다. 필자들이 기본적인 체제와 분량을 맞추려고 노력했지만, 각 장별 주제의 특성이 다르기 때문에 전체가 일관성을 갖도록 하기는 쉽지 않았다. 그러나 이 책은 기존의 조사방법론에서 크게 다루지 않았던 질적연구방법을 강조하였으며, 예시와 도형을 활용하여 가독성을 향상시키고 새로운 외국의 자료들을 포함하고자 노력하였다.

이 책은 사회복지아카데미(Academy for Social Welfare) 총서의 첫 번째 책으로 발간하였다. 사회복지아카데미 총서는 사회복지이론과 실천, 그리고 정책 등과 관련한 다양한 분야에서 새로운 관점과 접근을 요구하는 시대적 기대에 부응하면서 사회복지와 관련한 다양한 이론과 발전적 실천들을 담고자 하는 학술공동체를 지향하고 있다. 이 책의 발간은 그러한 사회복지아카데미의 뜻을 전하는 첫 번째 발간물의 의미를 가질 것이다. 이러한 사회복지아카데미 총서의 발간에 참여하고 있는 국내외의 교수들과 연구자들에게 고마움을 전하면서, 흔쾌히 출판을 맡아주신 도서출판 양성원의 강철원 대표님과 직원 여러분께 깊은 감사를 드린다.

2018년 2월

정성을 모아

박선희 · 천정웅 씀

차 례

Part

01

[사회조사의 기초]

Research Methods for Social Welfare

01 지식탐구와 과학적 방법

1. 지식의 탐구

1) 지식의 형성방법

지식(knowledge)이란 무엇에 대하여 아는 상태 또는 어떤 현상이나 그 현상에 대한 설명을 사실(truth)이라고 믿는 것을 말한다. 지식은 우리가 단지 사실이라고 믿는 것에 불과하며 반드시 실재(reality)를 나타내는 것은 아니다. 지식을 습득하는 방법에는 개인이 직접적으로 경험한 것(관찰)에 근거한 '경험적 지식(experiential knowledge)'과 사회구성원의 합의에 의해 형성된 보편적 지식인 '합의적 지식(agreement knowledge)'이 있다(고수현 외, 2013; 장정순, 2016).

경험적 지식은 자신의 직접 경험에 의해 믿게 되는 사실로 어떤 현상을 직관적으로 이해하거나 자신이 직접 경험한 사실에 기초하여 사물을 이해하는 것이다. 예를 들어 어린아이는 뜨거운 난로에 손을 대본 경험이 있으면 어머니가 난로가 뜨겁다는 것을 가르쳐 주지 않아도 직접적인 경험을 통해 난로가 뜨겁다는 것(지식)을 알게 되는 것이다. 바늘에 찔리면 피가 나고 아프다거나 물은 위로 흐르지 않고 아래로만 흐른다는 사실은 우리의 직접적인 경험을 통해 믿게 되는 사실이다.

합의적 지식은 다수의 사람들이 사실이라고 믿기 때문에 사실이 되는 것이다. 우리가 알고 있는 지식의 대부분은 합의에 바탕을 두고 있는 것으로 예를 들어 우리가 일상적인 경험으로는 지구가 둥글다는 것을 느끼지 못하지만 초등학교 학생들도 지구가 둥글다는 사실을 받아들인다. 이는 다수의 사람들이 지구가 둥글다는 사실에 대해 합의하고 있으므로 그것은 사실이 되고 책을 포함한 다양한 문화적 사회화의 과정에서 이러한 합의적 사실들을 널리 알리기 때문이다. 이제 지식과 정보의 다양한 원천에 대해 알아보자(김진숙, 2015; 황창순 외, 2010).

2) 지식의 원천

(1) 전통

사물을 이해하는 간접적 방법 가운데 중요한 하나는 전통을 통하는 것이다. 우리는 세상 돌아가는 것에 관한 확고한 지식으로 구성된 문화를 물려받는다. 모두가 알고 있는 것을 받아들이면 규칙과 이해를 찾기 위해 무에서 출발해야 하는 과제를 줄일 수 있다. 한편 전통은 탐구에 불리하게 작용할 수 있다. 어떤 것에 대해 새롭고 다른 이해를 추구하면 바보로 간주되거나, 이미 알려져 있고 명백한 무언가를 다르게 이해하고자 하는 생각을 결코 하지 않을 수도 있다. 전통적인 실천지혜에 순응하는 것의 단점은 순응을 너무 편하게 생각할 수 있다는 것인데, 전통적 접근이 효과적인지 아닌지, 또는 대안적 접근이 더욱 효과적이라는 증거를 찾지 않으려 할 수 있다. 그리고 자신의 기관의 전통 때문에 새로운 정보에 그다지 수용적이지 못할 수도 있다.

(2) 권위

우리는 개인적 탐구 외에도 타인에 의한 새로운 발견과 이해의 혜택을 누린다. 새로운 발견의 수용 여부는 종종 발견자의 지위에 달려 있다. 권위 또한 인간이 행하는 탐구에 도움이 될 수도, 방해가 될 수도 있는데, 만약 주어진 문제에서 모순되는 입장이 있을 때는 그 문제에 대해 특별한 훈련을 받고 전문성과 자격증을 가진 사람의 판단을 신뢰하는 것이 더 낫다. 이때 합법적이고 높은 평가를 받는 전문가의 권위에 근거해 채택된 지식이라도 틀릴 수 있으며 해가 될 수 있음을 생각해야 한다.

(3) 상식

세상을 알아가는 또 다른 방법으로 상식이 있다. 상식은 논리적 추론을 의미하며, 전통과 권위에 기초한 광범위하게 공유된 믿음을 의미한다. 상식은 우리의 개인적인 경험이나 우리 주위의 다른 사람의 경험을 실제적인 지식의 원천으로 삼는 경우이다. 상식에서 문제가 되는 것은 '모든 사람이 알고 있는' 것이 틀릴 수 있다는 것이다. 상식은 합리적이고 명확한 것으로 보이기도 하지만, 지식의 기원으로서 과학에 대한 대안으로는 불충분하고 위험하다. 상식은 일반화된 지식의 기반이 되기 어려운데 그것은 개인의 특수하고 독특한 상황과 연관되어 있기 때문이다.

(4) 직관

직관은 직접적이고 일차적인 접근에 의한 지식으로 지성을 많이 사용하지 않고 그냥 감이나 느낌으로 어떤 사실을 아는 것이라고 할 수 있다. 직관은 수많은 방식, 즉 통찰을 통한 계시, 이유 없는 확신, 합리적 사고를 거치지 않은 즉각적 이해로 설명된다. 직관의 맹점은 바탕으로 하는 명제가 잘못된 경우 그로 인해 파생된 지식은 모두 거짓이 된다는 것이다. 따라서 직관에 의해 형성된 지식은 끊임없이 의심을 품고 탐구해 경험의 세계에서 검증되어야 한다.

(5) 경험

개인이 자신의 직접적인 경험을 통해 지식을 얻는 방식이다. 인간이 지닌 감각기관을 직·간접적으로 사용하여 경험하며, 이러한 개인적 경험은 때로는 강력하고 중요한 지식의 근거가 되기도 한다. 그러나 경험하지 않은 사실은 알 수 없고 인간의 경험이란 본래 불완전한 것이므로 많은 오류를 내포할 수 있고 참다운 지식인지 확신하기 어렵다.

(6) 대중매체

우리는 대중매체를 통해 대부분의 정보를 비롯한 많은 것을 배울 수 있지만, 한편으로는 잘못된 정보를 접하기도 한다. 대부분의 언론인이 정확성과 객관성을 추구하지만, 어떤 사람은 자신의 정치적 편견에 영향을 받는다. 대중매체는 우리가 세상에 대해 안다고 생각하는 것에 영향을 미칠 수 있는 각색된 이야기와 텔레비전 쇼를 포함하고 있다. 역사에 대해 각색된 설명은 실제로 교육적이다. 우리는 대중매체에서 가치있는 것을 수없이 배울 수도 있지만, 대중매체가 지식의 과학적 원천에 있어 적절한 대안을 제공하는 것만은 아니다.

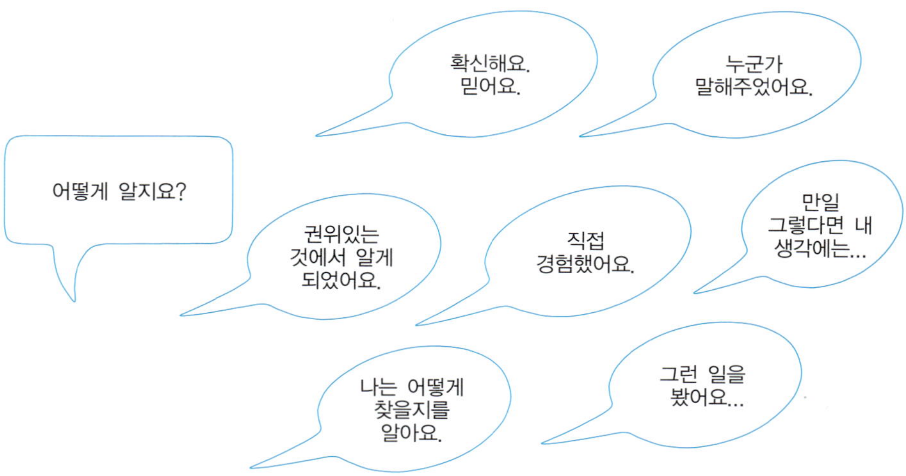

출처: Matthews & Ross(2010), p.21.

[그림 1-1] 앎의 다양한 방법들

(7) 과학적 방법

과학적 방법이란 과학적 지식을 습득하는 방법을 의미한다. 현상－개념－가설－검증 등의 체계적이고 객관적인 단계를 거쳐 이론을 도출하는 방법으로 가설 검증 과정을 통해 명제의 정확성을 확보한다. 이러한 논리적으로 유추된 현상에 대한 지식이 경험적으로 관찰된 사실과 일치하면 과학적 지식으로 간주된다.

3) 일상적 지식형성의 오류

(1) 부정확한 관찰

무심결의 인간적 탐구와는 대조적으로 과학적 관찰은 의식적인 행위이지만 일상적 관찰은 무심결에 무의식적으로 이루어지며 기억에 의지하므로 부정확한 경우가 많이 발생한다. 단순히 관찰을 좀 더 신중하게 하는 것이 오류를 줄이는 데 도움이 된다. 측정도구는 부정확한 관찰을 예방하는 데 도움을 줄 수 있으며 인간의 본래 감각을 훨씬 뛰어넘는 정확도를 더해 준다.

(2) 과도한 일반화

과학은 문제에 대한 인과관계를 설명하기 위해 무작위로 표본을 선정하여 객관성을 확립하고 조사결과를 일반화하는데 오류를 최소화하고 반복적 조사를 통해 검증한다. 반면 일상적 탐구에서 일반화는 소수의 표본에서 얻은 결과를 전체에 확대 적용함으로써 종종 몇 개의 비슷한 사건을 일반적 유형의 증거라고 간주한다. 과도한 일반화가 발생하면 탐구를 잘못된 방향으로 이끌거나 망치게 된다. 과학자들은 충분하게 큰 관찰 표본을 확보함으로써 과도한 일반화를 예방한다.

(3) 선별적인 관찰

과도한 일반화가 가진 한 가지 위험은 선별적 관찰로 이어질 수 있다는 것이다.

한번 특정한 유형이 존재한다고 결론을 내리고 그 이유에 대한 일반적 이해를 해나가기 시작하면 그 유형에 들어맞는 사건과 상황에는 주목하지만, 그렇지 않은 것은 무시할 가능성이 크다. 이러한 선별적인 관찰은 단지 불쾌한 편견을 가진 사람들한테만 나타나는 것이 아니라 우리 모두한테서 나타난다. 사회복지 실천가도 선별적 효과에 빠져 자신의 노력을 제한할 수 있다. 일반적으로 연구설계를 할 때는 결론에 도달하는 근거로 수행될 관찰의 종류와 숫자를 분명히 한다. 연구 프로젝트에서 그 질문에 관해 구체적으로 명확한 숫자의 관찰을 할 수 있도록 노력해야 한다. 선별적 관찰을 예방하는 또 다른 안전장치는 동료들인데, 연구자가 내린 결론과 모순되는 무언가를 연구에서 간과할 때 동료가 그것을 알려주는 역할을 할 수 있다.

(4) 사후소급가설 설정

프로그램을 시행한 이후 연구자가 기대한 것과 반대로 나타난 결과를 자신의 추론에 맞추어 설명하는 것을 사후소급가설화(expost facto hypothesizing)라고 한다. 즉, 생각없이 관찰이 먼저 진행되고 그 후에 설명을 붙이는 경우이다. 이러한 방식은 얼핏 경험적 연구로 보이지만 사실은 우연한 설명이 될 가능성이 높고 그에 대한 검증방법도 없다. 반면 과학적인 방식은 먼저 가설을 설정하고 이후에 참인지 거짓인지를 검증하는 것이다.

(5) 자아가 개입된 이해

자아개입은 객관적 지식탐구를 방해한다. 관찰된 현상을 분석하고 그 의미를 해석함에 있어서 자신의 감정이나 가치가 개입되면 객관성을 유지하기 힘들 것이다. 사물을 이해하는 데 자아가 개입되는 것은 사회복지 실천에서도 흔하게 일어난다. 실천가는 이미 익숙하고 전문성을 가져서 자신이 좋아하는 실천방식의 효과성을 과학적으로 재평가하기보다는 자신의 실천적 접근이 비효과적일 수 있다는 증거로부터 벗어나기 위해 애쓴다. 사회복지사는 자신의 연구가 평가하는 프로그램의 효과성을 지지하지 않을 때 종종 이런 형태의 자아개입에 직면하는 것이다.

(6) 섣부른 탐구종료

과도한 일반화, 선택적인 관찰 그리고 꾸며진 정보를 사용할 때 탐구를 섣부르게 종료하게 된다. 섣부른 탐구종료는 어떤 사실이 완벽하게 이해되기 전에 탐구를 조기에 종결하는 것을 말한다. 탐구를 섣부르게 종료하는 위험은 명백하다. 이것은 사물을 완전하게 이해하기 전에 이해하려는 시도를 중단하는 것이다. 인간사회의 현상들은 다른 과학 분야와는 달리 순환적 속성을 가지며, 과학의 결론은 지속적으로 수정되는 개방적 성격을 갖는 것이다.

(7) 신비화

어느 누구도 모든 것을 완벽하게 이해할 수는 없다. 신비화란 아무리 노력해도 문제를 이해할 수 없을 때 초자연적 현상이나 신비적 원인으로 돌리는 행위를 말한다. 이러한 지식은 사실과 부합하지 않는 경우가 늘어나거나, 사회의 전반적 교육수준이 높아질수록, 그리고 개인의 심리적 상태가 정상적으로 호전될수록 그 의미와 가치를 상실한다.

2. 과학과 과학적 연구

1) 과학

어원적으로 과학 'science'는 라틴어 'scientia(알다)'에서 유래되었으며 좁은 의미로는 자연과학을 뜻하지만 넓은 의미로는 학문과 같은 의미로 자연과학뿐만 아니라 사회과학도 포함한다(임봉호 외, 2012). 과학이란 현상에 내재하는 진리를 객관적인 방법에 의해 규명하는 과정 또는 해결 가능한 문제를 과학적 방법을 통해 이론을 도출하는 과정으로써 그 소산인 합리적인 지식을 뜻한다.

모든 현상은 과학의 대상이 될 수 있으므로 어떤 학문이나 활동이 다루는 대상이 어떤 것이냐에 따라 과학이냐 아니냐가 결정되는 것이 아니라 연구(접근)하는 '방법'이 과학적 방법이면 과학이 되고 물질이나 자연현상을 다루더라도 그 방법이 과학적이지 못하면 과학이 아닌 것이다. 따라서 인간사회를 과학적 방법으로 연구하면 그 학문은 과학이 되며, 특히 사회현상에 대한 과학적 연구를 사회과학이라 부른다.

과학은 일반적으로 논리와 경험(관찰)이 중요한 핵심이다. 사물에 대한 과학적 이해는 뜻이 통해야 하고 관찰한 것과 일치해야 한다. 연구하려는 대상을 체계적으로 관찰하고, 분석하고, 해석하고, 일반화하는 접근방법을 과학적 방법이라 한다. 즉, 과학적 방법은 연구절차가 논리적이고 체계적이어야 하며 경험적으로 검증 가능해야 하고 다른 사람에 의해 연구되어도 동일한 결과를 얻을 수 있도록 객관적이어야 한다(강종수, 2013).

2) 과학적 연구의 특징

과학적 연구의 특징들을 구체적으로 살펴보면 다음과 같이 정리할 수 있다(강종수, 2013; 곽종형 외, 2013; 황창순 외, 2010).

(1) 논리적 · 체계적

과학적 방법은 논리적이며 체계적이다. 먼저 논리성이란 어떤 현상이 나타나게 된 원인과 결과에 대한 설명이 시간적 순서와 이치에 맞아야 된다는 것을 의미한다. 두 개의 배타적인 상태가 동시에 일어날 수 없거나 현상 등이 서로 앞뒤 이치에 맞아야 한다. 체계적이라는 것은 과학세계의 공동체에서 공통적으로 받아들여지는 정해진 절차와 방법에 따라 과학적 과업을 수행해야 한다는 의미이다. 대부분의 과학자들에게 받아들여지고 공유되는 절차로 인해 과학적 지식은 서로 공유되며 다른 동료들에 의해 그 지식이 재현되기도 하고 검증되기도 한다.

(2) 객관적

객관적이란 말은 조사자의 가치나 편견이 조사과정에 끼어들지 않는 정도를 말하는 것으로 건전한 감각기관을 가진 여러 사람이 이 같은 대상을 인식하여 얻은 인상의 일치를 말한다. 주관적이나 자의적이지 않으며 누구에게나 동일하게 인식되는 사건이나 현상은 객관성이 있다고 말할 수 있다. 연구주제의 선택이나 연구결과를 해석함에 있어서 완전한 객관성을 견지하는 것이 불가능하지만 적어도 연구절차나 연구과정에 있어서 개인의 이해관계나 가치관이 개입되지 않아야 한다는 말이다.

(3) 간주관성

연구자마다 서로 다른 주관적인 판단과 동기를 가지고 연구를 계획하고 수행했다 하더라도 동일한 실험을 했다면 결과 역시 동일해야 한다. 만일 연구대상이나 현상에 대한 조사설계 및 자료수집과정을 포함한 연구과정이 객관적이라면, 서로 다른 연구자가 각기 독립적으로 조사한다 하더라도 동일한 결과를 얻을 수 있다는 것이다. 이를 간주관성(間主觀性) 또는 상호주관성이라고 한다.

(4) 재생 가능성

모든 이론은 한 번의 검정이나 관찰로 이루어진 것이 아니라 여러 차례 반복적으로 검정되거나 관찰된 후 정립된 것이다. 따라서 이론으로 정립되기 위해서는 그 이론에 대한 신뢰성을 확보하기 위해 조사를 반복적으로 수행할 수 있는 재생 가능성이 있어야 한다. 즉, 같은 연구를 같은 방법으로 수행하면 누구나 같은 결과를 얻을 수 있어야 과학의 조건이 된다. 특히 과학적 연구에서 재생 가능성은 연구대상, 현상에 대한 조사설계 및 자료수집과정을 포함한 연구과정이 객관적이라면 서로 다른 연구자가 각기 독립적으로 조사한다 하더라도 동일한 결과나 결론을 얻을 수 있다는 것을 의미한다.

(5) 검증 가능성

연구자가 제시한 이론들은 반드시 현실세계에서 검증될 수 있어야 한다. 과학적 연구에서는 객관적인 증거나 근거를 필요로 하기 때문에 현상에 관한 모든 진술들은 경험적으로 검증할 수 있어야 한다. 인간의 인식이나 사고체계 내에서 지각될 수 있는 연구대상은 경험적인 것이며 이러한 지각된 현상과 관련된 정보와 자료를 수집하고 분석하는 것을 경험적으로 검증한다고 말한다. 이데올로기적 주장이나 종교적 믿음은 과학적 방법으로 그 진위를 확인할 수 없다는 점에서 과학적 이론으로 부르기에 부족하다.

(6) 수정 가능성

기존의 신념이나 연구결과는 언제든지 비판되고 수정될 수 있다. 과학적 지식은 영원불변의 진리가 아니며 주어진 제약 하에서 이루어지는 지식으로 상대성과 유한성을 내포한다고 할 수 있다. 과학적 지식은 언제나 틀릴 수 있거나 수정될 수 있다는 측면에서 그 지위가 영원하고 영속적이기보다는 잠정적이고 일시적이다. 대부분의 과학적 지식이 가진 이러한 특징으로 인해 과학은 계속적으로 수정되고 새로운 지식의 축적에 의해 그것의 설명력이 커지는 것이다.

〈표 1-1〉 과학적 방법과 비과학적 방법의 비교

비과학적 방법	차원	과학적 방법
직관적, 체계적	일반적 접근	경험적, 분석적
우연적, 비통계적	관찰	체계적, 통계적
편파적, 주관적	보고	비편파적, 객관적
애매하고 여타의 의미 존재	개념들	명확한 정의와 조작적 특수성 있음
부정확하고 정밀하지 못함	도구들	정확하고 정밀함
타당성과 신뢰성 없음	측정	타당성과 신뢰성 있음
검증 불가능	가설들	검증 가능
무비판적, 수용적	태도	비판적, 회의적

출처: 강종수(2013), p.22.

3. 과학적 이론

1) 이론의 형성과 기능

이론은 하나의 진술로 구성되는 경우도 있으나, 일반적으로 두 개 이상의 진술로 구성되며 이 진술들은 상호 밀접한 관계를 가진다. 일반적으로 명제라고 알려진 이러한 진술들은 개념과 변수로 구성되어 있다. 정형화된 이론에는 공리, 전제조건, 정리, 명제, 가설, 경험적 일반화 등의 서술 형태를 포함한다(곽종형 외, 2013).

이론은 과학적인 조사연구에서 다음과 같은 여러 가지 중요한 기능을 수행한다(채구묵, 2010). 첫째, 이론은 연구의 주제를 선정하는 데 아이디어를 제공해 준다. 우리가 어떤 분야를 연구하고자 할 때 어떤 주제를 어떤 방향으로 연구해야 할 것인지 막연한 때가 많다. 이론은 이러한 문제를 해결하는 데 지침을 제공해 준다. 이론은 사실 간의 원리 및 법칙을 알게 해 줌으로써 연구의 범위를 정해주고 연구방향을 제시해 준다.

둘째, 이론은 가설을 설정하는 데 도움을 제공한다. 선정된 주제들이 너무 일반적이고 추상적이어서 어떤 내용을 조사해야 할지 어려운 경우가 많다. 이런 경우 주제를 조사 가능한 구체적인 가설로 세분할 필요가 있는데 이론은 변수 간의 관계를 파악하도록 함으로써 가설 설정에 좋은 아이디어를 제공해 준다.

셋째, 이론은 새로운 이론을 개발하는 데 도움을 제공해 준다. 이론은 사물이나 현상 간의 관계를 다른 관점에서 보도록 함으로써 새로운 이론도출에 도움을 준다. 우리는 많은 새로운 이론들이 기존의 이론과 다른 관점에서 관찰함으로써 얻어진 것임을 알 수 있다.

넷째, 이론은 조사결과에 의해 수정되거나 확증되며 더 넓은 범위로 확대 적용될 수 있다.

2) 이론의 정의

사회과학에서 이론은 어떤 사회현상의 한 측면을 설명하거나 사람들이 일상생활에서 어떻게 행동하고 의미를 발견하는가를 알 수 있도록 하는 일련의 상호 연관된 진술의 체계를 말한다. 사회과학 이론의 목적은 인간과 사회에 대한 현상을 묘사, 설명, 예측하기 위한 것이다. 따라서 현상을 설명하고 예측하고자 하는 의도가 없는 진술은 이론이라 할 수 없다.

(1) 이론은 명제로 구성되어 있다

이론은 어떤 개념이나 요소를 연결하여 의미있는 진술이 되게 하는 명제로 구성되어 있다. 형태나 구조에서 최소한 두 가지 이상의 개념을 연결하여 의미있게 진술한다.

(2) 이론은 추상적 서술이다

이론은 구체적 현상을 일반화시켜 서술한 것이기 때문에 추상성의 정도가 높을 수록 보다 많은 구체적 현상을 포괄하고 보다 폭넓게 적용할 수 있다.

(3) 이론은 어떤 현상을 설명하는 것이다

이론은 그 성격이나 내용이 어떤 현상을 설명하는 것이 되어야 한다. 이론의 가장 바람직한 내용은 어떤 현상에 대한 원인(인과관계)을 규명하는 설명이다. '...해야 한다'거나 '...이 옳다' 등과 같은 가치나 규범을 표명하는 것은 이론이 될 수 없다.

3) 이론의 구성요소

이론은 개념, 변수, 서술 등의 요소로 구성되어 있다(장정순, 2016).

(1) 개념

사물이나 사회현상의 공통적 속성을 묶어 간단한 추상적 언어(용어)로 표현해 놓은 것을 개념이라고 한다. 개념은 관찰여부에 따라 무형의 개념과 유형의 구체적 개념들이 있다. 실증적 검증을 위해서는 추상적인 개념을 구체적인 개념의 형태로 바꾸어야 한다. 학술용어로 쓰이는 개념은 적어도 그 분야에 관심을 갖고 연구하는 학자나 전문가들 사이에 동의할 수 있는 것이어야 한다. 즉, 그 개념이 그 문제에 관심을 가지고 있는 과학자 공동체에서 간주관적(intersubjective)인 것이 되어야 한다.

개념의 4가지 기능은 첫째, 의사소통의 수단이며, 둘째, 경험적으로 어떤 현상을 관찰할 수 있는 시각을 제공하며, 셋째, 연구자가 관찰한 것을 조직, 분류, 서열화, 보편화할 수 있도록 해주며, 넷째, 이론의 구성요소가 되어 이론의 내용과 속성을 규정한다.

(예) 개념은 이론의 기본 구성물이다. 이론을 하나의 완성된 벽돌집이라 한다면, 그것을 쌓는데 필요한 벽돌들은 개념이라 할 수 있다. 예를 들어 청소년 비행과 관련된 이론에서는 먼저 청소년과 비행이라는 개념들이 필요하고, 그 외에도 가족이나 학교 또는 동료집단 등과 같은 다양한 개념들이 동원될 것이다. 어떤 개념이 어떻게 쓰이는가에 따라 청소년 비행에 관한 이론들도 다양하게 작성될 수 있다.

(2) 변수

개념이 추상적인 것임에 비해 변수는 그것을 경험화하는 일종의 조작화라고 말할 수 있다. 즉, 개념의 실증적 관찰을 위해 조작적 정의와 과정을 거쳐 계량적 측정이 가능해진 개념이 변수이다. 변수의 중요한 특징은 둘 이상의 값(value)이나 범주(category)를 갖는다. 예를 들어 '성별'은 변수이며 '남성'과 '여성'은 변수값이다. 소득수준은 변수이며, '상', '중', '하'의 변수값을 갖는다. 한 개념이 각기 다른 범주로 분류되는 둘 이상의 변수값을 갖지 않으면 변수로 볼 수 없다. 변수는 측정수준에 따라 명목변수, 서열변수, 등간변수, 비율변수로 나뉘고 기능에 따라 독립변수, 종속변수, 매개변수, 조절변수, 외생변수, 왜곡변수, 통제변수로 나눌 수 있다.

(3) 서술

서술은 개념과 변수의 관계에 대해 기술하는 것이며, 정형화된 이론에는 다음과 같은 형태의 서술들이 포함되어 있다. 첫째, 공리(axioms)는 이론의 기초가 되는 설명이다. 공리는 모두 참이므로 증명이 요구되지 않는다. 예를 들면, 수학에서 '두 점이 주어졌을 때, 그 두 점을 통과하는 직선을 그을 수 있다', '삼각형의 합은 180도이다' 등은 증명할 필요가 없는 공리이다.

둘째, 명제(proposition)는 공리의 논리적인 토대에 기초해서 내리는 개념들의 관계를 표현한 결론적인 설명으로 참인 명제가 있고 거짓인 명제가 있다. 명제는 가설, 경험적 일반화, 공리, 전제조건, 정리 등의 유형을 취한다.

(예) 명제 1: A이면 B이다.
명제 2: B이면 C이다.
그러므로
명제 3: A이면 C이다.

• 명제 1과 명제 2는 '공리'나 '필요조건'
• 명제 3은 명제 1과 2에서 추론한 '정리'이다.

셋째, 가설(hypothesis)은 어떤 사실의 원인을 설명하거나 어떤 이론체계를 연역하기 위해서 가정적으로 설정한 것을 말한다. 즉, 검증되지 않은 2개 이상의 변수 간의 관계를 검증 가능한 형태로 서술해 놓은 문장이다. 선정한 문제가 너무 일반적이거나 추상적이어서 이를 구체화할 필요가 있을 때, 가설을 통해서 구체화한다.

〈표 1-2〉 명제의 유형

명제 종류	내용 및 도출방법	검증 가능성
공리	• 이론의 기초가 되는 설명 • 진리로 인정되는 사실	불가능
전제조건	• 미리 가정된 사실	불가능
정리	• 공리나 전제조건으로부터 도출된 사실	가 능
가설	• 명제로부터 연역적으로 유추 • 경험적인 실재에 관한 구체화된 기술 • 명제가 옳다면 경험적으로 어떤 관계를 검증할 수 있겠는가를 서술하는 것	가 능
경험적 일반화	• 관찰, 자료분석을 통해 밝혀진 경험적 법칙	가 능

4) 이론화의 방향

(1) 연역적 방법

① 연역적 방법의 개념

연역적 방법은 일반적인 것으로부터 특수한 것을 추론해 내는 방법으로, 기존의 이론적 틀이나 공리, 공준, 정리, 다른 가설에서 개념 간의 관계를 논리적으로 추론하여 가설을 설정하고, 이 가설이 현실에서 그대로 나타나고 있는가를 관찰하여 확인하는 절차를 취한다. 전통적인 과학적 조사의 방법이며 실증주의자들이 주로 사용하였다. 연역적 논리의 접근방법은 이론→가설→조작화→관찰→검증을 거치며 이론에 의해 가설을 세우고 이를 경험적으로 검증하는 방법을 취한다. 연역적 방법에서 가장 흔히 인용되는 삼단논법적 전개방식의 예를 논리와 경험의 결합방식과 관련하여 보면 다음과 같다.

(이론) 모든 사람은 죽는다.
(조작화) 소크라테스는 사람이다.
(관찰 혹은 경험) 그러므로 소크라테스는 죽는다.

② 연역적 방법의 추론단계

- 1단계: 자신이 관심을 갖고 있는 주제를 상세히 기술한다. 주제는 가치가 있어야 함과 동시에 자신에게도 흥미 있어야 한다.
- 2단계: 자신이 선택한 주제에 대해 다른 사람들은 어떻게 말하는지를 대화나 논문, 책 등을 통해 찾아본다.
- 3단계: 이론이 다룰 현상의 범위를 구체적으로 기술한다.
- 4단계: 주요 개념들과 변수들을 파악하여 상세히 기술한다.
- 5단계: 위의 변수들 간의 관계에 대해 이미 알려진 명제들을 모은다.
- 6단계: 위의 명제로부터 자신이 조사하고 있는 구체적 주제로 논리적인 추론을 한다.

(예) 교육이 사람들의 인지능력을 제고시키고 지식, 기능을 습득하게 함으로써 생산성을 증진시키기 때문에 높은 소득을 받게 한다는 인간자본이론을 통해 교육수준과 소득이 정적 상관관계가 있다는 가설을 도출해 낼 수 있다. 이에 많은 사람들을 대상으로 교육수준과 소득에 대한 자료를 수집한 후 이를 분석하여 교육수준과 소득의 상관관계를 검증할 수 있다.

1. 이론 (theory)

↓

2. 가설 (hypothesis)

↓

3. 자료 수집(data collection)

↓

4. 연구결과 (findings)

↓

5. 채택되거나 기각된 가설들(hypothesis confirmed or rejected)

↓

6. 이론의 수정

출처: Bryman(2012), p.24.

[그림 1-2] **연역의 과정**

(2) 귀납적 방법

① 귀납적 방법의 개념

귀납적 방법은 특수한 사실로부터 일반적인 원리를 이끌어 내는 방법으로, 먼저 구체적 현실을 관찰하여 그 관찰결과에 의하여 어떤 개념 간의 관계를 논리적으로 추정하거나 가정하는 것을 말한다. 개별 사건들을 관찰(경험)한 후에 일반적인 결론, 즉 이론에 도달하는 것으로 연역적 논리전개와는 반대의 입장에 있다. 귀납적 이론은 문화인류학자들이 현상을 설명하는 방법으로 오랫동안 사용해 오고 있는데 이는 사실들에 대한 선입견에 대한 선입견을 배제하고 사실들을 먼저 관찰하여 그

안에서 특정한 유형을 찾아내고 그에 따라 현상을 설명하려는 시도에 귀납적 논리 체계가 적합하기 때문이다.

(관찰) 소크라테스는 죽는다.
(관찰) 공자는 죽는다.
(관찰) 간디도 죽는다.
(이론) 그러므로 모든 사람은 죽는다.

② 귀납적 방법의 특징

- 관찰에서 시작하여 일반적인 원리나 이론으로 전개해 나가는 논리적 과정이다.
- 경험의 세계에서 관찰된 사실들이 공통적 유형으로 전개되는 것을 객관적 수준에서 증명하는 것이다.
- 연구주제는 가설을 설정하지 않고 관심 분야나 문제를 인식하는 차원에서 출발한다.
- 연구대상이 된 경험세계를 객관적으로 관찰하고 결과를 기록한다.
- 기록한 결과가 어떤 규칙에 따라 일정한 유형으로 전개되고 있는가를 발견하고자 한다.
- 일정한 유형이나 규칙성을 객관적 수준에서 설명하고 임시적 결론으로 발전시킨다.
- 분석절차와 방법이 계량적이어야 하고 이를 위해 통계분석이 필요하다.

(예) 한 사람이 AIDS 환자로부터 채혈된 혈액을 수혈받은 후 AIDS 환자가 되었다는 것을 관찰했다. 또 다른 여러 사람에게서도 같은 사실을 발견했다. 이를 통해 AIDS 환자로부터 채혈된 혈액을 수혈받으면 AIDS 환자가 된다는 사실을 찾아내어 채혈된 혈액을 유통하기 전에 철저한 검사를 해야 한다는 것을 알게 된다.

(3) 연역법과 귀납법의 관계

연역법과 귀납법은 상호보완적이다. 연역적 방법에서는 일반적 논리가 경험적 관찰로 확인되고 확인된 논리는 다음에 다시 하나의 가설이 되거나 가설이 도출되는 근거가 되어 일반적 논리가 되고 이에 근거하여 다시 경험적 관찰이 이루어지게 된다. 다른 한편 귀납적 방법에서는 경험적 관찰로부터 일반적 논리가 도출되고 그 일반적 논리는 다시 가설이 되어 경험적 관찰로 확인되는 절차를 거치게 된다. 논리적으로는 연역 이론과 귀납 이론 체계가 구별될 수 있지만, 과학적 지식이 축적되는 전반적인 과정은 연역 → 귀납 → 연역... 과정이 끊임없이 순환적으로 전개되는 것이다.

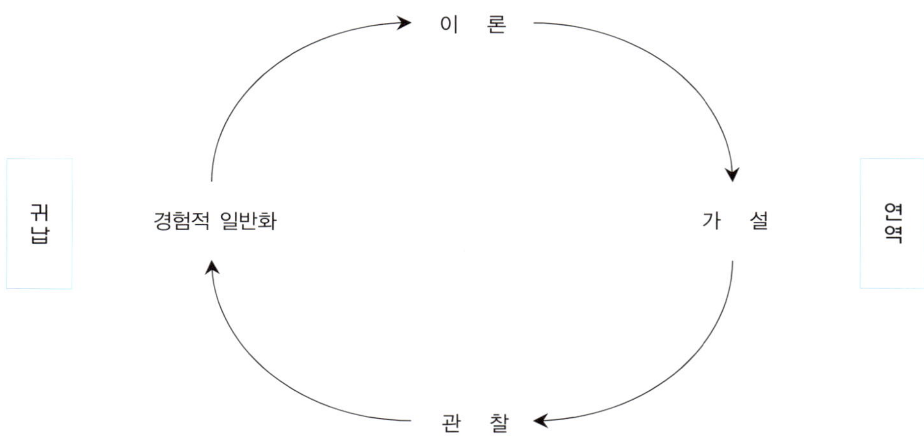

출처: 소영일(2001), p.39.

[그림 1-3] 과학의 순환바퀴-연역법과 귀납법의 관계

5) 이론의 형태

(1) 임시적 분류체계

가장 낮은 수준의 이론은 임시적 분류체계이다. 경험적 관찰을 요약하여 임의적

으로 정한 분류를 말하며 이것은 관찰한 것을 단순히 분류한 것에 불과하다. 앞에서 이론의 구조를 하나의 명제로 정의한 바에 의하면 이론에 속한다고 할 수 없다.

(예) ① 사람들의 자선행동에 관련된 자료를 수집해서 분석하기 위해, 사람들의 유형을 '망설임형' '신중실행형' '과감형' 등의 범주로 구성해서 볼 수 있다. ② 복지국가를 '자유주의 복지국가' '조합주의 복지국가' '사회민주주의 복지국가'로 분류한 것을 말한다.

(2) 체계적 유형

분류 카테고리 상호 간의 논리적 체계가 있는 것이 체계적 유형이다. 경험적 현실에 부합되면서 분류 카테고리 상호 간에 논리적으로 연결된 것을 말한다. 즉, 어떤 개념의 속성이나 차원의 구성요소를 분류한 것이다. 체계적 유형은 두 가지 개념 각각의 속성이나 차원을 교차시켜 새로운 개념을 만들어 내는 것도 포함된다.

(예) ① 파슨스는 사회적 행동을 네 가지 속성이 있는 것으로 보아 a.목적 지향적이고, b.집단적 상황에서 발생하며, c.규범적으로 통제되고, d.에너지가 방출되는 것으로 규정하였으며 이 네 가지 속성이 드러나면 그것은 사회적 행동이라고 정의하였는데, 이것은 속성의 구성요소를 유형화한 것이다. ② 머튼은 그의 일탈행동에 대한 아노미이론에서 사회적 목표와 제도적 수단을 교차시켜 각각을 받아들이고 거부하는 것의 조합에 따라 적응양태를 다섯 가지로 분류하였다.

(3) 개념적 틀

보다 명확한 명제들의 틀 속에 개념들 간의 관계가 경험적으로 검정 가능하도록 진술된 형태를 말한다. 개념적 틀 속의 명제는 연역적 추론으로 만들어진 것이 아니라 경험적 관찰에 근거하고 있기 때문에 이론화의 초기적 상태라 할 수 있다. 개념들 간의 관계를 진술하는 명제로 구성된 이러한 이론의 형태는 사회현상을 설명하고 예측할 수도 있다.

(예) ① 사회과학에서 말하는 많은 이론들은 개념적 틀에 해당한다. 행동수정이론, 사회체계이론, 사회복지의 임상적 실천이론 등 ② 핀쿠스와 미나한의 체계적 접근(사회복지 실천 대상을 변화매개 체계, 클라이언트 체계, 표적 체계, 행동체계로 분류하고 실천가와 이들 체계 간의 관계를 협조, 협상 혹은 갈등 등의 개념을 사용하여 나타낸다.)

(4) 이론적 체계

개념적 틀 혹은 개념적 도식이 사유, 논리, 조사 등을 통해 잘 개발되면 이론이 된다. 이에 비해 이론적 체계는 명확한 범주체계에 의한 분류들과 개념적 틀이 모여서 구성되며, 개별 개념이나 개념들 간의 관계에 대한 체계적인 기술, 설명, 예측을 담고 있다. 즉, 체계적 유형과 개념적 틀을 체계적으로 연결하여 사회현상에 대한 기술과 설명과 예측이 가능하도록 한 형태를 말한다. 하나의 이론적 체계라 함은 경험적 현상에 대한 완전한 설명을 위한 하나의 구조를 제공하는 것이다.

(예) 뒤르켐(E. Durkheim)의 자살론

1. 사회집단에서 자살론은 직접적으로 개인주의 정도에 따라 차이가 있다.
2. 개인주의 정도는 개신교주의 정도에 따라 차이가 있다.
3. 그러므로 자살률은 개신교주의 정도에 따라 차이가 난다.
4. 스페인의 개신교주의 정도는 낮다.
5. 따라서 스페인의 자살률은 낮다.

한편 과학적 이론의 구조는 추상적인 추리체계가 연역적으로 경험세계와 연관을 맺는 특성을 가지므로 과학적 탐구에서 이론이 갖는 기능을 다음과 같은 세 가지로 정리해 볼 수 있다(고수현 외, 2013).

첫째, 과학적 이론은 법칙의 상위에 존재하면서 현상을 보다 강력하게 설명할 수 있다. 경험세계에서 발생하는 규칙성은 법칙으로 정립되고, 과학적 이론은 이러한 규칙성 또는 법칙들을 설명할 수 있다.

둘째, 과학적 이론은 다양한 현상들에 대해 체계적이고 통합적인 설명을 제공한다. 즉, 다양한 현상을 거슬러 올라가서 그 배후에 존재하는 어떤 심층적 과정이나 일관된 근본 원리를 찾아냄으로써 여러 가지 경험적 규칙성이나 일관성들이 어떠한 근본적인 원리들로 인해 나타나는가를 밝혀낸다.

셋째, 좋은 이론은 그때까지 알려지지 않았던 현상들을 예측하고 설명함으로써 세계에 대한 우리들의 지식과 이해를 넓히게 한다.

6) 이론과 사회조사와의 관계

사회조사는 과학적 방법을 적용하여 사회현상에 대한 이론을 검정하거나 사회현상에 대한 이론을 개발하는 절차라 할 수 있다. 그리고 이론은 과학적 방법인 사회조사를 연역적 과정으로 실시하는 근거를 제공하고 또한 사회조사의 귀납적 과정을 통하여 형성된다.

이론은 연구의 주제 선정에 아이디어를 제공하며, 사회조사 문제를 발견하고 가설을 도출하는 원천이 된다. 어떤 표본을 어떻게 선정할 것인가와 어떤 조사도구를 선정하거나 개발하는가에 대한 지침을 제공하고 수집된 자료에 대한 의미를 부여하며 자료를 분석하고 해석하는 데도 지침을 제공한다. 또한 이론은 조사결과가 기존이론에 부합하는가를 검토할 수 있는 기준을 제공하게 된다.

02

사회과학과 사회복지조사

1. 사회과학

1) 사회과학의 개념

사회과학(social science)은 인간의 모든 행위, 즉 개인의 독자적 행동과 타인과 상호 관련되어 나타나는 사회적 활동을 연구대상으로 하여 사회현상이나 인간의 행위를 분석하고 종합하여 일반적 법칙을 찾아내려는 인간의 지식적 활동에 의한 지식체계이다. 사회과학은 경험과학이고, 역사과학이며, 실천과학이고, 사회현실에 대한 전체적 인식과학이다. 사회복지학(social welfare)은 사회과학의 한 분야이다.

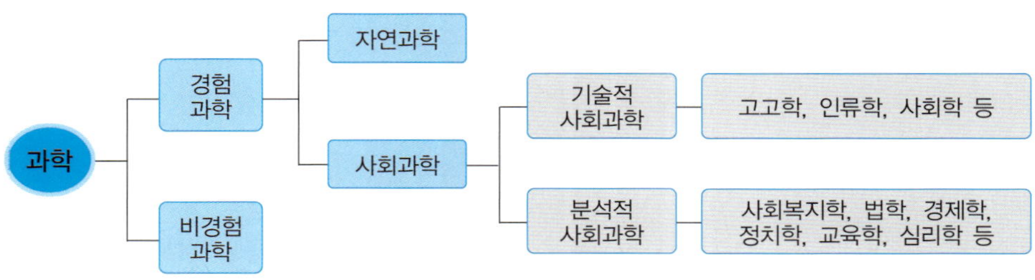

[그림 2-1] 과학의 분류

2) 사회과학과 자연과학

과학적 지식은 크게 자연과학(natural science)과 사회과학(social science)으로 나눌 수 있다. 사회과학이란 사회현상이나 인간의 사회적 행위를 분석하고 종합하여 미지의 사실이나 일반적 법칙을 찾아내려는 인간의 지성적 활동에 의한 지식체계를 말한다. 사회현상은 사회적인 인간행동에 의해 일어나는 모든 현상을 말하는 것으로 인간의 상호작용 또는 상호소통의 사회과정 속에서 일어나는 일련의 사회적 형태들이다(임봉호 외, 2012).

한편 자연과학은 자연현상과 물리적 세계를 탐구하는 지적활동이다. 자연과학이 모든 자연현상을 연구대상으로 하는 반면 사회과학은 인간행동이나 사회를 연구대상으로 한다. 그렇기 때문에 사회과학은 자연과학과 달리 피란델로효과(pirandello effect)에서 벗어나기 어렵다. 피란델로효과란 자연과학에서는 관찰대상물과 관찰자가 명확히 구분되는 반면 사회과학에서는 이들 양자의 구분이 모호해짐이 많음을 의미한다.

사회과학에서는 관찰의 대상이 관찰자 대상이 되기도 하므로, 사회현상을 분석

〈표 2-1〉 사회과학과 자연과학의 차이

사회과학	기준	자연과학
제한	사고의 가능성 범위	무한
공식화에 관한 타당성에 의문제기	사고의 공식화	공식화 강조
중요하지 않음	분석기법의 중요성	매우 중요함
독창적	연구의 누적성	누적적
영향 받음	사회문화적 요인	영향 받지 않음
영향 받음	연구자 개인의 영향	영향 받지 않음
명확한 결론은 어려움	결론	명확한 결론
기존 이론과 단절되지 않음	새로운 이론과 기존 이론의 연결성	새로운 이론이 빈번히 대두됨

출처: 강종수(2013), p.24

하는 과정에서 객관성이 결여될 가능성이 그만큼 크다. 사회복지는 사회과학의 한 분야이면서도 현실세계에서 존재하는 문제들의 해결과 해소를 위해 노력한다는 점에서 추상적이고 개념적인 것을 추구하는 사회과학과는 구별되는 응용사회과학이다(곽종형 외, 2013).

3) 사회과학의 특성

사회과학은 사회현상이나 인간의 행동에 대한 일반적 법칙을 찾아내려는 탐구활동에 의한 지식체계이므로 동일한 내용이 되풀이되지 않고 끊임없이 변화하고 있는 사회현상을 규명하는 과학이라고 할 수 있다. 이러한 사회과학의 특징은 다음과 같다(고수현 외, 2013; 장정순, 2016).

첫째, 사회과학은 원인과 결과라는 인과성과 관련된 변수를 찾아 설명하려고 한다. 자연과학이 자연현상에서 사실을 규명하려는 과학주의를 지향하는 것에 비하여 사회과학은 사회현상이나 인간현상에서 사실을 규명하는 데 목적을 둔다.

둘째, 인과관계가 설명이 되면 그것을 이론화시킨다. 이론화의 과정은 일정한 가설에 따라 검정을 거쳐 반복적이고 경험적인 결과가 도출되었을 때 구체화되는 것이며 우연에 의한 것이 아니라 어떤 원인에 따라 결정된다는 것을 일반화시킬 수 있다. 단 사회현상과 인간현상의 원인에는 다양한 변수가 있을 수 있으므로 대부분 확률로 예측이 된다.

셋째, 사회과학은 어느 정도의 설명력을 갖는가에 초점이 있으며 다른 한편으로 단순한 원리를 확보해야 한다. 원인변수를 많이 채택하게 되면 설명력은 높일 수 있으나 간결하고 단순한 원리를 구하는 데는 한계가 있다.

넷째, 사회과학은 원칙적으로 추상적이거나 가치론적인 것은 연구의 대상으로 삼지 않는다. 특히 양적인 통계기법을 사용한 연구에서는 구체적인 것을 설명대상으로 한다.

다섯째, 사회과학은 합리적이고 논리적인 설명을 목적으로 한다. 사회과학은 현실의 구체적인 경험에서 얻어진 사실들을 경험과 수정을 통하여 일반적인 법칙을 추출하는 과학이라고 할 수 있다.

여섯째, 사회과학은 다학제적이다. 사회문제는 복잡한 사회현상에 의해 발생되며 특히 사회과학의 연구대상이 되는 사회현상은 인간과 사회의 상호작용에 의해 발생하기 때문에 하나의 학문 분야를 통해서는 이해할 수 없고 다양한 학문적인 접근방법, 즉 다학제적인 접근방법이 필요하다.

2. 사회과학의 패러다임과 한계

1) 패러다임과 방법론

패러다임(paradigm)은 어떤 것에 대한 관점을 조직화시켜 주는 근본적 모델 또는 개요(scheme)이다. 즉, 인간이 사물과 현상을 관찰하는 데 있어 공통적으로 가지는 '인식체계' 또는 '인식의 틀'을 의미한다. 어떤 인식의 틀을 가지고 있는가에 따라 가치관과 의식구조가 다르기 때문에 동일한 현상이라 하더라도 보는 사람의 인식의 틀에 따라 그 현상의 진정한 의미와 실체가 달라진다. 간단히 말해 패러다임은 사회현상을 기본적으로 이해하는 시각 또는 정신적 창문이다.

Kuhn(1970)은 패러다임을 "의미에 대한 과학적 탐색에서 과학을 특징짓는 근본적 관점"으로 보았다. 그에 따르면, 한 사회의 패러다임이 이동함에 따라 이전에는 이해되지 않거나 볼 수 없었던 사실들이 새롭게 나타나며 따라서 과학적 지식의 혁명은 지식들이 누적되어 나타나는 결과라기보다는 '패러다임의 전환(paradigm shift)'에 따라 이루어진다. 패러다임의 전환에 의해 새로운 개념과 개념적 틀, 그리고 이를 뒷받침하는 새로운 사실들에 대한 관찰이 가능하다.

Kuhn(1970)은 과거의 과학적 업적에 확고하게 기초하고 미래에 실천을 위한 기초를 제공하여 주고 있는 것을 정상과학(normal science)이라고 하였다. 정상과학은 특정한 과학 분야의 공동체가 인정하는 과거의 과학적 성취에 확고하게 기반하며, 그것의 심화된 실천을 위한 기초를 제공하는 연구활동을 말한다. 오늘날 우리가 정상과학이라고 부르는 것은 원래의 모습을 가지고 있지는 않다. 이러한 정상과학은 두 가지의 특성을 가지고 있는데 첫째, 과학적 성취는 다른 경쟁적인 과학적 활동으로부터 떨어져서 지지하는 그룹을 끌어들인다. 둘째, 문제해결을 위하여 재구성된 집단에게 모든 문제를 충분히 열어둔 채 남겨둔다. Kuhn은 이러한 정상과학을 패러다임과 관련하여 생각하였고 이러한 공동체의 가치나 신념 등이 변할 때 패러다임의 변화가 일어난다고 하였다. 이와 같이 정상과학을 만일 어느 과학의 일파가 과거의 발견과는 전혀 다른 것으로 발견하여 새로운 학문공동체나 가치체계를 확립한다면 패러다임 전환(paradigm shift)이 일어나는 것이다.

패러다임 전환(Kuhn, 1970)은 경과학(hard science) 대 연과학(soft science)의 관계에서 나타나는데, 경과학은 물리학, 화학 등의 자연과학적 접근을 말하며, 연과학은 사회과학에서의 탈 실증주의적 접근(즉, 해석학적 접근이나 구성주의 등)을 말한다(Linclon & Guba, 1985). 경과학적 접근에서 연과학적 접근으로 변화함으로써 패러다임 전환이 일어나는 것이다. 이와 같이 Kuhn에 의해 출현하게 된 패러다임에 대한 개념은 세계가 어떤 질서를 이루고 있고, 무엇을 알 수 있으며, 어떻게 알 수 있는지에 대해 본질적으로 다른 신념체계를 구별짓는 일련의 가정을 밝히는 것이라고 할 수 있다.

연구에 있어서 패러다임은 동일한 사고와 방법을 가진 공동체를 구성하는 기본사상으로서의 의미를 갖는다. Kuhn은 패러다임을 “의미에 대한 과학적 탐색에서 과학을 특징짓는 근본적 관점”으로 보았다. 그에 따르면, 한 사회의 패러다임이 이동함에 따라 이전에는 이해되지 않거나 볼 수 없었던 사실들이 새롭게 나타나며 따라서 과학적 지식의 혁명은 지식들이 누적되어 나타나는 결과라기보다는 ‘패러다임 전환(paradigm shift)’에 따라 이루어진다. 패러다임의 이동에 의해 새로운 개념과 개념적 틀, 그리고 이를 뒷받침하는 새로운 사실들에 대한 관찰이 가능하다.

사회과학자는 사회행동 이해에 사용하기 위한 많은 패러다임을 만들어왔다. 자연과학자는 일반적으로 한 패러다임에서 다른 패러다임으로 옮겨가는 것을 부정확한 관점에서 정확한 관점으로 넘어가는 진보를 나타낸다고 믿으나 이와 반대로 사회과학에서는 이론적 패러다임이 인기를 얻거나 혹은 잃을 수는 있지만 완전히 버려지는 일은 거의 없다. 사회과학 패러다임은 다양한 관점을 제공하고 각각은 다른 패러다임이 갖지 못한 통찰을 제공한다.

(예) 빈곤의 문제에 대해서 연구자가 어떤 패러다임을 가지고 있는가에 따라 관점이 달라진다. 빈곤을 가구주 또는 가구원의 사망, 질병, 불구, 노령, 낮은 교육수준, 부적응 등 개인적 요인에서 찾는 기능주의적 관점에서 보는 연구자도 있을 것이고, 개인의 동기부족, 낮은 열망수준, 무절제, 게으름, 의타심 등 문화적 요인이 원인이라고 보는 낙인주의적 관점을 가진 연구자도 있을 것이다. 빈곤문제의 해결책 또한 기능주의자가 보는 해결책의 본질과 낙인주의적 관점을 가진 학자가 보는 해결책의 본질은 판이하게 다를 것이다.

한편, Guba와 Lincoln(1994)은 패러다임을 연구를 이끄는 존재론적 · 인식론적 · 방법론적 전체를 형성하는 기본적인 신념체계로 규정하였다. 패러다임은 그 자체의 특정 존재론, 인식론, 가치론, 방법론 등을 갖고 있으며 이는 쉽게 변하지 않는다. 연구패러다임에 대한 이론적, 철학적 논의를 알아보고자 하며, 이는 존재론(ontology), 인식론(epistemology), 방법론(methodology) 및 여러 다른 연구방법(methods)을 소개함으로써 가능할 것이다.

(1) 존재론(ontology)

존재론은 존재의 근원 혹은 존재하는 것을 다루는 철학의 한 분야로 무엇이 실제로 존재하며 실재하는 것의 기본적 구분이 무엇인지 의문을 가진다. 즉, 사회적 세계(social world)를 보는 방법을 말하는 것으로, 존재의 본질이 무엇인가를 연구하는 것이다. 존재의 개념은 사회적 실재성(social reality)의 본질은 무엇인가에 관한 것이다(What is the nature of social reality?). 즉, 영원불변하는 사회적 실재가 존재하는가(foundationalism, non-foundationalism) 그리고 그 사회적 실재의 속성을 무엇이라고 볼 것인가(법 또는 규범, 문화적 가치, 의사소통 등). 사회적 현상은 사회적 상황, 이벤트, 사회적 행위뿐만 아니라 사회적 사람집단을 포함할 수 있다. 그러면 지식의 본질은 무엇인가? 각기 다른 존재론적 입장을 확인할 수 있는데, 그 중 하나는 객관주의(objectivism)로 사회현상은 그에 관련된 사회적 행위자와 무관하게 그 자체의 존재성을 가지는 것을 말한다. 둘째는 구성주의(constructivism)로 사회현상은 관련 사회적 행위자 상호작용과 성찰(reflection)을 통해 지속적으로 검토(review)하는 구성된 생각들(constructed ideas)이란 의미에서만 실제한다고 보는 입장이다.

(2) 인식론(epistemology)

인식론은 주변의 세계를 어떻게 인식하고 무엇이 이들이 진실이라고 주장할 수 있게 하는지에 대한 문제이다. 우리가 세계를 배우고 알게 되는 방식은 우리의 존재론적 가정에 근거를 둔다. 인식론은 지식을 창출하기 위해 우리가 무엇을 필요로 하며 우리가 창출한 과학적 지식이 어떻게 보이는지를 다룬다. 인식론은 지식의 본질이 무엇인가를 다룬다. 어떻게 지식이 획득되며 어떻게 다른 사람에게 전달되느냐와 관련된 것으로 지식은 획득될 수 있는 것이지만 반면에 개인적인 경험에서 얻어져야 한다는 관점이다.

인식론은 하나의 사회적 현상에 관하여 지식으로 간주되는 것을 말하며 '지식'과 '연구자'의 관계성이 무엇인가에 대한 것이다(What is the relationship between 'know-ledge' and 'researcher'?). 인식론의 구별기준은 사회과학과 자연과학과의 관계, 연구자와 연구대상과의 관계, 연구자의 위상(위치) 등이다. 여기에는 지식에 관한 이론들이 있고 정당화를 제시하고 지식에 대한 시각을 제시한다.

(3) 방법론(methodolgy)

방법론은 지식이 어떻게 찾아지는가에 대한 것이다(How should knowledge be found

out?). 대표적으로 양적(quantitative) 방법론과 질적(qualitative) 방법론이 있다. 방법론에 대한 사전적 설명을 보면, 방법론은 진리를 얻기 위한 방법을 고찰하는 것으로 넓은 의미로는 논리학의 한 부분이다. 플라톤의 대화편에는 소피스트의 방법과 소크라테스의 방법의 차이점에 관한 논의가 있으며, 중세에는 신학적 방법과 철학적 방법의 차이점이 논의되었다. 동양에서도 방법론에 대해 깊은 생각을 한 사상가가 많다. 또한, 현대의 과학적 방법론은 논리학의 한 분야로서 형식적인 추리나 논리계산을 다루는 연역논리학과는 반대로, 경험을 기술, 개괄하고 서술하는 귀납적인 방법을 사용하는 귀납논리학을 가리킨다.

한편, 방법론은 특별한 조사방법(연구방법)을 사용하는 데 근거가 되는 전략, 행동계획, 과정 또는 설계라는 의미를 갖는다. 이와 구별되는 방법(method)이라는 말은 조사문제나 가설에 관계되는 자료를 수집하고 분석하는 데 사용되는 기술과 절차를 말한다. 많은 경우 방법론과 방법을 구분하지 않고 상호교환적으로 사용하고 있으며, 방법이라는 말보다는 방법론이라는 말을 더 많이 사용하는 경향이 있다. 크로티(Crotty)는 인식론에 근거하여 이론적 시각이 생기고, 이에 근거하여 방법론이 생겨나고, 방법론에 근거하여 방법이 생겨난다고 주장한다. 인식론으로 객관주의, 구성주의, 주관주의가 있다.

〈표 2-2〉

객관주의	구성주의	주관주의
사회적 현실은 우리의 인식 밖에 독립적으로 존재하기 때문에 우리는 그 객관적 존재의 의미를 발견하면 된다.	우리가 사회적 현실과 상호작용하는 가운데 사회적 현실의 의미가 형성된다.	우리가 사회적 현실과 상호작용하는 가운데서 의미를 형성하는 것이 아니라, 우리가 일방적으로 존재하는 객체에 대하여 주관적으로 의미를 부여함으로써 의미를 갖는 것이다.

2) 사회과학의 패러다임

사회과학의 패러다임은 그 범위와 명칭에 있어 학자마다 다양하고 일치하지 않는 부분이 있으나 여기서는 여러 가지 패러다임을 포괄하는 세 가지 주류적 패러다임, 그리고 새로운 패러다임 두 가지를 살펴본다(강종수, 2013; 곽종형 외, 2013; 양성관, 2014).

(1) 사회과학의 세 가지 패러다임

① 실증주의

실증주의 패러다임에서는 사회를 과학적, 논리적, 합리적으로 연구할 수 있는 대상으로 파악하여 자연과학과 같은 방법으로 연구가 가능하다고 본다. 사회를 자연과 동일시하고 사회 내 법칙이나 규칙을 찾아내고자 한다. 연구자의 주관적 인상에 대해 회의적이며 상이한 연구자들에 의한 결과물의 재현과 일반화의 가능성을 중요하게 생각한다.

한편 객관성, 엄밀성, 일반화의 가능성을 강조하지만 완전하게 객관적일 수 없다는 것도 인정함으로써 잠재적이고 비객관적인 영향을 알아내고 이를 최소화하려는 입장을 취한다. 즉, 우리의 삶에 더 많은 과학성을 부여하여 고도의 구조화된 방법론을 사용하지만 사회적 실재의 특정 측면을 조사하는 최선의 방법을 미리 결정할 수 없다는 것 또한 인정하면서 유연한 방법을 사용하고자 한다.

실증주의에서는 인간행동의 일반적 형태를 예측하는데 사용할 수 있는 확률의 일반적 법칙을 발견하고 이를 확인하기 위한 논리적 유추와 정확한 경험적 관찰기법을 통해 객관적인 사회적 실재를 이해하고자 한다. 실증주의 패러다임의 특징을 정리하면 다음과 같다.

- 인간행동에 대한 일반적인 법칙, 보편적 법칙의 발견을 통해 사회현상을 예측한다.

- 사회적 현실은 객관적으로 존재한다.
- 인간행동은 자유의지보다는 어떤 외부적 요인에 의해 지배되며 인과법칙에 의해 예측이 가능하다.
- 과학과 비과학을 철저하게 분리한다.
- 최선의 진리추구방법은 과학이며 지식은 인과관계의 일반적 법칙을 알아내는 것이다.
- 이론은 논리적 타당성, 경험적 타당성으로 옳고 그름의 판단이 가능하다.
- 개인적 · 정치적 · 종교적 가치의 배제를 통해 가치의 중립성과 객관성을 확보한다.

② 해석주의

해석주의 패러다임은 실증주의에 입각한 객관주의적 경험관을 극복하려고 한다. 객관성보다는 개인의 일상 경험을 해석하여 더 깊은 의미와 감정 그리고 행위에 대한 특유의 개인적 이유를 추구하고자 한다. 삶에 대한 심도 있는 주관적 이해와 다수를 대상으로 특정한 인과관계의 통계적 확률을 전하기보다는 소수의 입장을 전달하고자 한다. 왜냐하면 객관적인 특정 도구에 의존해서는 인간을 제대로 이해할 수 없고 주관적 의미와 개인이 하는 말이나 행위의 사회적 맥락이 더 중요하다고 보았기 때문이다. 해석주의는 인간의 주관적 의식을 중요시하며 상호 주관적으로 인식된 사회적 실재의 특성에 대해 서술하고자 한다. 비조작적 · 불개입적 · 질적 방법을 선호하고 인간행동에 대한 특수한 이유를 설명하여 감정이입적 이해를 얻고자 한다. 해석주의 패러다임의 특징을 정리하면 다음과 같다.

- 사회조사의 목적은 사회생활을 이해하고 사람들이 자연적 상황에서 어떻게 그 행동에 의미를 부여하는가를 연구하는 것이다
- 사회적 현실은 일상생활에서 상호작용하는 사람들의 목적과 의미가 있는 행동으로부터 의도적으로 의식 속에 창조되는 것이다.
- 인간은 사회적 상호작용을 통해 의미의 체계를 융통성 있게 구성하고 그 의미

를 사회를 해석하고 의미 있게 만드는데 사용한다.

- 상식은 일상생활을 영위하는 지침이 되고 일상적 상호작용에서 의미를 부여하는 근거이므로 상식에 대한 이해는 중요하다. 상식도 과학법칙도 사회에 대한 모든 답을 줄 수는 없지만 둘 다 중요하게 여긴다.
- 해석주의의 이론은 사람들의 일상적 삶을 이야기처럼 서술하고 해석해 주는 것이다. 보고서는 어떤 양식이 있는 것이라기보다는 구체적 서술이 많다.
- 실증주의는 가치중립을 지향하지만 해석주의는 조사자의 개인적 관점과 느낌을 연구과정의 일부로 본다.
- 연구자 또한 연구대상자의 가치를 공유한다.

③ 비판적 사회과학

비판적 사회과학 패러다임은 사회의 실체를 총체적·역사적 구조 속에서 파악해야 한다고 주장한다. 즉, 이론과 역사, 과학과 실천, 사실과 가치 등이 하나의 역사적 사회구조의 총체성 속에서 서로의 의미의 유관 적합성을 갖도록 접근해야 한다는 것이다. 이 입장에서는 특히 억압에 대한 초점과 함께 억압받는 집단의 권력을 강화하려는 연구절차의 사용에 몰두한다. 또한 구조화된 연구방법을 사용할 수도 있고 유연한 연구절차나 다른 패러다임에서 선택한 요소를 사용할 수도 있으며 양적 또는 질적 방법 모두를 사용할 수도 있다. 중요한 것은 실천적 입장에서 현실적합성이 어느 정도인가 하는 것으로 이론을 평가할 때도 대안의 현실적합성의 정도가 기준이 된다. 비판사회과학의 특징은 다음과 같다.

- 사회조사의 목적은 사회의 변화이다.
- 실증주의와 마찬가지로 사회현실은 사람들의 의식 밖에 존재하지만 그 현실은 사회적·정치적·문화적 및 다른 요인들에 의해 계속적으로 형성된 역사적 산물이다.
- 인간은 거대한 잠재력을 가진 창의적이고 변화하는 적응력 있는 존재이다.
- 상식은 거짓된 인식에 근거하는 것이다.

- 이론의 진위는 사람들이 사회적 현실을 이해하고 그 현실을 변화시키는 데 도움을 주는 어떤 자원을 제공할 수 있느냐에 달려있다.
- 사회조사자는 어떤 가치관을 가지고 도덕적, 정치적 활동을 하는 것이므로 조사자의 가치 개입을 처음부터 분명히 밝히고 그 가치관에 따라 사회조사를 진행한다.

(2) 형성단계의 사회과학 패러다임

① 여성주의 사회과학

여성주의는 여성의 목소리를 높이고 현재까지의 남성지향적 사회과학 패러다임을 시정하고자 하는 데서 출발하였다. 여성주의에서는 성이 문화와 기본적 신념과 가치에 지대한 영향을 미치기 때문에 사회적 현실을 인식하고 연구하는 과정에서 성적 특성과 차이를 배제할 수 없다고 본다.

〈표 2-3〉 여성주의 사회과학

여성주의 사회과학	
사회조사의 목적	여성의 양육가치와 남녀평등의 가치를 증진
사회적 현실	권력관계의 구조
인간 본성	창조적이고 성적으로 구분되는 존재
상식과 과학의 관계	상식은 거짓된 신념, 이론은 더 나은 세상을 만드는 비판적 견해
이론의 진위구별 기준	참된 현실을 가린 환상을 걷어내는가의 여부에 따라 판단
가치관련성	여성주의 가치관을 선호

② 포스트모더니즘 사회과학

포스트모더니즘은 대부분의 사람들이 동의하는 기존의 외형적 질서와 기준을 인정하지 않고 감추어진 내적 사회구조를 밝혀내기 위하여 외형적 현실의 신화를 깨트려야 한다고 주장한다. 지식은 사람과 장소에 따라 특이한 형태를 취한다고 보며, 진리를 목표나 이상으로 삼지 않는다. 사회세계에 대한 지식은 학술지를 통해서보다는 희곡이나 음악과 같은 것을 통해 더 잘 전달될 수 있다고 본다.

〈표 2-4〉 **포스트모더니즘 사회과학**

포스트모더니즘 사회과학	
사회조사의 목적	다른 사람을 즐겁게 하고 자극하는 것, 유희적
사회적 현실	혼돈되고 유동적인 것
인간 본성	창조적이고 역동적인 존재
상식과 과학의 관계	상식은 사회적 현실의 핵심적 지식이며 과학적 사고보다 우월
이론의 진위구별 기준	심미적 속성, 사람들의 내적 감정을 움직이는 결과를 가져오는가
가치관련성	모든 가치는 동일한 것으로 인정

3) 사회과학의 한계

사회과학은 다음과 같은 한계를 가진다(양성관 외, 2014).

① 연구대상의 복잡성과 가변성: 인간의 관계가 복잡하고 가변적인 형태에 대한 정확한 예측이 어렵기 때문에 조사대상인 인간의 행동은 연구자의 의도를 뛰어넘을 수 있다.

② 불완전한 방법적 절차: 인간행태의 본질을 파악할 수 있는 실험방법이 완전하지 못하다.

③ 불확실한 객관적 예측: 인간에게는 예측을 전복시킬 수 있는 능력이 존재하기 때문에 객관적 예측이 늘 맞는 것은 아니다.

④ 연구대상의 규범적 특성: 연구대상이 도덕적이고 규범적이기 때문에 이를 과학적으로 분석하고 기술하는 데 어려움이 있다.

⑤ 윤리성(비인간화를 초래할 가능성): 연구과정에서 인간을 목적으로만 사용해야 하

고 수단으로 사용할 수 없는데, 이를 소홀히 할 경우 비인간화의 윤리성 문제가 발생할 수 있다.

⑥ 가치중립의 문제와 가치개입의 불가분성: 연구문제를 선정할 경우 가치가 개입되고 수집된 자료와 자료들 간의 변수를 형성하는 데 명제나 이론의 전개에서 조사자의 가치개입이 불가피하다.

3. 사회복지조사

1) 사회복지조사와 사회과학

사회과학의 전반적 발전이 촉진되고 사회조사가 과학적 연구방법으로 조명되었으며 특히 1970년대부터 사회복지 서비스에 대한 평가가 중요시되면서 사회복지학에서 사회조사의 적용과 사회복지학의 과학적 위상을 높이려는 노력이 폭넓게 이루어졌다. 사회복지학의 학문적 발전을 위해서는 물론 실천지식과 기술의 과학성을 높이기 위해서도 사회복지조사를 체계적으로 연구하고 활용하는 것이 중요하게 되었다.

사회복지조사는 사회현상에 대한 지식을 과학적 방법으로 수립하는 절차이다. 사회현상을 다루는 사회과학의 전반적 분야에 모두 적용되는 것으로 사회과학의 연구방법 또는 사회과학방법론이라 해도 무방하다. 한편 사회복지조사는 개인들을 둘러싼 사회체계(가족, 이웃, 지역사회 및 국가사회)와의 관계에서 나타나는 문제와 이를 해결하기 위한 사회제도에 관련되는 지식을 논리적 타당성과 경험적 확인을 통하여 수립하고 검정하는 활동 및 절차라 할 수 있다. 사회복지조사는 개인 욕구를 충족시키고 행복을 증진시키고 사회문제에 대한 해답을 찾기 위해 수행되므로 결국 사회복지조사는 사회복지의 목적을 달성하는 수단이라고 할 수 있다(강종수, 2013).

2) 사회복지조사의 필요성

과학적 연구의 궁극적 목적은 이론을 개발하는데 있으며, 어떤 현상에 내재된 논리적 특성을 이론으로 구축하기 위해서는 그 현상을 탐색하고, 기술하고, 설명하고, 예측하거나 통제하는 것이 가능해야 한다(고수현 외, 2013; 임봉호 외, 2012).

(1) 탐색적 확인

어떤 사회현상에 대해 좀 더 잘 알아보려 하거나 그에 대한 새로운 통찰을 얻기 위해 탐색적 조사연구가 행해질 수 있다. 탐색은 연구자가 어떤 문제에 대해 새로운 관심을 갖거나 연구주제 자체가 비교적 새로운 경우에 이루어지며 대부분 그 자체가 목적이 아니다. 탐색적 연구의 일반적인 목적은 연구자의 관심과 보다 나은 이해를 얻으려는 욕구를 만족시키는 것, 더 깊이 있는 조사연구의 수행 가능성을 검정하는 것, 그리고 이후의 연구에서 이용할 수 있는 방법을 개발하는 세 가지로 정리할 수 있다. 탐색적 연구는 해답을 암시하고 어떤 연구방법이 결정적 해답을 줄 수 있는지에 대한 시사점을 줄 수는 있지만 연구문제에 대해 만족스러운 해답을 주는 경우는 드물다.

(2) 현상의 기술

기술이란 어떤 사건이나 현상에 대하여 관찰한 사실들을 요약하고 기록함으로써 현상 자체의 속성을 있는 그대로 기록하는 것이다. 기술을 목적으로 한 연구에서는 어떤 현상이 있으면 왜 그런 현상이 나타나게 되었는지를 설명하기보다는 단순히 현상의 속성이나 특성을 있는 그대로 관찰하여 서술하는 데 그 주안점을 두고 있다. 모든 연구는 주제에 대한 충분한 탐색이 이루어진 후에 기술이 가능하고 이러한 사회현상의 기술을 토대로 연구자는 현상에 대한 과학적 설명과 예측의 차원으로 발전시킬 수 있다.

기술은 간단히 '무엇이 어떠하다'는 개념으로 이해된다. 사회복지와 관련하여 현상에 대한 기술을 목적으로 하는 전형적인 연구주제의 예를 들면 "아동학대의 유형별 실태 분석", "사회복지사가 경험하는 직급별 소진 수준", "청소년들의 인터넷 사용 정도" 등이다. "아동학대의 유형별 실태 분석"의 경우 아동학대의 유형이 무엇인지, 유형별로 몇 퍼센트인지를 기술할 뿐 왜 학대가 나타나게 되었는지를 설명하지는 않는다.

(3) 과학적 설명

설명은 현상이 일어나게 된 이유 또는 원인을 밝히는 것을 의미한다. 어떤 현상에 관한 궁금증을 풀어주는 것으로 '왜(why)'라는 물음에 대답하는 것이다. 현상이 '무엇(what)'인가를 밝히는 기술과는 차원이 다른 것으로 설명은 주어진 상황에서 현상 발생의 원인이 되는 선행요인에 대한 체계적이고 경험적인 분석을 토대로 가능하며 설명을 통해 특정 사건들이 왜 특정 시간과 장소에서 발생하고 있는지를 알 수 있게 된다.

연구의 목적이 현상을 설명하는 데 있다면 그 연구는 과학적 검정과정을 통해 현상의 특성과 그러한 현상이 나타나게 된 이유를 제시하는 데 초점을 두게 된다. 예를 들면, "학대를 경험한 아동의 성격특성과 대인관계 성향의 관계는 어떠한가?", "왜 경제적 불안정이 이혼율을 증가시키는가?", "청소년의 인터넷 사용과 정신건강과의 관계는 어떠한가?" 등이다.

(4) 미래의 예측

예측이란 이론의 기초적인 명제로부터 보다 복잡한 명제를 추론하는 것으로 관찰에 의해 입증될 수 있는 미래의 사회적 현상의 특정한 측면에 관한 예상이나 기대의 진술을 의미한다. 우리가 어떤 현상의 원인을 알고 있다면 그 원인과 관련된 현재의 상태가 어떠한지를 파악함으로써 미래가 어떻게 될 것인지를 예측할 수 있다.

예측은 설명과 유사하지만 설명은 이미 일어난 현상에 대해 그 원인을 밝히기 위해 연구를 통해 법칙을 찾아내는 것이라면, 예측은 일반적인 법칙과 사실을 통해 특정 현상이 발생하기 전에 그 현상을 예측하고자 한다. 예를 들면, “사회복지직 공무원의 이직 의도에 관한 연구”, “저출산 · 고령사회에 따른 국민연금 재정 추계” 등이다.

(5) 현상의 통제

통제는 현상을 결정하는 사건을 조작하는 것으로 인간의 형태, 사회현상이 발생하는 원인을 알게 되면 이러한 원인 · 선행조건을 조작하여 현상을 바람직한 방향으로 통제할 수 있다. 즉, 어떤 현상이 나타났을 때 왜 그런 현상이 나타났는지를 인과적으로 설명할 수 있다면 그 현상을 일으키는 조건을 강화하거나 제거함으로써 통제할 수 있게 된다. 사회복지조사의 궁극적인 목적은 단순한 현상의 기술이나 설명을 넘어 적극적으로 원인을 찾고 적절하게 통제하여 문제를 해결하는 것이기도 하다.

3) 사회복지조사의 역할

사회복지조사는 다음과 같은 유용한 역할을 담당한다(나눔의 집, 2016).

(1) 학문적 기초를 형성하고 응용적 역할을 한다.

사회복지조사는 사회복지학의 지식과 기술축적 등의 학문 발달에 이용되는 순수조사의 성격을 가지면서 동시에 문제해결에 필요한 지식산출이라는 현실생활에서 실제로 사용되기도 하는 응용적 역할을 한다. 사회복지조사는 실제문제에서 출발하고 그 목적은 사회복지 프로그램을 개발하고 실천해 나가는 데 활용될 수 있는 지식을 산출하는 것이다.

(2) 과학적 실천을 가능하게 한다.

사회복지 전문가들은 사회복지의 과학적 실천활동에 대한 체계적 지식을 수집하기 위한 수단으로 조사방법을 활용한다. 인간의 문제에 대한 객관적인 자료를 수집하고 개입 계획을 세우며, 개입 후 효과성을 평가하여 가설의 연관성과 문제의 인과관계를 검증할 수 있다.

(3) 사회복지이론과 기술체계 구축에 유용하다.

사회복지조사는 사회복지이론(사회복지 관련 현상을 설명하고 예측할 목적으로 변수들 간 관계를 구체화시키고 현상에 대해 체계적인 지식을 제시한다)을 형성하고 이를 바탕으로 실천기술을 구축하는 데 유용하다.

(4) 사회복지의 책임성 제고

사회복지 개입의 효과를 입증하고 이를 통해 전문직으로서의 책임과 역할을 다하기 위해 사회복지조사가 활용될 수 있다.

4. 사회복지조사의 윤리성과 한계

1) 사회복지조사의 윤리성

생명윤리법에 의하면 조사연구에서 지켜야 할 윤리적 기본 원칙은 다음과 같다(법 제3조). 첫째, 생명윤리법에서 규율하는 행위들은 인간의 존엄과 가치를 침해하는 방식으로 하여서는 안 되며, 연구대상자 등의 인권과 복지는 우선적으로 고려되어야 한다. 둘째, 연구대상자 등의 자율성은 존중되어야 하며, 연구대상자 등의 자발적인 동의는 충분한 정보에 근거하여야 한다. 셋째, 연구대상자 등의 사생활은 보호되어야 하며, 사생활을 침해할 수 있는 개인정보는 당사자가 동의하거나 법률에 특별한 규정이 있는 경우를 제외하고는 비밀로서 보호되어야 한다. 넷째, 연구대상자 등의 안전은 충분히 고려되어야 하며, 위험은 최소화되어야 한다. 다섯째, 취약한 환경에 있는 개인이나 집단은 특별히 보호되어야 한다(강종수, 2013).

사회복지실천의 현장에서와 같이 사회복지조사에서도 윤리와 관련된 몇 가지 문제에 직면할 수 있다. 사회조사나 사회복지조사에서 대체로 받아들여지는 윤리적 합의와 쟁점은 다음과 같다(강종수, 2013; 황창순 외, 2010).

(1) 자발적 참여와 고지된 동의

사회복지조사는 가끔 사람들의 삶에 침입하고 사람들에게 자신들에 대한 정보를 낯선 사람에게 밝히라고 요구하며, 자신들의 노력이 도움을 필요로 하는 한 전체 인간집단을 궁극적으로 돕게 되리라는 주장 정도로 정당성을 펼치고 있다. 그러나 사회복지조사도 의학연구 윤리와 마찬가지로 참여를 강요당해서는 안 되며, 모든 참여자는 자신들이 연구에 참여하고 있다는 사실을 알고 있어야 하며, 연구결과를 통보받고 연구참여에 동의하는 것과 같은 자발성이 요구된다.

자발적 참여란 사람들이 연구대상자로 연구에 참여하게 될 때 그들이 연구에 참여할 것인지의 여부가 자발적으로 결정되어야지 강제나 억지로 참여하게 해서는 안 된다는 의미이다. 특히 어떤 특정한 상황에서는 연구 참여의 자발성을 위반할 수 있는 잠재성을 가지고 있다. 예를 들어 학교, 병원, 감옥소 같은 제도적 상황은 위계적인 인간관계를 가질 수 있기 때문에 진정한 의미의 자발성에 따라 연구 참여가 이루어졌는가를 검토할 필요가 있다.

고지된 동의는 연구대상자가 연구의 한 부분으로 참여하는 것을 원하는지 원하지 않는지에 대해 스스로 결정할 수 있는 권리와 관련된 것으로 참여 여부에 영향을 미치는 연구의 모든 측면에 대해 충분히 알아야 한다는 연구참여자의 권리를 뜻한다. 고지된 동의는 ① 연구참여자가 스스로 동의할 수 있을 만큼 충분한 정보가 제공되어야 하고, ② 조건이 없고 무언의 불안이 없는 자유로운 상태에서 스스로 결정해야 하며, ③ 동의를 하는 연구참여자에게 스스로 결정할 수 있을 만큼의 능력이 있어야 한다.

(2) 특수집단에 대한 고려

조사의 전반에 걸쳐 특수집단에 대한 충분한 고려가 있어야 하고, 조사과정에서 불평등의 상황이 발생하지 않도록 해야 한다. 일부 특수집단에 속하는 사람들의 경우 자발적인 동의를 얻기가 불가능하거나 혹은 그들의 동의가 간접적인 강제에 의한 것일 수 있다. 예를 들어 학생, 수감자, 피고용인, 군인, 노숙자, 복지급여 수혜자, 아동 또는 정신지체 장애인의 경우 온전한 자의로 동의할 수 있는 능력이 부족할 수도 있고 다른 이유 때문에 동의할 수도 있다. 이런 취약집단은 특별한 주의를 기울여야 한다. '판단능력이 현저히 상실된 사람들'을 실험에 참여시키기 위해서는 법적 후견인의 서면동의서가 필요하며, 조사자는 대상자에게 피해를 주지 않기 위한 모든 윤리적 원칙을 준수해야 한다.

(3) 참여자에게 피해주지 않기

사회복지 연구는 연구대상이 자발적으로 참여하는지와 무관하게 연구대상인 사람들에게 피해를 주어서는 안 된다. 조사연구는 참여자가 통상적으로 고려해 보지 못한 자신을 직면하게 만들며 그것은 정보가 직접 연구자에게 밝혀지지 않을 때도 발생한다. 개인의 신상정보 노출의 위험과 옛날의 상처를 재현할 위험이 있을 수 있고 설문지 응답과 인터뷰로 참여자의 시간과 에너지를 빼앗을 수도 있다. 또한 응답자의 내면적인 태도나 생각을 묻는 상황에서는 프라이버시를 침해하는 일도 발생할 수 있다. 따라서 연구자는 연구참여자의 연구과정에서의 심리적인 피해로 인한 미묘한 어려움에 대비하여야 한다. 그런 쟁점에 민감성을 가지고 연구자에게 피해를 주지 않기 위해 최선을 다해야 한다.

(4) 익명성과 비밀보장

익명성(anonymity)이란 조사연구의 응답자들이 자신의 신원을 밝히지 않고 응답할 수 있도록 하는 것이다. 연구자가 특정 응답을 누가 했는지 분명하게 알 수 없을 때 응답자는 익명성을 갖게 된다. 따라서 면접조사의 응답자는 절대 익명으로 간주될 수 없는데 그 이유는 면접조사자는 신원이 알려진 응답자로부터 정보를 수집하기 때문이다. 그러나 우편설문의 경우엔 사무실에 설문지가 돌아오기 전까지 설문지에 아무런 신원관련 번호가 붙어 있지 않고 연구대상자의 이름이나 신분을 알 수 없다. 익명성이 보장된 연구일수록 연구대상자는 솔직하고 진실된 응답을 할 가능성이 높다.

비밀보장(confidentiality)은 연구자가 연구대상자의 신원을 알고 있다 하더라도 이를 공개하지 않는 것을 의미한다. 비밀을 보장하는 설문조사에서 연구자는 주어진 응답자의 응답을 확인할 수는 있지만 원칙적으로 그렇게 하지 않겠다고 공적으로 약속한다. 보장을 더욱 확실히 하기 위해서 우선, 응답자의 신원에 접근할 수 있는 연구자와 다른 사람들이 윤리적 책무에 대한 훈련을 받게 하고 가능한 빨리 모든 이름과 주소를 설문지에서 삭제하고 식별번호로 대처해야 한다.

(5) 연구대상자를 속이는 것

연구의 목적을 연구참여자에게 진실되고 정확하게 밝히는 것이 가장 보편적이고 표준적인 연구의 윤리이다. 그러나 예를 들어 연구대상자가 자신이 연구대상자임을 알게 되면 호손효과(Hawthorne effect)와 같은 부자연스러운 반응을 보일 수 있으므로 연구의 목적이나 방법을 숨기거나 달리 말하는 것이 보다 효과적인 상황이 있을 수 있다. 사람을 속이는 것은 비윤리적이지만 사회조사에서 어쩔 수 없는 상황일 때 연구대상자를 속이는 것과 신뢰할 수 있는 자료를 수집해야만 하는 연구 자체의 요구 사이에서 갈등이 발생할 수 있다. 이 경우 연구대상자가 조금이라도 피해를 입을 여지가 있다면 허용될 수 없고 불가피하다면 연구가 끝난 후에라도 그 이유를 충분히 설명해야 한다. 또한 연구참여자를 속이는 것이 가지는 장기적 이득과 윤리적 침해의 정도를 신중히 고려하여 최적의 연구전략을 선택해야 하는 것이다.

(6) 분석과 보고의 의무

일반적으로 과학은 정직함과 개방성을 통해 진보하고 자기방어와 속임수에 의해 지체된다. 연구자는 학문적 동료에 대한 책임으로 특정 탐구분야에서 경험한 모든 사실을 진실되게 분석하고 보고해야 한다. 특정 탐구영역에서 자신이 경험한 모든 결점과 문제를 들려줌으로써 과학적 발전 전체에게 봉사해야 한다. 연구자는 누구보다 자신이 수행한 연구의 약점과 실패를 잘 알고 있다. 이를 솔직하게 밝혀야 할 의무가 있는데 연구의 결과는 연구자가 예상치 못한 결과로 나타날 수도 있고 일반적인 상식과는 다른 결과를 보일 수도 있으므로 이러한 바람직하지 못한 결과일지라도 보고해야 한다. 비록 실패한 연구 또는 부정적인 결과라 하더라도 보고 후의 후속연구가 시행착오를 줄일 수 있다.

2) 사회복지조사의 한계

사회복지조사는 다음과 같은 한계점들이 따른다(양성관 외, 2014). 첫째, 인간이 경험적으로 인식할 수 있는 대상이 한정되어 있기 때문에 인식의 제한성으로 인한 오류가 가능하다(경험적 인식의 제한성), 둘째, 사회복지조사 연구의 목적에 적합한 기간을 산정하여 연구를 실시해야 하는 한계가 있다(시간적 제한성), 셋째, 사회복지조사는 제한된 지역 내지 공간에서 이루어지기 때문에 보고서에 연구지역을 제시하여야 한다(공간적 제한성), 넷째, 지나치게 비용 낭비가 예상되는 조사는 실시하지 않는 것이 좋다(비용적 제한성), 다섯째, 사회복지조사는 조사자의 개인적 가치가 조사과정에 개입될 가능성이 크다(개인적 가치의 개입 가능성), 여섯째, 사회복지조사는 논리적 타당성보다는 조사 당시의 사회적 이념이나 정치적 규범 등에 따라 수용과 거부가 결정되기도 한다(정치적·문화적·사회적 요인에 따른 제한성).

03

조사연구의 개관

1. 조사연구의 과정

조사연구란 자료수집을 통한 모든 연구를 말한다. 문헌조사와 같은 간접적인 방법이든 현장에서 직접적으로 자료를 수집한 방법이든 어떠한 방법을 이용하든 간에 자료수집을 통해 이루어지는 모든 연구를 지칭한다(임봉호 외, 2012). 과학적 조사연구 절차는 다음과 같다.

1) 연구주제의 선정

주제의 선정은 문제를 의식하는 시점에서 시작하여 문제의 존재 위치나 존재 모양을 확인함으로써 종료한다. 연구를 시작할 때 연구자는 우선 어떤 주제를 연구대상으로 할 것인가를 결정해야 한다. 주제선정에 영향을 주는 요인은 문제 의식, 학문적 관심, 단순한 호기심 등으로 매우 다양하며 그 범위도 적용하는 기준에 따라 매우 넓다. 연구주제를 설정할 때는 다음과 같은 몇 가지 사항을 고려하는 것이 좋다. 첫째, 현재까지의 연구결과들로는 알고자 하는 사항을 충분히 파악하기 어려운 경우, 둘째, 기존의 연구결과들이 일치하지 않는 경우, 셋째, 현존하고 있는 현상이 기존의 이론으로 설명하기 어려운 경우 등을 연구주제로 선정하는 것이 좋다(채구묵, 2010).

연구주제를 구체적인 연구문제로 구체화할 때 그 문제를 실제로 탐구하는 실행 가능성(feasibility)을 고려해야 할 것이다. 궁극적으로 연구주제를 연구문제로 구체화하는 데 가장 중요한 기준은 연구문제에 대한 답이 사회복지정책이나 사회복지실천을 이끄는 데 중요한 잠재적 관련성이 있어야 한다는 것이다. 연구문제의 일반적 유용성을 측정하는 한 가지 방법은 연구문제와 관련 있는 문헌의 완벽한 검토를 수행하는 것이다. 문헌고찰(literature review)은 연구문제의 일반적 유용성을 평가하도록 도울 뿐만 아니라 처음 시작하는 연구문제를 선정하기 위한 훌륭한 기초를 연구자에게 제공한다.

2) 문제의 형성

문제의 형성 단계에서 수행하는 여러 가지 활동은 궁극적으로 연구자의 중요한 연구문제를 확인하고, 실행 가능하며 유용한 연구 질문을 정교하게 확실히 하려는 데 목적이 있다. 주제선정은 조사의 일반적 작업에 속하여 과학적인 고려에 입각하지 않고도 가능하나 문제의 형성은 문제의 특성화과정으로서 연구될 문제를 정확하고 구체적이며 분명한 언어로 표현하여 과학적 방법으로 취급될 수 있도록 체계화하는 단계이다. 연구 목적을 결정하고 연구의 중요한 요소들, 예를 들어 분석단위, 가설, 변수, 조작적 정의 등을 구체화한다. 이 단계에서는 문헌고찰이 매우 중요하다.

조사주제를 의문문 형식으로 만든다는 것은 하나의 의미 있는 서술적 의문문장으로 만드는 것을 말한다. 의문문 형식의 조사문제는 현황(실태)에 대한 의문(Who? What? How?)이나 관계(Why?)에 관한 의문이라 할 수 있다.

조사를 의문문 형식으로 표현하는 것은 양적 조사나 질적 조사에서 모두 필요한 사항이다. 다만 질적 조사는 양적 조사보다 조사 질문내용이 구체적이지 못하거나 명확하지 못한 경우가 많다. 이 단계에서 조사 질문에 포함된 개념(concept)을 명확히 정의하고 개념을 보다 구체화하는 것도 필요하다.

- 한 개념만 다루는 조사문제: "A는 무엇인가?"
  (예) 마약청소년들의 사회적 특성은 무엇인가?

- 두 개념 간의 관계를 다루는 조사문제: "A에 따라 B는 달라지는가?" 또는 "A와 B는 어떤 관계가 있는가?" 또는 "C와 D의 조건하에서 A와 B는 관계가 있는가?"
  (예) 노인의 경제수준에 따라 삶의 만족감이 달라지는가?
  청소년의 학업성적과 행복감은 어떤 관계가 있는가?
  빈곤층의 근로의욕에 영향을 미치는 요인은 무엇인가?

3) 조사설계

조사설계(research design)란 필요한 자료를 수집하고 분석하기 위한 전반적인 계획을 설계하는 단계이다. 자료수집방법의 결정, 자료수집과정 및 절차, 모집단의 정의와 표본추출방법, 주요변수의 측정, 자료분석기법의 계획 등을 포함한다. 따라서 조사설계라는 용어는 두 가지 의미로 이해할 수 있는데 첫째는 연구자가 선택할 수 있는 여러 가지 논리전개로 실험설계, 상관관계 설계 등을 의미하며 또 다른 의미는 연구를 계획하는 과정에서 연구자가 내려야 하는 모든 결정을 말한다. 또한 연구를 구조화해 실행할 것인지, 아니면 새로운 통찰력을 발견하면서 수정하며 연구를 실행할 것인지의 방향을 제시한다.

연구자가 이 단계에서 결정하는 구체적인 것들은 ① 자료수집방법(질문지조사, 면접, 실험, 관찰, 내용분석, 2차 자료분석)을 결정하며, ② 연구모집단, 표본 수 및 표본추출방법 등을 정하고, ③ 질문지(조사도구)를 작성한 후, ④ 질문지의 신뢰도, 타당도를 검증하며, ⑤ 분석 시 사용해야 할 통계기법 등이다. 조사설계는 논리적으로 타당하고 질서정연해야 한다.

4) 자료수집

자료수집이란 연구자가 조사설계에 의해 자료를 수집하는 단계이다. 자료수집 이전의 단계를 설계과정이라 한다면 자료수집 이후의 단계는 설계를 집행하는 단계라 할 수 있다. 설문지를 회수하거나 관찰내용이나 면접내용을 기록한다. 또한 이러한 1차 자료 이외에 정부기관이나 조사기관의 간행물, 학술지의 논문 등과 같은 2차 자료를 포함한다. 실제 조사를 시행하는 단계로서 양적 연구자는 매우 신중하게 자료를 기록하고 정보를 검증하고, 거의 항상 숫자형태이며 보통 수집된 자료를 컴퓨터로 판독 가능한 형태로 변환한다. 일단 자료수집한 후 자료의 편집(자료의 정정, 보완, 삭제)과 부호화(관찰된 내용에 일정한 숫자를 부여하는 과정)가 이루어진다.

5) 자료분석

자료를 해석하기 쉽게 만들기 위해 관찰자료를 분류하거나 코딩하는 단계이다. 즉, 수집된 자료를 조사설계에 따라 편집, 분류, 코딩하여 입력하고, 입력된 자료들을 분석하고 해석하여 경험적 자료가 연구문제 및 가설과 부합하는지 여부를 평가하게 된다. 자료분석단계에서는 각종 통계적 기법, 통계 프로그램(SPSS 혹은 SAS)을 활용하여 통계치, 차트, 표, 그래프 등으로 자료분석 결과를 일목요연하게 제시한다.

6) 결과해석

연구보고서는 자료분석 결과를 제시하는 것으로 끝나지 않는다. 분석결과를 다르게 해석할 수 있는 가능성, 어떤 일반화를 할 수 있고 어떤 일반화를 할 수 없는지, 분석결과의 의미와 타당도와 관련 있는 방법론상의 제약에 대한 논의가 뒤따른다. 마지막으로 사회복지정책, 프로그램 개발, 사회복지 실천과 이론, 후속연구에 주는 함의를 제시한다.

7) 연구보고서 작성

연구결과를 정리하여 보고서나 학술논문 형태로 기술하는 단계이다. 연구보고서의 구성요소는 연구과정의 단계를 대체로 따른다. 연구보고서는 연구문제의 배경을 제시하고, 연구의 필요성과 중요성, 관련 이론과 선행연구들을 고찰하는 서론으로 시작한다. 서론 다음에는 분석단위, 변수, 가설, 가정과 조작적 정의 등 연구의 개념적 요소에 대한 설명이 이어진다. 방법론 부분은 논리전개, 표본추출과 자료수집 방법, 측정방법 등 연구설계를 기술한다. 다음으로 자료분석 결과가 이어지는데 사용한 통계기법을 분명히 하고 표, 그래프 및 기타 시각적 도구로 자료를 제시하며, 구체적 자료가 의미하는 것을 기술적이고 사실적으로 보고하는 설명을 제공한다. 다음으로 논의 부분에서는 결과해석에서 확인한 쟁점을 포함하고 있다.

2. 조사연구의 유형

1) 연구목적에 따른 분류

사회복지조사의 각 분류 기준에 따른 유형을 살펴보면 다음과 같다(고수현 외, 2013; 임봉호 외, 2012; 장정란, 2016).

(1) 탐색적 조사

사회복지 분야의 조사들 중 많은 조사가 어떤 주제를 탐색하기 위해 수행된다. 탐색적 조사(exploratory research)는 주제가 굉장히 새롭고, 주제에 대해 아는 것이 거의 없거나 전혀 모를 때, 아무도 이 주제에 대해 연구하지 않았을 때 실시한다(박기우 외, 2013). 연구의 목적은 새로운 관심사에 대해 연구하거나, 연구주제가 비교적 새롭고 연구하지 않았거나, 연구자가 좀 더 철저한 연구를 수행할 수 있는 실행 가능성을 알아보고자 하거나 좀 더 철저한 연구에서 사용할 방법을 개발하고자 할 때 주로 볼 수 있다. 탐색적 조사는 연구자가 새로운 분야에 관심을 가질 때마다 꼭 필요한 과정이며, 거의 언제나 연구주제에 대한 새로운 통찰력을 제공할 수 있다.

탐색적 조사를 수행하는 연구자는 창의적이고 개방적이며 유연해야 하며, 탐구하는 자세를 견지해야 하고 모든 종류의 정보의 원천을 탐구해야 한다. 탐색적 조사에는 정확한 조사문제나 조사내용, 정확한 조사계획과 절차가 없다. 양적으로 많은 대상을 조사하는 것보다는 소수의 사례에 대하여 질적으로 조사하는 경우가 많고 관련된 자료는 무엇이나 중요하게 생각한다. 탐색적 조사의 주된 단점은 이 연구가 연구문제에 대한 만족할 만한 답을 주는 경우가 거의 없다는 점이다. 탐색적 조사는 단지 답에 대한 힌트를 제시하거나 좀 더 확실한 답을 제공할 수 있는 연구방법에 대한 통찰력을 줄 수 있다.

(2) 기술적 조사

많은 사회복지조사는 상황과 사건을 기술하는 것이다. 기술적 조사(descriptive research)는 상황, 사회환경, 관계 등의 특정한 상세 내용을 사진과 같이 표현하는 것이다. 현재의 상황이나 상태를 밝히는 점에서는 탐색적 조사와 비슷하지만 기술적 조사는 보다 명확한 조사문제가 있고 조사절차와 내용이 체계적이고 정확한 것이 다르다. 기술적 조사는 한마디로 현상의 실태를 조사하는 것으로 사회복지 분야에서 가장 잘 알려진 기술적 조사는 사회복지교육협의회(Council on Social Work Education)가 실시하는 사회복지대학원 연간 통계조사다(김기덕, 2012).

기술적 조사에는 주로 어떤 개념과 개념 간의 관계를 발견하거나 인과관계를 발견하려는 목적은 거의 없고 다만 현상을 명확히 기술함으로써 어떤 개념과 개념 간의 관계를 추리할 수 있는 근거를 제공할 수는 있다. 양적연구와 질적연구에서 기술이라는 용어는 서로 다르게 사용된다. 양적연구에서 기술이란 특정 모집단의 특성을 말한다. 양적연구에서 기술하는 자료는 수량화하기 쉬운 외적인 속성, 예를 들면 연령, 소득, 가구원의 수 등의 자료다. 질적연구에서 기술은 어떤 현상과 그 현상의 깊은 의미에 대한 풍부한 고찰을 말한다.

(3) 설명적 조사

사회복지조사는 어떤 것을 설명하는 것에 목적이 있기도 하다. 설명적 조사는 '왜?'라는 의문에 대한 해답을 내용으로 하는 조사라 할 수 있는데 개념 간의 상관관계나 인과관계를 규명하려는 것을 목적으로 하고 있다. 즉, 설명적 조사(explanatory research)는 탐색적 조사나 기술적 조사를 근거로 하거나 기존의 이론이나 직관 또는 선험적, 논리적 사유로 가설을 설정하여 그 가설을 검정하거나 상관관계 또는 인과관계를 발견하는 것을 목적으로 한다(최성재, 2008).

어떤 도시는 다른 도시보다 왜 아동학대율이 높은지 알아보는 것은 설명적 조사인 반면, 단순히 도시별 아동학대율을 조사하는 것은 기술적 조사다. '아동의 조기 영어교육을 찬성하는 부모들이 얼마나 되는지'를 알아내기 위한 것은 기술적 조사이지만 '왜 그들이 조기 영어교육을 찬성하는가'를 규명하는 것은 설명적 조사이다.

탐색적 조사	기술적 조사	설명적 조사
1997년 말 IMF시기 등장한 노숙자들의 실태를 조사하여 노숙자들의 현황과 실태가 어떠한가를 조사하여 노숙자에 대한 개입방향과 목표 설정	인구센서스, 수도권 지역주민 대상 주거 욕구조사, 중학생 비행 실태조사, 기초생활수급자를 대상으로 법규의 변환이 수급자의 삶에 미치는 영향을 조사	노동시장 진입 및 탈출 영향 요인 조사, 청소년(중·고·대)들의 인터넷 사용이 정신건강에 미치는 영향 조사, 가족 내 노인의 수와 의료지출과의 관계 조사

2) 조사시점에 따른 분류

(1) 횡단적 조사

어느 한 시점에서 어떤 현상의 횡단면을 택해 그 횡단면을 주의 깊게 분석해서 현상을 검토하는 연구를 횡단적 조사(cross-sectional approach)라고 한다. 횡단적 조사는 한 가지 문제점을 내포한다. 일반적으로 횡단적 조사는 일정 기간에 걸쳐 발생하는 인과관계를 이해하려고 하지만, 횡단적 조사의 결론은 한 시점에서만 행해진 관찰에 기초한다는 것이다. 한 시점이라는 말은 문자 그대로는 어떤 한순간을 의미하지만 실제로 관찰이나 자료수집은 한순간에 동시에 이루어지기는 어렵다. 거의 대부분의 경우 일정한 시간동안 한 번 이루어지는 것을 의미하며 아주 짧게는 1~2초 사이 또는 길게는 1~2개월에 걸쳐서 이루어질 수도 있다. 대부분의 사회과학 조사는 편의성이나 시간, 비용, 조사결과의 시급성 등 현실적 제약으로 횡단적 조사로 이루어지고 있다(최성재, 2012).

횡단적 조사의 장점은 자료수집이 용이하고 짧은 시간에 많은 사람들로부터 자료를 수집할 수 있기 때문에 종단적 조사에 비해 비용이 상대적으로 적게 든다는 점이다. 또한 어느 한 시점에서 자료가 수집되므로 시간의 흐름에 따른 변화의 영향을 받지 않으므로 유사한 목적을 가진 연구결과들끼리 객관적인 비교가 가능하다. 따라서 대부분의 연구자들은 횡단적 조사 자료를 분석에 이용한다(임봉호 외, 2012). 단점은 자료를 수집하는 특정 시기에 변화가 일어나고 있을 수도 있으며 특히 그 변화를 인지하지 못하고 보통 때와 같은 상태라고 가정할 때 측정상의 문제가 발생한다. 또한 횡단적 조사 자료로는 추세분석이나 계절에 따른 변동을 파악할 수 없기 때문에 분석결과 파악된 변인들 간의 관계가 그대로 유지될지 아니면 시간의 흐름에 따라 변화할지에 대해서는 말할 수 없다는 것이다(강영걸·박성복, 2009).

횡단적 조사의 방법으로 현황조사(status study), 상관적 연구설계(relational study) 등이 있다. 현황조사는 어떤 사건과 관련된 상태나 상황을 정확하게 파악하여 기술하는 것을 주목적으로 하며, 자료수집은 개인이나 조직에 질문서나 면접을 통해 자료를 수집하는 서베이나 각종 통계연감에서 자료를 수집하는 2차 자료 연구를 이용한다. 상관적 연구설계는 어떤 변수와 다른 변수와의 관련성을 파악하기 위한 연구로서 둘 또는 그 이상의 변수들 간의 관계나 연관성을 상관계수의 계산을 통해 확인한다(양성관 외, 2014).

(2) 종단적 조사

일정 기간에 걸쳐 나타나는 어떤 과정에 대해 기술하고, 그렇기 때문에 상당 기간에 걸쳐 관찰하는 연구를 종단적 조사(longitudinal approach)라고 한다. 종단적 조사는 특정한 속성이 뒤에 문제를 발전시키는 위험을 증가시키는지 여부를 평가하는 데 큰 가치를 지닌다. 이렇게 하기 위해 종단적 조사는 그 문제를 발전시키는 위험을 증대시킬 수도 있는 특정한 속성이 있거나, 속성이 없는 개인들을 일정 기간에 걸쳐 추적할 수도 있다. 또한 두 집단 간의 문제 발생률을 비교함으로써 종단연구는 특정 위험요인을 갖고 있는 사람들이 그 문제를 발전시킬 확률을 계산할 수 있다.

종단적 조사의 종류를 살펴보면 먼저 추이연구(trend study, 또는 경향연구)란 일반 모집단 내의 변화를 일정 기간에 걸쳐 연구하는 것을 말한다. 일정 기간 센서스조사를 비교해 전국 인구 또는 특정 소수계의 성장을 살펴보는 연구가 한 예다. 추이연구는 매번 측정하고, 매번 동일 모집단에서 새로운 표본을 독립적으로 추출한다. 따라서 과거와 현재의 역사적 자료를 토대로 하여 미래의 사회적 변화의 예측이 가능하다.

동년배연구(cohort study)란 시간의 변화에 따른 특정 하위모집단(동류집단)의 변화를 관찰하거나 특정 경험을 같이 한 사람들에 대해 두 번 이상의 다른 시기에 걸쳐 이루어지는 비교연구를 말한다. 예를 들어 1930년대의 경제공황기에 태어난 사람들을 대상으로 매 10년마다 그들의 경제적 태도의 변화를 연구하기 위한 조사를 한다든지, 어떤 사회복지 프로그램 참가자를 대상으로 매년 그 변화 정도를 측정하는 조사를 하는 경우를 예로 들 수 있다.

패널연구(panel study)는 동일집단반복연구라는 것으로 패널이라 불리는 특정 집단을 정해 놓고 그들에게 상당한 기간 동안 지속적으로 연구자가 필요로 하는 정보를 얻는 방법이다. 매번 동일한 집단을 관찰하며 패널을 대상으로 시간의 변화에 따른 특정 정보를 획득하는 것이다. 패널연구는 매번 동일한 대상을 관찰하기 때문에 일정기간에 걸친 변화에 대한 가장 포괄적인 자료를 제공하며, 세 가지 종단연구 중 가장 강력하고 정확한 연구라고 할 수 있다. 단점은 비용이 많이 들고 동일한 대상을 일정 기간 추적하는 데 어려움이 따른 것으로, 패널연구는 종단연구들 중 수행하기 가장 어려운 연구이다. 이와 관련해 패널연구에만 영향을 미칠 수 있는 단점은 패널상실(panel attrition)이다. 첫 번째 설문조사의 연구대상 중 일부 응답자는 이후 조사에는 참여하지 못할 수도 있다. 패널연구의 또 다른 단점은 초기에 연구대상을 관찰하는 것이 그 후 연구대상이 말하거나 행동하는 데 영향을 줄 수 있다.

3) 자료형태에 따른 분류

(1) 양적연구

양적연구(qualitative research)는 연구하고자 하는 연구대상의 속성을 가능한 양적으로 표현하고 그들의 관계를 통계분석을 통하여 밝히는 조사를 말한다. 사회현상의 사실과 원인을 탐구하는 논리실증주의의 방법으로 개인의 주관적 측면에 관심이 없고 수집된 자료에 수치를 부여하여 이를 통계적으로 분석하고 결과를 제시한다.

양적 조사방법으로 질문지를 이용하여 자료를 수집하는 질문지조사(questionnaire research), 조사자와 응답자가 일대일로 만나 연구에 필요한 자료를 수집하는 면접조사(interview research), 실험을 통하여 자료를 수집하고 분석하는 실험조사(experimental research), 신문기사나 인쇄물, 영화, 노래 등에 나타난 단어나 주제 등을 분석해서 의미를 찾아내고 이를 수량화된 자료로 변환시켜 분석결과를 일반화시키는 내용분석(content analysis) 등이 있으며, 기존 통계자료분석(existing statistical data analysis)은 정부기관이나 연구기관 등에서 발표된 통계자료를 이용해서 새로운 연구결과를 산출하는 조사방법이다.

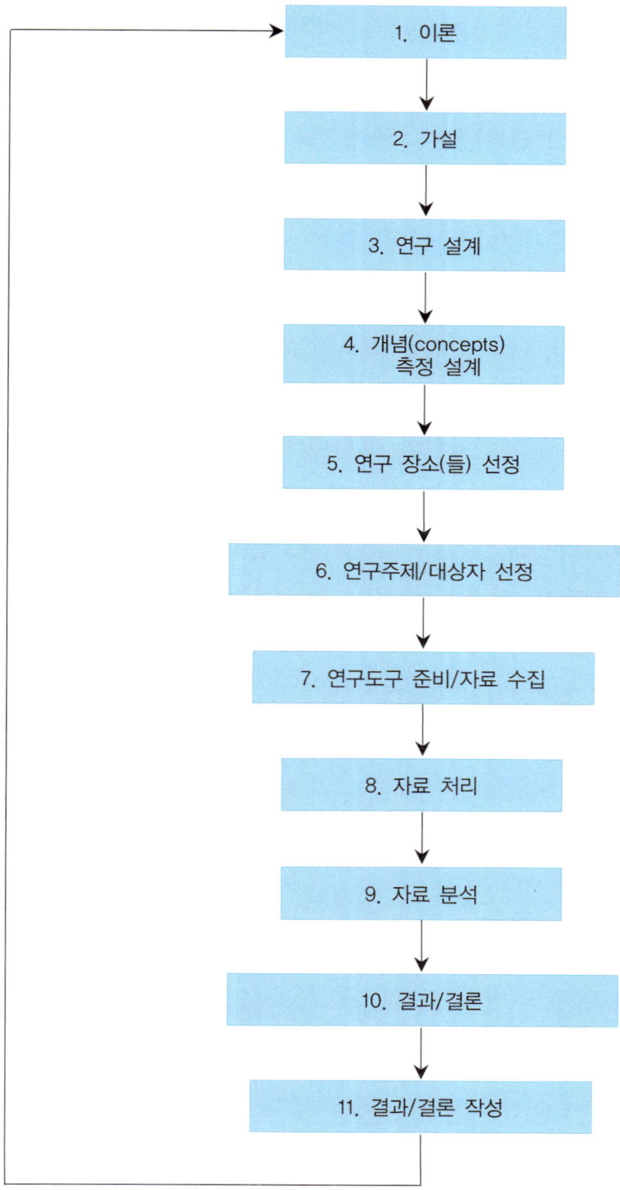

출처: Bryman(2012), p.161.

[그림 3-1] 양적연구의 과정

(2) 질적연구

질적연구(qualitive research)는 기존의 설문지나 면접에 의존하는 계량적 방법은 한계가 있으므로 이를 보완하면서 주관적 · 해석적 조류와 인식론적 방법론에 알맞은 대안적 기법 마련이 필요함에 따라 등장하였다. 인간의 주관적 이해를 바탕으로 행위 자체에 부여하는 의미를 이해하려는 주관적 · 해석적 방법이다.

질적연구의 방법으로 관찰을 통한 현지조사는 조사대상을 지속적으로 관찰하여 시각, 청각 같은 감각기관을 통해 언어, 행동, 현상 등을 인지하고 이를 통해 질적 자료를 수집하는 방법으로 대규모의 조사대상에 대해 적용하기 어려우며 주로 작은 규모의 대상이나 집단구성원을 장기간에 걸쳐 관찰함으로써 이루어진다. 역사적 방법은 역사적 자료를 이용하여 과거 어떤 시대의 사회현상이나 사건을 연구하는 조사방법으로, 연구자는 주제에 따라 과거의 한 시대나 사건을 집중적으로 조사하거나, 다른 시대의 사건과 비교할 수도 있다.

〈표 3-1〉 양적조사와 질적조사의 차이점

양적조사	질적조사
계량적 · 축소주의적 · 결과지향적	확장주의적 · 과정지향적
정형화된 측정과 척도를 사용	조사자의 준거틀을 사용
조사가 통제된 상태에서 객관적으로 수행	통제되지 않은 자연상태에서 주관적으로 수행
가설검증, 사실 확인, 추론 지향	탐색, 발견, 서술 지향
연역법 사용	귀납법 사용
조사결과의 일반화 가능	조사결과의 일반화 어려움
조사대상이 안정적이라고 가정	조사대상이 동태적이라고 가정
신뢰성 있는 경성자료(hard data) 산출	타당성 · 실질적 · 깊이있는 자료 산출

4) 조사대상의 범위에 따른 분류

(1) 전수조사

전수조사(complete enumeration)는 조사대상 모집단 전체를 조사하는 방식으로 통계청에서 5년에 한 번씩 실시하는 인구주택총조사가 대표적인 사례이다. 전수조사는 모집단 전체를 조사하는 것이므로 모집단 전체의 다양한 의견을 모두 알 수 있고 전체 인구를 대상으로 하므로 지역별, 연령별 등 목적에 따른 분류가 가능하여 표본조사를 할 때 기초자료로 사용할 수 있다. 단점으로 시간과 비용이 많이 들고, 비표집오차가 커질 수 있어 표본조사보다 정확도가 떨어질 수 있다.

(2) 표본조사

표본조사(sampling study)는 모집단 중 일부만을 대상으로 그들로부터 추려낸 표본(sample)에 대해 일정하게 표준화된 도구를 사용해 자료를 얻어내는 방법이다. 현실적으로 시간과 비용이 적게 든다는 이점이 있고, 표본추출이 잘못되면 연구결과를 일반화할 수 없다. 특히 연구자의 자의성이나 표본추출방법의 오류로 인해 표본의 대표성이 확보되지 않은 상태로 표본조사를 수행할 경우, 조사결과가 모집단의 특성을 정확하게 추론할 수 없고 결과를 왜곡시킬 수 있다.

(3) 사례조사

사례조사(case study)는 소규모의 특정 사례를 집중적으로 조사하여 현상이나 문제를 파악하고 이를 실증적으로 분석하는 조사유형으로 장점은 소수를 대상으로 조사함으로써 조사대상의 독특한 성질을 구체적으로 서술하며 행동이나 특성의 변화와 영향을 미친 요인 사이의 관계를 파악하는 데 유용할 수 있다. 또한 처음부터 끝까지 조사대상의 동태적 변화나 흐름 등 자연적 상황이나 일상적 생활을 연구하는 데 용이하며, 구체적 조사가 가능하고 조사대상에 대한 종합적 이해가 가능하다.

단점은 조사대상이 하나 또는 소규모이기 때문에 표본의 대표성 측면에서 한계를 지니며, 자료의 신뢰성을 검증할 방법이 없다는 것, 연구의 반복 수행이 어렵고 결과를 일반화하기가 어려우며, 다른 변수에 대한 관찰 및 다른 대상과의 비교가 불가능한 것이다. 또한 관찰이나 기록에 있어서 표준화가 요구되기 때문에 통계적 방법의 보완을 필요로 한다는 점이다.

5) 조사의 활용에 따른 분류

(1) 순수조사

순수조사(pure research)는 순수하게 사회적 현상에 대한 지적인 이해와 지식 그 자체만을 획득하기 위해 수행되는 조사로 직·간접적인 어떠한 이용도 의도하지 않는다. 현장응용 정도가 매우 낮은 조사로 기초조사(basic research)라고도 한다. 순수조사의 실천적 적용은 오랜 시간 기초지식이 어느 정도 축적된 이후에 나타난다. 순수조사의 목적은 이론적 지식의 발달에 기여하는 것으로, 조사결과를 통해 어떤 개념이나 이론에 대한 새로운 지식을 얻는다.

(2) 응용조사

응용조사(applied research)는 조사결과를 직·간접적으로 사회적 현상에 응용함으로써 문제의 해결이나 개선을 위해 수행되는 조사를 말하며 현장응용 정도가 매우 높은 조사를 의미한다. 응용조사는 대부분 조사결과를 사회구성원이 안고 있는 실제 문제를 해결하기 위해 구체적으로 이용하는 데 있고, 조사과정에서 조사자의 노력은 조사결과를 구체적으로 이용하는데 초점을 맞추고 있다. 사회복지 분야에서 응용조사는 사회복지 프로그램이나 정책들이 보다 효과적이고 효율적으로 실시되도록 하기 위한 지식이나 자료를 획득하기 위해 종종 실시된다.

(3) 평가조사

응용조사의 한 유형인 평가조사(evaluation research)는 어떤 사회적 프로그램이나 정책이 얼마나 효과적인지 또는 이들 프로그램이나 정책을 지속할 것인지 아니면 중단할 것인지의 여부를 평가하기 위해 실시되는 조사이다. 조사의 목적은 지식의 획득이 아니라 정책이나 프로그램의 지속, 중단 등의 여부와 재원의 마련에 있다. 예를 들어 직업훈련이 실직자의 전문적 기술 향상과 재취업에 실질적으로 기여하고 있는가, 사회복지기관의 프로그램들이 제대로 성과를 거두고 있는가 등을 조사하는 것이 이에 해당한다.

6) 통제 정도에 따른 분류-실험실 조사, 현장조사

(1) 실험실 조사

실험실 조사(laboratory research)는 연구에 관심있는 변수 이외에 결과에 영향을 미칠 수 있는 모든 가능한 다른 변수들의 영향이 최소화되도록 연구자가 실험환경을 철저하게 통제한 후 연구가 진행되는 것을 말한다. 즉, 자연적 상황 속에서 발생할 수 있는 외부의 영향과 다른 변수들의 영향이 의도적으로 통제된 실험실 내 상황에서 관찰조건을 형성하여 독립변수의 조작에 따른 종속변수의 변화를 측정함으로써 독립변수의 효과를 측정하거나 인과관계에 대한 가설을 검증하는 조사이다. 사회복지조사의 경우 사람을 대상으로 하므로 실험실 조사와 같은 인위적인 통제는 사실상 어렵다고 볼 수 있다.

(2) 현장조사

현장조사(field research)는 연구자가 임의로 실험환경을 설계하는 실험실이 아닌 실제 환경 또는 이에 가까운 상태에서 진행되는 연구를 말한다. 상황이 허락하는 한도 내에서 한두 개 혹은 최소의 변수들을 변화시켜 이에 대한 결과를 분석하는 방법이다.

〈표 3-2〉 실험실 조사와 현장조사의 비교

실험실 조사	특성	현장조사
적게 소요	시간	많이 소요
적게 소요	비용	많이 소요
높음	내적 타당도	낮음
낮음	외적 타당도	높음

3. 조사연구의 주요 개념

1) 개념

(1) 개념, 개념화

개념이란 어떤 사물, 사람, 생각, 사건 또는 행동의 공통적 속성을 요약한 것을 상징적으로 하나의 단어로 나타낸 것을 말한다. 또한 어떤 현상에 대한 정신적 이미지를 한데 묶어 공통적 속성을 요약하여 그것을 상징적으로 의미하는 하나의 단어를 만들어 내는 과정을 개념화(conceptualization)라 한다. 사회과학의 실증주의 패러다임에 입각한 양적 조사에서는 조사가설과 관련하여 개념정의를 두 가지로 내려야 한다. 하나는 개념적 정의(conceptual definition) 또는 명목적 정의(nominal definition)이고 다른 하나는 조작적 정의(operational definition)이다(최성재, 2012).

개념의 기능을 살펴보면, 관심의 대상이 되는 경험세계에서의 사물, 사건 및 현상의 속성을 추상화시킨 개념은 의사소통의 기능을 하며 다른 사람들과 공유할 수 있는 어떤 경험적 현상, 사회현상을 보는 시각을 제공한다. 또한 사회과학자들이 경험하고 관찰한 것을 분류하고 질서를 부여하여 보편적으로 이해하고 설명할 수 있도록 일반화에 기여한다. 개념과 개념을 연결시켜 놓은 것이 이론이므로 개념은 이론의 핵심적 구성요소로서의 기능을 담당하기도 한다.

(2) 개념적 정의와 조작적 정의

연구문제 선정단계와 조사가설 설정단계에서 개념에 대한 정의를 내리는 것은 바람직하다. 'A는 B와 관계가 있는가?'라는 질문에 답하려면 먼저 A는 무엇이고, B는 무엇을 의미하는지 보편적으로 이해할 수 있을 만큼 명확하게 정의되어야 한다. 개념적 정의를 내리는 목적은 다양한 정의들 가운데 어느 정의가 더 좋은 것인지를 판단하는 것이 아니라, 연구의 관심과 초점에 맞추어 거기에 합당한 의미를 확정짓는 것이다. 그러나 개념적 정의는 사전적, 추상적, 일반적, 주관적일 수 있다.

조작적 정의(operational definition)는 추상적 수준으로 정의한 개념을 실증적이고 경험적으로 관찰하고 측정 가능하도록 정의하는 것을 말한다. 개념을 인식하고 이해하기 위해서는 무엇을 해야 하고 무엇을 관찰해야 할 것인지를 설명하는 것으로, 즉 개념적 정의의 내용을 검증과정에서 측정 가능한 지표로 변환시키는 것이 조작적 정의이다. '조작적'이라는 말이 오해를 불러올 수도 있겠지만 조작적 정의는 개념적 정의에서 의미하는 것을 실제로 어떤 것을 어떻게 관찰하면 되는 것인가를 설명하는 것이므로 '어떤 것'을 '어떻게' 관찰하면 개념적 정의의 내용을 충분히 관찰할 수 있게 될 것인가에 관한 것이다. 개념적 정의가 어떠한 개념을 다른 개념으로 묘사하는 것인데 비해, 조작적 정의는 이론적 개념의 수준과 경험적 · 구체적 수준의 간격을 메워 주는 것이다(강영걸 · 박성복, 2009).

〈표 3-3〉 개념적 정의와 조작적 정의의 예

구분	개념적 정의	조작적 정의
공격	타인에게 해를 끼치는 제반행동과 언어적 표현	어떤 사람이 상대방을 신체부위나 물건 등으로 치거나 상대방을 치려는 행동을 하거나 또는 상대방이 위협을 느낄 정도의 언어를 사용하는 것

구분	개념적 정의	조작적 정의
집단응집력	집단을 구성하는 구성원 개개인 간의 관계의 정도	집단구성원들이 서로 좋아하는 정도
빈곤층	어느 특정한 사회에서 인간으로서 최소한으로 유지해야 할 생활수준을 유지할 수 없을 정도로 개인이나 가족의 자원이 결핍된 상태에 있는 사람들	한 사회에서 가구의 소득으로 인정할 수 있는 재산과 수입의 총액이 최저생계비에 미치지 못하는 상태에 있는 사람들

2) 가설

(1) 가설의 의미, 특성

가설은 두 개 이상의 변수들 간의 관계에 대한 잠정적인 진술로 말 그대로 사회조사에서 밝히고자 하는 가정적 진술이다. 가설은 모든 연구에서 다 설정되는 것은 아니지만 설명적 조사에서는 반드시 가설을 설정하여야 한다. 가설에서는 개념과 변수라는 용어가 상호 교환적으로 사용되는 경우도 있는데, 이론적 진술에서 사용되면 개념, 가설의 진술에 사용되면 변수라고 부르는 경우가 많다. 가설에서 사용되는 용어를 때로는 개념으로 때로는 변수로 부르는 경우도 많다. 가설은 2개 이상 변수들 간의 관계를 진술하는 명제인데 많은 경우 미래형 긍정문으로 표현한다. 가설은 구조나 형태로 보아 연구문제에서 형태만 바꾼 것으로 보이지만 가설이 도출되는 과정에는 논리적 타당성이 명확히 설명되어야 한다.

가설은 다음과 같은 세 가지의 특성을 갖추고 있다(최성재, 2012). 첫째, 잠정적인 명제이고, 둘째, 그 타당성이 아직 알려져 있지 않고(검정되지 않고), 셋째, 거의 대부분의 경우 두 가지 이상의 변수들 간의 관계를 진술하고 있다. 가설을 도출할 수 있는 근거가 되는 것으로 ① 개인적 관심, ② 조사자 주위의 주요인물, ③ 사회문제, ④ 이론 및 가설(다른 가설), ⑤ 기존 사회조사, ⑥ 일상적 연구나 독서활동, ⑦ 프로그램 평가, ⑧ 신념 및 가치관, ⑨ 일상생활에서의 관찰, ⑩ 인간대상 서비스 실천 등이 있다.

가설은 이론과 다르다. 이론은 많은 경험적 검정을 거쳐 현실과의 부합성 또는 현실적 타당성이 높은 것으로 인정된 명제인 데 비하여 가설은 아직도 경험적 검정을 거친 바가 없고 장차 경험적 검정을 거치게 될 명제라 할 수 있다. 엄격히 말한다면 변수 간의 관계에 관하여 진술하는 명제로서 그것이 경험적 검정을 거쳤다면 이론이고, 안 거쳤으면 가설이라 할 수 있다.

(2) 가설의 필요성

가설을 설정할 필요성으로 첫째, 연구문제에 대한 정확한 해답을 얻기 위해 가설설정이 필요하다. 둘째, 조사문제의 어떤 측면을 명확히 하여 조사의 초점을 맞출 수 있게 하기 위해 가설설정이 필요하다. 셋째, 사회조사는 기존의 이론과 다른 가설 및 기존의 관련연구와 논리적 연관성을 가지고 이론을 개발하고 수정하는 것을 중요한 목적으로 삼고 있는데, 기존의 이론과 가설에 근거를 둔 가설을 설정하여 이를 검정하는 것은 바로 이론형성에 기여하기 때문이다. 넷째, 사전에 변수 간의 관계가 어떨 것이라는 가정을 해놓고 실제 현실세계의 자료를 수집하여 분석해 본 결과도 가정한 대로 나타났다면 이는 사전에 가정이 없이 출발하여 관찰된 자료만으로 변수 간의 관계를 확인하는 것보다 그 관계의 개연성이 더 확실할 수 있다. 다섯째, 연구문제에 대한 논리적 검정을 보다 확실하게 하기 위하여 가설설정이 필요하다(최성재, 2012).

(3) 가설의 종류

논문에서 가장 많이 논의되는 통계적 검증과 관련한 연구가설(research hypothesis)과 영가설(null hypothesis)이 있다. 연구가설은 사회현상에 관한 이론으로부터 도출된 가설, 즉 연구문제에 대한 잠정적 해답으로 연구자가 제시한 가설을 연구가설이라고 한다. 가설은 둘 이상의 변수들 간의 관계를 포함하고 선언적으로 진술되고 검증 가능한 형태라야 한다. 그리고 관계가 있다든지 혹은 차이가 있다든지 나아가 가능하다면 어떤 관계인지 하는 것도 포함하는 것이 좋다. 이러한 가설을 연구가설이라 하고 일반적으로 가설이라 하면 이 연구가설을 가리킨다. 다음에 설명할 영가설은 대안으로 설정된다고 해서 대립가설이라고도 한다(강영걸 · 박성복, 2009).

방향을 나타내는 가설은 'A는 B보다 크거나 작다' 혹은 'A가 증가하거나 감소하면, B는 증가하거나 감소한다' 등으로 나타낸다. 변화에 대한 긍정(+) 혹은 부정(−)의 방향성이 존재한다. 반면에 차이의 유무를 나타내는 가설은 'A는 B와 다르다' 혹은 'A가 변화하면 B도 변화한다' 등으로 나타낸다(곽종형 외, 2013).

영가설은 귀무가설이라고도 하는데 2개 이상의 모집단 또는 변수 간에 차이가 없다, 또는 독립변수가 종속변수에 영향을 미치지 않는다고 가정하는 것을 의미한다. 연구자가 조사를 시작할 때에는 두 집단 간에 차이가 있을지 없을지 모르는 상태이다. 그러나 연구자는 일단 두 집단에 차이가 없다고 가정을 한 후 통계처리결과에 의해 영가설을 채택하든지 기각하게 된다. 아래 영가설과 연구가설에 대한 공식적인 표현을 살펴보자.

$$H_0 : \mu_1 = \mu_2$$
$$H_1 : \mu_1 \neq \mu_2$$

(예) μ_1 : 직업이 있는 노인들의 생활만족도 평균 점수
μ_2 : 직업이 없는 노인들의 생활만족도 평균 점수

여기서 H_0는 영가설의 기호이고 '$\mu_1 = \mu_2$'는 두 집단의 평균값들에는 아무런 차이가 없다는 뜻이다. 그리고 H_1은 대립가설 혹은 연구가설의 기호이고 '$\mu_1 \neq \mu_2$'는 두 집단의 평균값들에는 차이가 있다는 의미이다. 예를 통해 설명하면 연구가설은 "직업이 있는 노인들의 생활만족도의 평균 점수와 직업이 없는 노인들의 생활만족도 평균 점수는 차이가 있을 것이다"이며, 영가설은 "직업이 있는 노인들의 생활만족도의 평균 점수와 직업이 없는 노인들의 생활만족도 평균 점수는 차이가

없을 것이다”이다.

3) 변수

특정 개념이 조작적 정의를 통하여 측정 가능하게 되면 두 가지 이상의 값(value)으로 속성을 지니는 변수(variable)가 된다. 변수는 연구대상의 경험적 속성을 나타내며 그 속성에 계량적 수치를 부여할 수 있는 개념 또는 경험적으로 측정 가능한 개념이다. 변수는 측정수준에 따라 명목, 서열, 등간, 비율 수준으로 구분할 수 있으며 연구모형에서 어떤 기능을 하느냐에 따라 독립변수(independent variable), 종속변수(dependent variable), 매개변수(mediating variable), 조절변수(moderating variable), 외생변수(suppressor variable), 통제변수(control variable)가 될 수 있다.

(1) 독립변수와 종속변수

독립변수는 인과관계에서 어떤 것의 원인이 되는 변수로 다른 변수의 변화를 일으키는 변수이다. 사회현상이나 인간행동에 대한 영향을 알아내기 위해서 연구자가 설정하거나 조작의 대상으로 삼는 요인이다. 실험설계에서는 연구자에 의하여 조작되는 변수로 실험처치, 실험자극이 독립변수에 해당한다. 원인변수, 설명변수, 예측변수라고도 부른다(곽종형 외, 2013).

종속변수는 결과변수, 피설명변수, 피예측변수라고도 하는데 독립변수의 영향을 받아 일정하게 변화된 결과를 나타내는 기능을 수행하는 변수를 말한다. 종속변수는 다른 변수에 의존하지만 다른 변수에 영향을 미칠 수 없는 변수로서 인과관계에서 결과를 나타낸다. 예를 들면, “음주가 질병 발생률을 높인다”라는 가설에서 음주 여부가 독립변수라면 질병 발생률은 종속변수이다.

살펴본 바와 같이 독립변수는 원인이 되고 시간적으로 먼저 변하는 속성을 가진 변수라면 종속변수는 설명하려는 대상이 되거나 결과가 되고 시간적으로 독립변수가 변한 후에 따라서 변하는 변수이다. 경우에 따라서는 독립변수이던 것이 종속변수가 되고, 종속변수이던 것이 독립변수가 되기도 하므로 독립변수와 종속변수를 확실히 구분하기 어려운 경우도 많다. 변수 간의 관계에서 독립변수와 종속변수는 세 가지 조건일 경우 성립할 수 있다. 독립변수와 종속변수는 상관관계에 있어야 하고 시간상 독립변수가 먼저 변하고 종속변수가 후에 변하여야 하며 두 변수와의 관계가 다른 변수로 인해 나타나서는 안 된다는 것이다.

(2) 매개변수와 조절변수

두 변수는 직접적 관계가 없는데 제3의 변수가 두 변수를 중간에서 연결시켜서 두 변수가 직접적으로 관계를 가지는 경우, 이 두 변수 사이에 놓인 변수를 매개변수라고 한다. 매개변수는 종속변수에 영향을 미치는 변수이지만 동시에 독립변수의 영향을 받는 변수라고 할 수 있다. 매개변수는 종속변수와의 관계에서는 독립변수의 역할을 할 수 있고, 독립변수와의 관계에서는 종속변수의 기능을 수행하게 된다. 만일 가정의 경제수준이 청소년의 성취욕구에 어떠한 영향을 미치고, 그렇게 함으로써 궁극적으로는 학업성적을 높일 수 있다면 "성취욕구"는 매개변수가 된다. 매개변수는 독립변수(가정경제수준)와 종속변수(학업성적) 사이에 존재하는 변수다. 다시 말하면, [그림 3-1]에 제시된 것처럼 독립변수가 매개변수에 영향을 미치고 매개변수가 다시 종속변수에 영향을 미치는 식의 인과 사슬을 볼 수 있다. 이러한 매개변수는 독립변수와 종속변수 사이에 위치하기 때문에 중재변수(intervening variable)라고도 한다.

조절변수는 매개효과와 같이 독립변수와 종속변수 사이에 존재하는 변수라는 점에서는 유사하다. 그러나 조절변수는 조절변수가 증가하거나 감소함에 따라 독립변수와 종속변수 관계가 변화된다는 특징을 가진다(유영준, 2014). 즉, 조절변수는 독립변수와 종속변수 간의 관계를 강화시키거나 약화시키는 등 관계의 크기를 조절하는 제3의 변수이다. 예를 들어 스트레스가 청소년비행에 영향을 미친다 하더라도 스트레스 대처방식에 따라 그 영향관계가 변화될 수 있다.

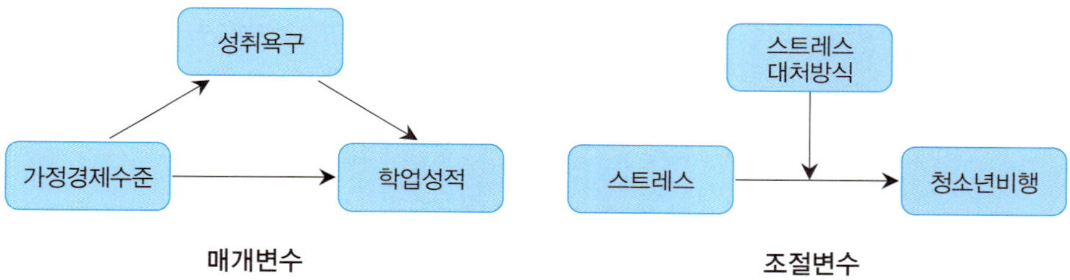

[그림 3-2]

(3) 외생변수와 통제변수

독립변수가 종속변수에 표면상으로는 영향을 미쳐 인과관계가 있는 것처럼 보이지만 실제로는 두 변수 각각에 밀접한 관계를 갖고 있어 두 변수가 인과관계가 있는 것처럼 보이게 하는 제3의 변수를 외생변수(suppressor variable) 혹은 허위변수(spurious variable)라고 한다. 이 경우 두 변수의 인과관계는 가식적 관계임을 밝히기 위해 통제되어야 하는 변수를 말한다. 예를 들어 병원에서 환자의 입원기관과 수명을 조사했더니 입원기간이 길수록 수명이 짧아진다는 것을 발견했다. 이때 질병이 심각할수록 입원기간이 길고, 따라서 수명이 짧아진다면 질병의 심각성이라는 변수를 무시하면 입원기간과 수명의 관계가 잘못 설명된다. 이때 외생변수인 질병의 중한 정도를 통제하면 독립변수와 종속변수의 가식적 관계는 사라진다. 외생변수는 독립변수와 종속변수 이외의 제3의 변수로서 독립변수와 종속변수 모두에 영향을 미치는 변수이다.

통제변수(control variable)는 두 변수 간의 관계를 정확히 파악하기 위해 두 변수 사이의 관계에 영향을 미칠 수 있는 제3의 변수를 통제한 경우를 말한다. 즉, 독립변수와 종속변수의 인과관계에 영향을 주는 제3의 변수로서 설계에서 통제되고자 하는 외생변수는 더 이상 외생변수라 하지 않고 통제변수라고 한다(곽종형 외, 2013).

예를 들어 키가 작을수록 오래 산다는 연구결과에 대해 제3의 변수인 성별을 통제하여 키와 수명 간의 관계를 파악해 보니 아무런 관계가 없었다. 성별을 통제하지 않았을 때는 여성의 키가 남성보다 작은 데 비해 오래 사는 이유로 평균수명과 키와의 관계를 인과적 관계로 보았으나 통제변수를 설정함에 따라 성별과의 관계를 밝힐 수 있는 것이다.

Part

02

[사회조사의 설계]

04

측정과 척도

1. 측정의 개념과 측정도구

1) 측정의 개념

측정이란 측정하고자 하는 대상의 속성에 존재하는 일정한 규칙에 따라서 숫자나 기호를 부여하는 과정으로, 측정을 통해 추상적인 개념들이 경험적으로 관찰 가능하게 된다. 즉, 조사대상자의 속성 또는 변수에 대하여 일정한 규칙에 따라 숫자나 기호를 배정하는 것으로 측정의 질은 규칙의 질에 좌우되며 측정절차가 실재와 경험적으로 합치될 때 그 측정의 의미가 있게 된다(김진숙, 2011).

측정은 일정한 규칙에 따라서 연구대상의 속성을 수량화하는 것이라고 하였는데 이때 일정한 규칙이 바로 척도(scale)로 측정을 수행하는 잣대 또는 측정도구라고도 한다. 즉, 척도란 자료가 수집될 때 관찰된 현상에 일련의 기호나 숫자의 체계를 부여하기 위해 사용되는 도구이다(곽종형 외, 2013).

측정도구를 개발하는 단계는 사회조사의 주요 단계인데, 도구개발이 반드시 조사를 위한 새로운 척도 개발을 의미하는 것만은 아니다. 이는 측정하고자 하는 개념을 적합하게 측정할 수 있는 기존의 측정도구를 찾아내 그대로 사용하거나 기존의 것을 부분적으로 수정하는 일까지를 포함한다. 특히 외국에서 개발된 도구를 사용하는 경우 유의할 점이 있다. 우리의 사회문화적 배경이나 맥락과 어울릴 수 있는지, 외국에서 개발된 척도가 국내에서 번역되어 사용된 적이 있으면 그 신뢰도와 타당도가 한국적 맥락에서 평가된 바 있는지 검토해야 한다. 또한 외국에서 개발된 척도를 사용하는 경우 번역이 이루어져야 하는데, 번역이 원래의 의미를 제대로 해석하거나 전달하고 있는지, 본 조사에 사용하기 전에 사전 검토를 통해 수정하며 타당도와 신뢰도를 다시 평가해야 한다.

양적연구에서 추상적인 사회현상은 개념적 정의와 조작적 정의를 거쳐 수량적으로 표시할 수 있어야 하며 이때 추상적인 사회현상은 조작화를 통하여 양적으로 표현되며, 경험 가능한 지수로 대체된다. 양적연구를 수행하는 연구자는 자신의 연구질문을 측정 가능한 지수로 대체하는 작업을 수행한 이후 측정을 할 수 있게 되는 것이다. 측정하고자 하는 개념이 조작적 정의를 거쳐 측정 가능한 상태가 된 것을 변수(variable)라 하고 변수를 구체적으로 측정하는 수단이 측정도구이므로, 측정도구는 변수의 수준에 맞게 구성되어야 할 것이다.

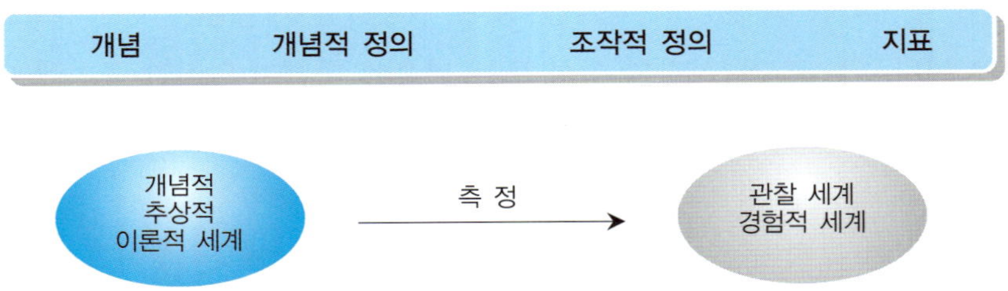

출처: 고수현 외(2013), p.191.

[그림 4-1] 측정의 의미

2) 측정의 종류

측정의 종류에는 본질측정, 임의측정, 추론측정 등이 있다(곽종형 외, 2013).

(1) 본질측정(fundamental measurement)

키를 재는 것과 무게를 측정하는 행위와 같이, 어떤 사물의 속성을 표현하는 본질적인 법칙에 따라 숫자를 부여하는 것이다. 다른 사물이나 속성을 개입시키지 않고 해당 속성만을 고려하는 가장 기본적인 측정이다.

(2) 임의측정(measure by fiat)

지적 능력을 IQ테스트라는 조작적 정의에 의한 척도로 측정하는 것과 같이, 일시적으로 어떤 사물의 속성과 측정값 간에 관계가 있다고 가정하고 측정하는 것이다. 사실(fact)에 근거하기보다는 논리적 근거와 가정에 의존하고 있으며, 사회과학의 대부분은 임의측정이다.

(3) 추론측정(derived measure)

부피와 질량 간의 관계를 결정지어주는 밀도와 같이, 어떤 사물이나 사건의 속성이 다른 사물이나 속성과 일정한 관계가 성립되었을 때 그 관계를 측정하는 것이다.

3) 지표와 지수, 척도

(1) 지표

지표(indicator)란 개념 속에 내재된 속성들이 표출되어 나타난 결과들을 의미한다. 예를 들어 사회경제적 지위를 나타날 때 그 사람의 소득, 학력, 직업, 종교 등의 지표를 통해서 파악하는 것이다. 여기서 사회경제적 지위는 속성이고, 소득, 학력, 직업, 종교는 속성을 구성하는 지표가 된다. 단일지표로 측정될 수도 있지만 클라이언트의 욕구, 프로그램의 이용자 만족도, 자녀관계, 부부관계 등에 관한 개념들은 여러 개의 지표를 합성해야만 측정할 수 있다(곽종형 외, 2013).

(2) 지수

지수(index)란 척도(scale)와 동일한 개념으로 사용되는 것으로 공통요인을 반영하는 여러 개의 지표들을 모아 만든 지표군으로, 하나의 지표를 측정하기 어려운 개념을 용이하게 측정하기 위하여 여러 개의 지표를 하나로 묶어 점수화한다. 즉, 단순지표로는 변수의 속성을 파악하기에 한계가 있기 때문에 더 정확한 파악을 하기 위해 복합적이고 다의적인 측정치를 사용하며 이를 지수라고 한다. 예를 들어 자녀 수, 월소득 등은 단일 지표를 통해 측정할 수 있지만, 사회경제적 지위, 생활만족도, 복지욕구 등은 단일 지표를 통해 측정할 수 없다. 사회경제적 지위(SES: Socio-Economic Status)는 교육수준, 소득, 직업 등의 지표를 합성하여 측정된 개념이다(강종수, 2013).

(3) 척도

척도(scale)는 포괄적으로 측정도구를 의미하며 좁게는 두 가지 이상의 지표로 이루어진 측정도구를 말한다. 척도는 보다 추상적 개념을 측정하는 다양한 지표로 구성되어 측정대상의 속성들을 종합적으로 측정하며 변수와 관련된 여러 차원을 측정할 수 있다. 어떤 개념(예, 자아존중감)을 측정하기 위해 고안된 일단의 진술 또는 질문사항으로서 사람들의 태도와 관련된 변수들을 측정할 때 주로 사용한다.

4) 측정도구의 요건

개념을 측정하는 수단이나 도구인 측정도구는 다음과 같이 다섯 가지 요건을 갖추는 것이 좋다(최성재, 2005).

(1) 상호배타성과 포괄성

상호배타성이란 명목변수를 포함한 모든 변수 각각의 분류 카테고리는 한 카테고리에 속하면 다른 카테고리에 속할 수 없어야 한다는 것이고, 포괄성은 변수의 모든 값이 어느 카테고리 중 하나에 속할 수 있을 정도로 카테고리의 수가 충분해야 한다는 것이다.

〈표 4-1〉 상호배타성과 포괄성의 예

	나쁜 예	좋은 예
상호배타성	① 20세 이하 ② 20세~30세 ③ 30세~40세 ④ 40세~50세 ⑤ 50세 이상	① 20세 이하 ② 21세~30세 ③ 31세~40세 ④ 41세~50세 ⑤ 51세 이상
포괄성	① 불교 ② 천주교 ③ 기독교 ④ 종교 없음	① 불교 ② 천주교 ③ 기독교 ④ 종교 없음 ⑤ 기타(　　)

(2) 단일차원성

한 개념을 측정하는 모든 지표가 다 같이 높은 상관관계를 보여야 한다. 지표들이 상관관계가 있는 것끼리 두 가지 이상의 묶음으로 나누어지는 경우, 그 지표 집단들이 다른 개념을 의미하는 것인지 아니면 개념의 다른 측면 또는 다른 하위 개념을 의미하는지를 신중히 판단해야 할 것이다. 지표들이 서로 상관관계를 어떤 형태로 가지고 있는가를 판단하는 데 유용한 통계적 방법으로는 요인분석이 있다.

(3) 다양한 지표의 구성

척도는 그 개념이나 변수의 가능한 한 모든 다양한 형태나 정도를 측정할 수 있는 지표들을 고르게 포함하여야 한다. 그리고 실제로 해당하지 않을 극단적인 지표는 포함하지 않는 것이 바람직하다. 예를 들어 노화에 대한 태도 측정 시 '아주 부정적인 태도'에서부터 '아주 긍정적인 태도' 사이의 여러 태도를 모두 포함해야 하며 신체적 · 심리적 · 사회적 측면도 고려하여 구성해야 한다.

(4) 타당도와 신뢰도

측정의 신뢰도와 타당도는 척도의 가장 핵심적 요건이다. 척도는 그 개념이나 변수가 측정하고자 하는 것을 측정해야 하고(타당도 확보), 또한 일관성이 있게 측정할 수 있어야 한다(신뢰도 확보).

(5) 복수의 지표 구성

추상적 개념은 하나의 지표로 그 의미하는 바를 다 측정해 낼 수 없기 때문에 5~20여 개 정도의 범위 내에서 다양한 복수 지표로 척도를 구성하는 것이 바람직하다. 특히 추상적 개념은 이를 구성하는 측면이나 하위 개념이 있을 수 있는가를 잘 고려하여 그 각각에 해당하는 지표를 다양하고 고르게 반영할 수 있도록 하는 것이 바람직하다.

2. 측정수준

1) 측정수준

사회현상의 측정수준(measurement level)은 조사결과를 분석할 때 통계처리 기법에 영향을 준다는 점에서 유의해야 한다. 따라서 연구자는 수집한 자료의 측정수준에 따라 통계기법이 결정된다는 것을 염두에 두고 질문지를 작성할 수 있어야 한다. 측정의 수준과 척도는 크게 네 가지로 구분한다. ① 명목적 측정-명목척도, ② 서열적 측정-서열척도, ③ 등간적 측정-등간척도, ④ 비율적 측정-비율척도 등으로 구분하며 이것은 변수의 수량화에 따라 결정되는 것으로 낮은 수준의 측정수준에 비해 높은 수준의 측정은 통계적 분석에 있어서도 보다 높은 수준의 분석이 가능하다(곽종형 외, 2013).

(1) 명목척도

명목척도는 가장 초보적이고 단순한 척도로 조사대상의 속성을 단순히 분류하거나 구분하고자 할 때 이용된다. 명목척도란 측정대상의 특성을 분류할 목적으로 대상에 숫자를 부여하는 것이다. 여기에 부여된 숫자는 질적이며 수치적 의미는 없다. 즉, 숫자의 크기는 아무런 의미가 없고 단지 부여된 숫자가 다르면 그 대상의 특성이 다르다는 것을 의미할 뿐이다. 명목수준의 측정은 서열이나 거리를 나타낼 수 없기 때문에 사칙연산을 할 수 없고 빈도나 백분율은 제시할 수 있으나 평균이나 표준편차 등이 의미를 가질 수 없게 된다. 척도를 구성할 때의 원칙으로 상호배타성과 포괄성이 있다.

먼저 각 속성들은 상호배타적이어야 하는데 이때 상호배타적이라는 것은 범주들의 속성이 서로 달라야 한다는 의미로 만약 변수들의 속성이 중복되면 응답자는 중복응답을 하거나 본의 아니게 하나의 응답을 선택해야 할 것이다. 한편 변수들의 속성이 포괄적이라는 것은 응답 속성들이 가능한 상황을 다 포함하고 있어야 한다는 뜻이다. 만약 명목척도의 속성이 포괄성을 담보하지 못하게 되면 대부분 무응답으로 처리될 것이다. 응답 범주들이 상호배타성과 포괄성이 있으며 논리적 연관성을 가지고 있어야 한다는 것은 기본적인 척도 구성의 원칙이다.

명목수준의 측정문항의 예로서 성별(① 남자, ② 여자), 결혼유형(① 미혼, ② 결혼, ③ 이혼, ④ 별거, ⑤ 사별), 종교(① 개신교, ② 천주교, ③ 불교, ④ 유교, ⑤ 기타, ⑥ 없음), 거주지역(① 대도시, ② 중소도시, ③ 농어촌) 등이 있다.

(2) 서열척도

서열척도는 분류와 더불어 속성의 대소 또는 다소에 따라 개념의 카테고리를 순서적으로 나열하여 수학적으로 조작할 수 있다. 서열척도는 사회과학에서 실제로 가장 많이 쓰이는 측정의 수준으로 서열에서 척도에 사용되는 등급 간의 거리는 고정되어 있는 것이 아니다. 다시 말해 서열측정에서 2와 3등급 사이의 거리는 1과 2의 거리와 같지 않다는 것이다. 숫자는 단순히 등급을 의미한다. 서열수준으로 간주되는 사회복지연구에서의 변수들을 예를 들면 연령(① 아동, ② 청소년, ③ 청년, ④ 중년, ⑤ 노년), 사회계급(① 하위, ② 중위, ③ 상위), 교육수준(① 초졸, ② 중졸, ③ 고졸, ④ 대졸, ⑤ 대학원졸)과 같이 사회인구학적 변수들이다.

(3) 등간척도

등간척도는 어떤 대상의 속성에 서열을 매길 수 있을 뿐만 아니라 각 범주 사이의 거리를 계산할 수 있으며, 상이한 범주 간의 거리가 같은 것이다. 속성에 대한 순위를 부여하되 순위 사이의 간격은 동일한 척도이다. 등간척도에서 0은 임의로 설정된 것이므로 임의적 영(零)이 있을 뿐, 실제적 영(零)은 존재하지 않는다. 등간척도를 통해 가능한 통계적 분석은 기본적으로 명목척도나 서열척도에서 활용할 수 있는 분석이 모두 가능하다. 등간척도로 도덕지수(MQ), 지능지수(IQ), 섭씨온도, 화씨온도, 학력, 물가지수, 생산성 지수, 사회지표 등을 들 수 있다.

등간척도는 등간격(숫자간의 간격이 같음)이므로 산술적 계산(+, −)에 사용될 수 있지만 절대영점(의미상으로 대상의 속성이 전혀 없음을 의미)이 없기 때문에 곱하기, 나누기 같은 비율계산에는 사용할 수 없다. 예를 들면, 지능지수(IQ)가 100인 학생이 50인 학생보다 두 배 더 머리가 좋다고 할 수 없다. 왜냐하면 지능지수가 0인 학생은 지능이 전혀 없다고 말할 수 없기 때문이다(곽종형 외, 2013).

(4) 비율척도

비율척도는 명목척도, 서열척도, 등간척도가 가지는 모든 속성을 모두 가지고 있으면서 절대 영점도 가지는 것이다. 따라서 등간척도가 갖는 특성에 추가로 측정값 사이의 비율계산이 가능한 척도이다. 속성이 전혀 존재하지 않는 상태의 절대

영점이 존재하므로 0이 실제적 의미를 가지고 있다. 즉, 비율척도의 숫자는 속성의 실제 양을 나타낸다. 따라서 모든 산술적 조작이 가능(+, −, ×, ÷ 등)하다. 비율척도로 TV시청률, 투표율, 신문구독률, 가격, 저축금액, 생산원가, 연령, 무게, 출생률, 사망률 등이 있다.

주의해야 할 것은 온도나 IQ 등은 비율척도가 아니라 등간척도라는 점이다. 즉, 등간척도의 예에서 온도가 0인 것은 온도가 없다는 뜻이 아니다. 그러나 어떤 사람의 자녀수가 0이면 이것은 자녀가 없다는 것이고 월 소득액이 0이라면 소득이 전혀 없다는 의미이다. 예를 들어 A의 나이가 20세이고 B의 나이가 10세라면 A는 B보다 나이가 두 배가 더 들었다는 실질적 의미를 가지는 것이 바로 비율척도이다.

2) 측정수준의 비교

네 가지 측정수준을 정밀성의 관점에서 본다면 명목측정 → 서열측정 → 등간측정 → 비율측정으로 볼 수 있는데 순서대로 각 척도가 담고 있는 정보의 양이 다르다. 측정의 수준과 척도에 따라 적용할 수 있는 통계분석 기법이 한정되어 있으며 비율측정으로 갈수록 사칙연산이 가능해 높은 수준의 통계적 분석이 가능해진다. 사회과학에서는 등간척도 이상의 척도를 얻어내기가 쉽지 않지만 가능한 한 높은 수준의 척도로 측정하는 것이 좋다(양성관 외, 2014).

측정수준에 따른 질문 형태 비교

노인의 여가(학습)활동 참여에 관한 척도

예) 질문: "지난 1년 동안 노인대학이나 교양강좌 등의 학습활동에 참여하신 적이 있습니까?"

- 명목측정: ① 예 ② 아니오
- 서열측정: ① 많이 참여했다 ② 자주 참여했다 ③ 가끔 참여했다 ④ 전혀 참여하지 않았다
- 비율측정: (　　　)번

〈표 4-2〉에 나타난 것처럼, 각각의 등급들은 그에 적합한 수학적 및 통계학적 연산들이 있다. 또한 상위 등급의 측정은 모든 하위 등급들의 특징을 소유하지만, 그 반대는 성립하지 않는다. 비율등급은 가장 상위에 있으면서 수와 관련된 모든 연산들을 쓸 수 있지만, 명목등급은 가장 하위에 있으면서 단순 비교의 목적으로 쓸 수밖에 없다. 높은 수준의 척도는 낮은 수준으로 변경이 가능하나 낮은 수준의 척도는 높은 수준으로 전환할 수 없다(임봉호 외, 2012).

〈표 4-2〉 **측정수준 비교**

척도 / 특성	명목척도	서열척도	등간척도	비율척도
범주	○	○	○	○
순위	×	○	○	○
등간격	×	×	○	○
절대영점	×	×	×	○
비교방법	확인, 분류	순위비교	간격비교	절대력, 크기비교
수학계산	=	=, 〉, 〈	=, 〉, 〈, ±	=, 〉, 〈, ±, ×, ÷
적용사례	종교, 성별, 계절, 색깔, 인종, 소속정당, 거주지, 등번호, 결혼여부 등	교육수준, 리커트 척도, 사회계층, 장애등급, 직장만족도 등	섭씨·화씨 온도, 지능지수(IQ), 물가지수, 학력, 사회지표 등	인구증가율, 거주기간, 키, 몸무게, 시청률, 나이, 투표율, 출생·사망률 등
통계분석	빈도, 최빈값, 비모수 통계검증	중앙값, 순위상관관계, 켄달(Kendall)의 타우(tau), 비모수 통계검증	범위, 산술평균, 표준편차, 적률상관관계, 비모수·모수적 통계검증	기하평균, 표준편차, 모든 통계검증

출처: 장정순(2016), p.114.

3) 측정수준에 따른 통계기법

- t-검증

  – 평균의 차이를 이용하여 두 집단 간의 차이를 검증하는 기법

–독립변수가 명목변수이면서 이항변수이고 종속변수가 등간 혹은 비율변수 일 때 사용할 수 있는 검증기법

■ 분산분석(ANOVA)

–분산의 차이를 이용하여 3개 이상의 집단의 차이를 검증하는 통계기법

–분산분석에서 독립변수는 비연속적 변수(명목변수, 서열변수)이며, 종속변수는 연속적 변수(등간변수, 비율변수)

–이때 독립변수는 반드시 3개 이상의 집단임

■ 상관관계 분석

–두 변수가 선형관계를 이루는지에 관한 통계기법, 즉 상관계수(–1.0~ +1.0)를 통해 두 변수 간의 관계의 정도와 방향을 검증하는 통계기법

–두 변수가 모두 연속적(등간변수, 서열변수)변수임

〈표 4-3〉 **측정수준별 통계기법**

종속변수/독립변수	명목측정	서열측정	등간 · 비율측정
명목측정	교차분석, 독립성 검증	교차분석, 독립성 검증	로짓, 프라빗분석
서열측정	교차분석, 범주형 분산분석 등 비모수 통계	교차분석, 범주형 분산분석 등 비모수 통계, 서열 상관관계	더미정준상관분석, 로짓, 프라빗분석, 서열 상관관계
등간 · 비율측정	t-검정, 변량분석, 다변량분석	t-검정, 변량분석, 다변량분석	피어슨 상관관계, 회귀분석, 다변량분석
종속변수 없음			요인분석, 군집분석

출처: 강종수(2013), p.146.

3. 척도 구성

사회복지 분야의 경험적 조사연구에서 예를 들어 역할갈등이나 주부우울, 소외감, 직무만족 등은 단일문항(지표)으로 구성된 간단한 측정도구로는 신뢰도나 오류 등의 문제를 야기하기 때문에 단일문항으로는 측정하기 어려워 척도를 사용한다. 여러 문항으로 구성된 척도를 사용하는 이유는 다음과 같다(강종수, 2013).

- 척도를 이용함으로써 하나의 문장이나 지표로는 제대로 측정하기 어려운 복합적인 개념을 측정할 수 있다.
- 여러 개의 지표(문항)를 하나의 점수로 나타냄으로써 자료의 복합성을 덜 수 있다.
- 척도의 단일차원성(척도를 구성하는 문항은 공통적인 특성을 나타내야 함)을 검증해 볼 수 있다.
- 복수의 지표로 구성된 척도를 사용하면 단일문항(지표)을 사용하는 경우보다 측정의 오류를 줄일 수 있고, 측정의 타당성과 신뢰성을 높일 수 있다.

1) 명목척도화

명목척도화(nominal scaling)는 단순히 속성을 분류하고자 할 때 그리고 변수의 특성을 식별하기 위해 적용되는 도구이며, 상호 배타적으로 분류된 범주에 명칭을 붙여 척도의 값을 나타내게 된다. 명목적 수준에서의 척도화는 상호 배타적인 특성, 즉 모든 대상은 하나의 범주에만 속하고 두 가지 범주에 동시에 속할 수 없다는 특징이 있으며 동일한 집단에 속해 있는 대상은 동일한 척도 값을 가져야 한다.

Q1. 당신의 정치적 성향은 어디에 가깝다고 생각하십니까?
① 보수 ② 중도 ③ 진보

Q2. 당신의 결혼 유형은 어디에 해당합니까?
① 미혼 ② 결혼 ③ 이혼 ④ 별거 ⑤ 사별

2) 서열척도화

서열척도화(ordinal scaling)는 측정된 값 사이에 상대적 순서관계를 밝힐 수 있도록 숫자나 기호를 부여하는 과정을 통해 만들어진 척도를 말한다. 사회조사에서 서열척도화는 측정, 개념의 조작적 정의, 응답자 편의(偏倚, bias) 방지라는 세 가지의 주요한 기능을 수행한다. 서열수준을 측정하는 데 사용되는 척도로 평정척도(rating scale), 리커트 척도(Likert scale), 누적척도(cumulative scale)인 거트만 척도(Guttman scale)나 사회적 거리 척도(social distance scale) 등이 있다.

(1) 평정척도

평정척도(rating scale 또는 평급척도)는 사회현상을 측정하는 척도로 가장 널리 활용되는 척도이다. 이 척도는 어떤 인물, 집단, 사물 등에 대해 주어진 기준에 의해 평가하도록 하는 것으로 척도를 구성하기 쉬워 사용이 간편하고 비용과 시간적인 측면에서 경제적이고 적용범위가 넓다는 장점이 있는 반면에 평가자의 주관적 판단에 의존하는 경향이 있어 평가자의 성격이나 태도, 심리적인 편향에 따라 용어의 해석이 달라질 수 있다는 단점이 있다.

① 도표법

선과 언어를 합하여 구성한 것으로, 가장 흔히 쓰이는 방법이다. 직선을 긋고 그 위에 일정한 간격과 수치를 붙여서 평가자로 하여금 대상의 위치 또는 태도를 기호로 표시하도록 하는 방법이다.

② 기술법

기술법은 질문에 맞는 응답 카테고리를 기술해서 제시하고 그 가운데 응답자들의 의견과 일치되는 것을 선택하도록 하는 방법이다.

- **도표법**

Q. 복지기관의 장애인 프로그램에 대한 선생님의 의견은?

5	4	3	2	1
잘 운영되고 있다.	그런대로 괜찮다	그저 그렇다	문제가 조금 있다	잘못 운영되고 있다.

- **기술법**

Q. 선생님의 건강상태는 같은 나이의 다른 사람에 비하여 어떻습니까?

① 아주 좋다 ② 좋은 편이다 ③ 비슷하다 ④ 나쁜 편이다 ⑤ 아주 나쁜 편이다.

(2) 리커트 척도

리커트 척도(Likert scale)는 각 문항이 같은 개념을 측정한다는 확신을 할 수 없는 문제점을 개선하고 변수의 값을 더 다양하게 만들어 개념을 보다 정밀하게 측정하려는 의도에서 만들어진 척도이다. 한 문항만으로는 어떤 변수를 측정하는 것이 불충분하다고 보고 적절하게 선택된 다수 문항으로 척도를 구성함으로써 사회현상에 대한 사람들의 태도나 믿음, 감정, 상호작용 등을 수치로 측정하고자 한다. 각 문항의 응답 카테고리는 3점 또는 5점 척도가 되도록 하는 것이 좋은데, 5점이 보편적이다. 이때 가장 긍정적인 응답카테고리에 가장 높은 점수를 부여하고 가장 부정적인 응답 카테고리에 가장 낮은 점수를 부여한다.

리커트 척도는 각 문항의 응답유형이 반드시 통일될 필요는 없고, 척도의 간격만 일관적이면 된다. 리커트 척도의 장점은 ① 구성이 간단하여 사용이 용이하다, ② 일관성이 있어 신뢰도가 높다, ③ 평가자를 사용하지 않기 때문에 평가자의 주관적 개입을 배제할 수 있어 객관적 측정이 가능하다, ④ 다수의 문항을 사용해 척도를 구성하기 때문에 보다 정밀한 응답을 구할 수 있어 타당도가 높다. 단점으로 ① 서열적 측정치이므로 등간측정이 되기 어렵다, ② 개인마다 응답의 준거틀이 다를 수 있기 때문에 일치성이 부족하다. 즉, 똑같은 정도의 생각을 어떤 사람은 보통으로, 어떤 사람은 극단적으로 표현하는 등의 차이가 있을 수 있다, ③ 각 문항별로 구분적이지 못하다, ④ 가중치가 없다, ⑤ 개별 문항의 단순 합산점을 근거로 개인별 차이를 나타낼 때, 각기 다른 개별 문항을 통해 동일한 합산점을 받은 사람이 동일한 성격의 사람인지를 말하기가 쉽지 않다는 점 등이 있다.

〈표 4-4〉 리커트 척도의 예 : 클라이언트의 사회복지사에 대한 평가

번호	질 문 내 용	응답범주(항목)				
		전혀 아니다	아니다	보통 이다	그렇다	매우 그렇다
1	나에게 결정적인 도움을 주었다.					
2	내가 필요로 하는 것을 얻는데 도움을 주었다.					
3	내가 이해하지 못했던 바를 말해 주었다.					
4	나에게 유용한 충고를 해주었다.					
5	나에게 전문적인 도움을 주었다.					
6	따뜻하고 이해적이었다.					
7	나에게 불친절했다.					
8	내 입장을 이해하지 못했다.					
9	나의 문제를 귀찮아 했다.					
10	나의 문제에 관계치 않는 것 같았다.					
11	별로 전문적인 도움을 얻지 못했다.					
12	나에게 불쾌감을 주었다.					

(3) 거트만 척도

거트만 척도(Guttman scale)는 척도구성에서 문항들의 단일차원성이 경험적으로

입증되도록 설계된 척도로서, 문항과 개인의 총평점 간의 누적관계가 성립되어 누적척도(cumulative scale)라고도 한다. 기본 원리는 한 묶음의 문항들이 일정한 기준에 의해 논리적으로 완벽하리만큼 서열로 배열되어 있을 때 그 문항들은 내적 일관성을 갖춘 좋은 척도가 될 수 있다는 것이다. 이처럼 한 묶음의 문항들이 서열을 이루고 있다면, 응답자들도 그 문항들에 대답한 유형에 따라 순위로 배열할 수 있다는 특징이 있다. 즉, 일정한 기준에 의해서 일련의 문항들이 서열로 배열되어 있을 때 강한 태도를 나타내는 문항에 우호적인 응답을 한 사람은 약한 태도를 나타내는 문항에 대해서도 우호적인 응답을 한다는 것이다(채구묵, 2003).

척도에서 그 사람의 점수를 알면 어느 문항에서 동의하는 응답을 했는지 정확히 알 수 있다. 이러한 응답자의 반응패턴을 중심으로 태도를 추정하기 때문에 거트만 척도는 반응중심적 접근법이라고 한다(정영숙, 2003). 거트만 척도는 단일 차원 개념의 특성을 범위나 정도의 차이에 따라 구분하면서 순위를 정하려고 할 때 사용할 수 있다. 예를 들어 사회적 거리, 지식이나 기술의 유용성, 능력의 정도 등을 측정하는데 활용가능하다.

거트만 척도를 활용하여 누적척도로 많이 사용되는 보가더스(Bogardus)의 사회적 거리 척도는 소수민족, 사회계급, 직업형태, 사회적 가치 등에 대한 사회적 거리감을 측정하기 위해 하나의 연속성을 가진 문항들로 척도를 구성하고 이를 서열화한

〈표 4-5〉 **보가더스의 사회적 거리 척도 : 소수민족에 대한 거리감**

사회적 거리 정도	영국인	한국인
결혼함	90	65
친구로 받아들임	80	60
이웃으로 받아들임	75	55
직장동료로 근무할 것	60	50
국민으로 받아들임	50	40
국외 추방	10	30

다. 이때 문항들은 아무렇게나 배열되어 있는 것이 아니라 사회적 거리라는 하나의 연속선의 순서에 의해 배열되어 있다.

3) 등간·비율척도화

(1) 서스톤 척도

서스톤 척도(Thurstone scale)는 다문항 척도의 가장 대표적 척도 구성방법으로 각 문항이 척도상의 어디에 위치할 것인가를 평가자로 하여금 판단케 한 다음 이를 바탕으로 연구자가 대표적인 문항들을 선정하여 척도를 구성하는 방법이다. 이 척도는 동일간격척도라고 불리는데, 왜냐하면 항목들 간에 동일한 간격의 강도로 고안되기 때문이다. 이 척도유형은 평정자들이 서베이 대상이며, 평정자에 의해 진행된다. 설문을 통해 어떤 개념들에 대한 의견이 평정자들에게 요구되며 이들의 의견은 전문성을 갖춘 것으로 인정된다. 이 의견들이 어떤 현상을 측정하는 척도를 형성하기 위하여 활용되는 것이다.

서스톤 척도를 개발하기 위해서 연구자는 측정하고자 하는 태도와 관련된 진술문을 수백 개 수집한다. 그리고 다수로 구성된 평가집단을 만들어 각 진술문에 대

〈표 4-6〉 **서스톤 척도 : 이타주의**

문 항	가중치	찬성여부
• 사회 전체를 위해 개인의 행복을 희생시키는 것은 옳은 일이다.	4.5	
• 아동복지시설이 우리 동네에 생기는 것은 반가운 일이다.	5.4	
• 주말에 자원봉사하는 것이 그 시간에 돈 버는 것만큼 즐거운 일이다.	9.2	○
• 소득이 많을수록 높은 비율의 소득세를 내는 것은 바람직한 일이다.	3.8	○
• 장애인의무고용제도는 사회를 발전시키는 데 기여한다.	6.7	
• 건강보험 적자분을 세금으로 메우는 것은 옳은 일이다.	4.2	
• 농어촌 출신 고등학생들의 대학우선입학제도는 바람직한 일이다.	5.6	○

한 호의성 혹은 비호의성을 동일한 간격의 11개 값 중에서 한 점에 체크하도록 한다. 이때 평가자 개개인이 체크한 점수의 합을 평가자 수로 나눈 값은 각 문항의 측정값이 된다. 평가자들 사이에 다수가 불일치를 보이는 문항은 제외하고 각 문항의 측정치를 고르게 분포하도록 나열하여 척도를 구성한다. 이렇게 구성된 서스톤 척도는 거의 등간변수 이상의 척도로 사용할 수 있다(유영준, 2014).

(2) 요인척도

요인척도는 요인분석을 이용하여 구성문항의 단일 차원성을 확인하고 각 문항의 상대적 영향력을 알 수 있게 함으로써 등간변수 척도의 속성을 가질 수 있게 하는 척도구성 방법이다. 요인분석은 변수 간에 존재하는 상호관계의 유형을 밝히고 상호 간에 밀접하게 연관되어 있는 변수의 묶음을 발견하여 이를 보다 적은 수의 가설적 변수, 즉 요인들로 축소시키기 위한 통계적 기법이다. 따라서 요인분석에서 먼저 어떤 항목이 척도 내에 포함될 수 있는지 파악하기 위하여 변수 간의 상관관계를 계산한다(곽종형 외, 2013).

• 요인척도 구성절차

a. 한 개념을 측정할 수 있는 액면 타당도가 높은 문항을 수집, 가척도를 만든다.
b. 문항의 응답카테고리를 정한다. 문항의 카테고리는 적어도 3점 이상이 되어야 한다.
c. 조사대상과 비슷한 대상을 100명 정도 이상 선택, 이들에게 가척도를 적용한다.
d. 자료를 정리하여 회전한 요인분석을 실시, 요인부하값이 다른 요인에 있어서의 요인부하값과 비교하여 가장 높은 문항들을 택한 후 요인부하값이 가장 큰 문항들로 묶여진 하위요인들을 발견한다. 요인부하값이 .30 이하가 되는 문항은 선택하지 않는 것이 좋다.
e. 요인별로 여러 문항들이 묶여지면 하위차원이 존재하는 것으로 판단한다. 하위차원이 곧 요인이므로 요인수를 정하고 요인별로 문항의 요인부하값이 높은 것부터 적절한 수를 택하여 최종척도를 구성한다.
f. 요인척도의 각 문항의 가중치는 요인점수계수로 계산한다.

4. 척도형태 결정시 고려사항

척도의 형태를 결정할 때 고려해야 할 점을 정리하면 다음과 같다(강종수, 2013). 첫째, 가설검정에 사용할 분석기법을 고려하여 적절한 척도형태를 결정해야 한다. 둘째, 척도점의 수를 잘 결정해야 한다. 척도점의 수가 많을수록 민감도는 높아지지만 측정상의 어려움이 따른다. 구분이 어려운 정의적 행동특성이나 나이가 어린 집단이라면 2점(예-아니오 혹은 찬성-반대) 내지 4점(매우 찬성-찬성-반대-매우 반대) 정도로 척도점이 작아야 하고, 전문가집단이나 특성의 구분이 세부적으로 가능한 경우에는 척도점이 많을수록 좋다. 셋째, 척도점의 편중을 고려해야 한다. 객관적인 측정을 위해서는 긍정문과 부정문의 수가 같은 균형 척도가 권장되나, 응답자의 응답이 어느 한 쪽으로 치우친 분포를 가지고 있다는 사실이 알려져 있는 경우라면 이에 맞는 불균형 척도를 사용하는 것이 더 적절할 수 있다. 불균형 척도라면 분석과정에서 이에 대한 교정이 필요하다. 넷째, 중립점(예를 들어, '그저 그렇다' 혹은 '보통이다')에 대한 고려가 필요하다. 중립점이 없으면 강제로 어느 한쪽을 선택해야 하는 문제점이 있고, 중립점이 있으면 별다른 생각없이 중립점을 선택하는 경우가 많다. 다섯째, '무응답'이나 '모르겠다'는 문항을 두어야 한다. 잘 모르는 경우에 엉뚱한 문항에 대답하게 되어 신뢰도가 떨어지게 되므로 이런 가능성이 있을 경우에는 무응답을 두어 삭제하는 것이 바람직하다.

05

신뢰도와 타당도

1. 측정오류

측정오류(error of measurement)는 기본적으로 신뢰도와 타당도에 관련된 문제이며, 조사연구 과정에서 여러 형태의 오류가 발생할 수 있다. [그림 5-1]은 조사연구과정에서 발생 가능한 오류 발생원인을 단계별로 나타낸 것이며, 측정오류는 다시 체계적 오류, 비체계적 오류로 나눌 수 있다.

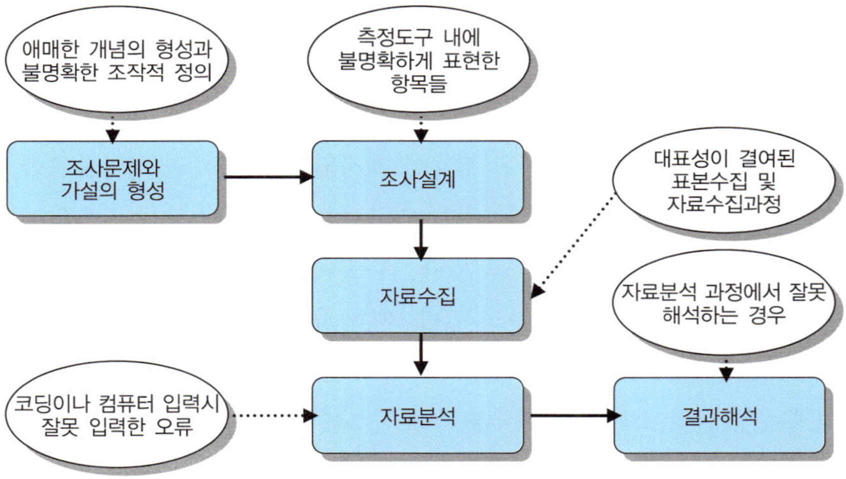

출처: 이창희 외(2011), p.116.

[그림 5-1] 조사연구과정에서 단계별 오류 발생원인

1) 체계적 오류

체계적 오류(systematic error)는 변수에 일정하게 체계적으로 영향을 주어 측정결과가 모두 높아지거나 낮아지게 되는 편향된 경향을 보이는 오류로서 다음과 같은 유형이 있다(김진숙, 2015; 이창희 외, 2011).

(1) 개인적 성향으로 인한 오류

① 태도와 행동

조사자의 의도와는 달리 다른 유형의 개념을 측정하게 될 때 발생한다. 예를 들어 같은 문항에 대해 자신이 생각하는 태도에 대한 응답과 이러한 생각을 행동으로 옮길 수 있는지에 대한 응답은 서로 상이하게 다를 수 있다. 즉, 바람직한 행동에 대한 사람들의 태도를 측정한 것이 그들이 실제로 행동하는 것에 대한 측정은 아니다. 주거지역에 정신장애인을 위한 주거시설을 설치하는 의견에 동조하는 사람들이 자신들의 주거지역에 실제로 그러한 시설이 들어오게 될 경우, 단순히 반대할 뿐만 아니라 대항하여 격렬하게 싸우는 경우는 허다하다.

② 편견의 개입

응답자가 처한 각 상황에 따라 다양한 편견의 오류가 발생될 수 있다. 연구자 자신이 원하는 응답을 하도록 구성된 질문이 제시되거나, 아니면 사람들이 연구에서 제시한 가설에 부합되는 응답을 할 경우 연구자가 지나치게 안색에 호의적인 반응을 보이거나 고개를 끄덕거릴 수도 있다. 혹은 사람들이 자신들의 진정한 견해나 행동을 숨기고 다른 것을 답할 수도 있다. 예를 들면, 무엇을 묻든 간에 무조건 동의하거나 아니면 응답을 통해 자신들의 호의적인 인상을 전달하려고 하는 수가 있는데 내용에 상관없이 진술의 대부분이나 전부에 동의하거나 반대로 동의하지 않거나 하는 것을 순응적 반응양식(acquiescent response set)이라고 한다.

설문지에서 일정한 유형의 응답들이 연속적으로 제시될 때 응답자들이 깊이 생각하지 않고 일정한 유형의 응답을 반복해 버리는 고정반응, 그리고 그들 자신이나 관계있는 집단을 좋게 보이려는 의도에서 응답을 나타내는 경향을 사회적 기대의 편견(social desirability)이라고 한다. 이런 경우 응답자 개인의 생각을 측정하기보다는 사회적으로 무엇이 바람직한가 하는 사회적 기대에 부응한 생각을 측정하는 결과를 낳는다.

(2) 인구통계학적·사회경제적 특성으로 인한 오류

성별, 학력, 소득, 종교, 직업, 인종, 사회적 지위, 문화 등과 같이 인구통계학적 또는 사회경제적인 특성으로 인해 일정한 방향으로 오류가 나타나는 경향을 말한다. 응답자가 고학력일수록 응답문항 중 앞쪽에 있는 답을 선택하는 경향(응답의 선행효과), 저학력일수록 뒤쪽에 있는 답을 선택하는 경향(응답의 후행효과)이 나타난다. 개인적 성향으로 인한 오류로 자기 자신과 상반되는 것으로 다른 사람을 평가하려는 오류(대조의 오류), 측정대상의 한 가지 속성에 강한 인상을 받아 그것으로 전체 속성을 평가하는 데 영향받는 성향(후광효과), 무조건 긍정적인 입장을 보이는 호의적 경향과 관용 오류, 무조건 부정적인 입장의 가혹/엄격성 오류, 무조건 중립적인 입장인 중앙집중경향의 오류 등이 있다.

2) 비체계적 오류

비체계적 오류(inconsistency)는 무작위 오류(random error)라고도 불리며 오류의 값이 인위적이거나 편향된 것이 아니라 다양하게 분산되어 있어 무작위적으로 발생하는 오류이다. 일정한 패턴없이 나타나는 것으로 체계적 오류에 비해 통제하기 힘들다. 측정대상, 측정과정, 측정수단, 측정자 등에 일관성 없이 영향을 미침으로써 발생하는 오류로서 다음과 같은 유형들이 있다(김진숙, 2015).

① 측정자로 인한 오류: 건강, 사명감, 기분, 관심사 등과 같은 신체적, 정신적 요인
② 측정대상자로 인한 오류: 긴장, 피로, 불안 등과 같은 신체적, 정신적 요인
③ 측정 상황적 요인으로 인한 오류: 측정장소, 측정시간, 좌석배열, 소음, 조명, 부모참석 등
④ 측정도구로 인한 오류: 측정도구에 대한 사전 교육이 충분하지 않을 때

무작위적 오류를 줄이기 위해서는 다음과 같은 방법이 있다(곽종형 외, 2013). 첫째, 측정도구의 내용을 명확하게 하여 모호성을 제거한다. 이는 측정도구가 조사응답자에게 모두 동일한 의미로 해석되어야 한다는 것을 의미한다. 둘째, 측정항목 수를 가능한 한 늘린다. 셋째, 측정자의 측정방식이나 태도에 일관성이 있어야 한다. 넷째, 조사대상자가 잘 모르거나 관심이 없는 내용에 대해서는 측정을 하지 않는다. 다섯째, 중요한 질문의 경우 동일한 질문이나 유사한 질문을 2회 이상 제기하여 일관성있는 응답을 유도한다. 여섯째, 신뢰할 수 있는 측정도구를 사용한다. 일곱째, 측정자에게 측정도구에 대한 교육과 훈련을 통해 사전준비를 철저히 한다.

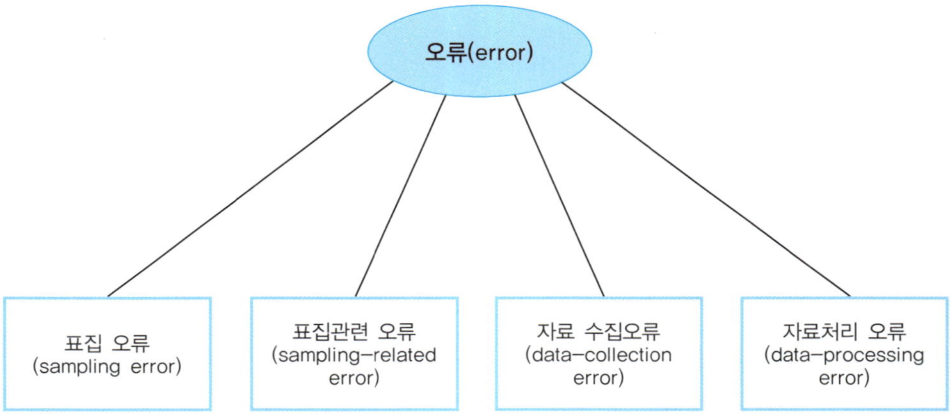

출처: Bryman(2012), p.206.

[그림 5-2] 사회조사연구에서의 4가지 오류

이상과 같이 측정 중에 생길 수 있는 오류 중에 측정대상을 얼마나 잘 정확하게 반영하고 있는지에 대한 체계적 오류는 타당도와 관련이 있으며, 측정하는 내용이 얼마나 일관성 있게 신뢰할 수 있는 결과를 낳았는지에 대한 비체계적 오류는 신뢰도와 연관성이 있다고 할 수 있다(김갑용 외, 2010).

2. 신뢰도

신뢰도는 하나의 척도를 동일 대상에 여러 번 적용했을 때 일관성 있는 결과를 가져오는 정도라 정의할 수 있다. 신뢰도는 측정의 일관성이라는 의미에서 구체적으로 판단하는 세 가지 기준이 있으며 이 세 가지 모두에서 만족할 만한 평가결과가 나오면 더 이상 바랄 것이 없지만 실제 그렇게 되기는 쉽지 않다. 세 가지 기준의 하나인 시간상의 안정성은 척도를 다른 시기에 적용하여도 같은 결과를 가져오는가 하는 것을 말하며 하위집단 간의 대표성은 척도를 측정대상의 각각 다른 하위집단에 적용하여도 같은 결과를 가져오는가 하는 것이다. 같은 개념(변수) 척도 간의 동질성은 같은 개념을 측정하는 각각의 다른 척도를 한 대상의 측정에 적용하여도 같은 결과를 가져오는가 하는 것과 관계가 있다. 신뢰도를 평가하기 위한 방법으로 재검사법, 복수양식법, 반분법, 크론바하 알파계수를 이용한 신뢰도 분석에 대해 살펴보자(김정우 · 양심영, 2010; 김진숙, 2015).

1) 재검사법

재검사법(test-retest method)은 동일한 방법, 동일한 상황에서 동일한 대상에게 단지 시기만 다르게 조사하여 결과를 비교하는 것이다. 이는 도구의 안정성을 평가하는 것으로 측정결과의 일관성 정도를 나타낸다. 즉, 동일한 집단의 측정대상자들에게 같은 측정도구를 사용하여 측정을 두 번 실시하고, 그에 따른 두 측정치의 결과에 대한 상관관계가 계산된다(곽종형 외, 2013). 일반적으로 반복 측정한 두 검사 간의 상관관계를 나타내는 상관계수가 0.7 이상이면 신뢰도가 높다고 할 수 있다.

이 방법의 장점은 측정도구 자체를 직접 비교할 수 있고 적용이 간편하여 평가가 용이하다. 단점은 검사와 재검사의 기간 동안에 측정의 타당도를 저해하는 요인(검사요인의 효과, 역사요인의 효과, 성숙의 효과 등)이 작용할 수 있다(손병덕 외, 2010).

2) 복수양식법

대안법(alternate-form method), 유사양식법(parallel-forms)이라고도 하는 복수양식법(parallel form method)은 두 가지 유사한 양식의 측정도구를 동일 대상자에게 측정하여 신뢰도를 추정하는 방법이다. 즉, 동일한 측정방법을 형식만 달리하여 동일한 대상에게 적용한 후 그 결과를 비교하는 방법이다. 측정수단이나 관찰방법은 비슷하지만 서로 다른 두 가지 형태의 측정도구로 동일한 대상을 차례로 측정하고, 그 점수 사이의 상관관계를 분석하여 신뢰도를 검증한다.

복수양식법의 장점은 재검사법의 한계로 지적된 성숙요인 또는 역사요인의 효과를 어느 정도 극복하게 해 준다. 그러나 동일한 현상을 측정하는 데 사용되는 두 개의 동등한 측정도구를 개발하는 것이 쉽지 않다. 두 개의 양식이 매우 유사할 경우 검사효과에 의한 체계적 오차가 각 양식에 포함될 수 있다.

3) 반분법

반분법(split-half method)은 측정도구 전체 문항을 임의로 두 개의 조로 나누어 각각 독립된 두 개의 척도로서 측정한 다음 이들의 결과를 비교하여 신뢰도를 추정하는 방법이다. 측정도구가 같은 개념을 측정한다는 것이 명백하여야 하며, 반분된 각 측정도구의 항목 수는 그 자체가 각각 완전한 척도를 이룰 수 있도록 충분히 많아야 한다. 반분하는 방법에는 보통 짝수 항목과 홀수 항목으로 반분하거나, 무작위로 항목을 반으로 추출하여 나머지를 또 하나의 척도로 만드는 방법을 일반적으로 사용한다.

반분법의 장점은 반분된 측정도구로 동시에 측정이 가능하기 때문에 재검사법의 단점을 보완할 수 있고, 서로 측정시간이 다를 때의 시간간격으로 인해 파생되는 외생변수의 영향을 배제할 수 있으며 동일 대상의 속성을 한 번만 측정함으로써 반복검사에서 나타나는 검사효과도 배제할 수 있다는 것이다. 단점은 반으로 나누어진 각각의 항목들을 구분하는 방식에 따라서 신뢰도 계수의 추정치가 달라질 수 있다는 점이다. 또한 반으로 나눈 각각의 측정문항을 완전히 동등하게 만들기 어렵다(손병덕 외, 2010).

4) 내적일관성법

내적일관성법(internal consistency method)이란 동일한 개념을 여러 항목으로 만들어 이를 측정하였을 때 평균값 이하에 해당되는 항목은 모두 제외시켜 신뢰도를 높이기 위한 측정방법이다. 내적일관성 분석법은 동일한 개념을 측정하기 위해 여러 개의 항목을 이용할 경우 크론바하 알파계수를 이용한다. 반분법의 경우 문항을 나누는 방식에 따라 신뢰도 계수가 달라질 수 있는데 이를 개선하기 위해 Cronhach에 의해 고안된 크론바하의 알파계수(Cronhach's a)를 가지고 해당되는 모든 문항을 측정하여 그 결과에 따라 알파값이 낮게 나온 문항을 측정도구에서 제

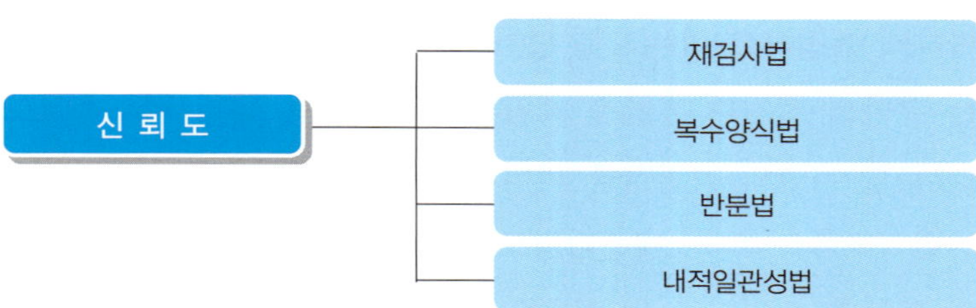

[그림 5-3] 신뢰도

외시켜 신뢰도를 높이는 것이다. 이는 매우 방대한 계산을 필요로 하기 때문에 컴퓨터 통계 프로그램이 보급된 이후 널리 쓰이게 되었다. 일반적으로 전체의 알파계수가 0.6 이상이면 항목들이 동질적이므로 내적 일관성이 있다(이창희 외, 2011).

3. 타당도

타당도란 "측정하고자 하는 개념을 얼마나 정확히 측정하였는가?"라는 질문과 관련이 있는 것으로 측정한 값과 대상의 진정한 값과의 일치 정도를 의미한다. 타당한 측정도구는 측정하고자 하는 바를 정확하게 측정하며, 또 측정대상이 서로 다를 경우 그만큼을 정확하게 다른 값으로 나타내 주어야 한다(이창희 외, 2011). 측정도구가 측정하고자 의도한 것을 실제로 잘 측정해 내지 못한다면 측정도구로서 별 가치가 없기 때문에 타당도는 측정도구를 평가하는 데 가장 중요한 기준이라 할 수 있다(손병덕 외, 2010). 타당도를 확보하는 방법에는 여러 가지가 있고, 학자에 따라 다양하여 여러 가지 방법이 완전히 통일되어 있지는 않지만, 가장 보편적인 방법으로 내용타당도, 기준타당도 및 구성체타당도를 들 수 있다.

1) 내용타당도

내용타당도(content validity)란 측정도구가 측정하고자 하는 구성이나 개념의 모든 속성을 완벽하게 측정하고 있는지를 평가하는 타당도이다. 즉, 측정도구가 그 개념을 대표하는 문항의 적절한 표본을 제공하고 있는가를 나타내는 측정도구의 대표성 또는 표본문항 추출의 적절성을 의미하므로 안면타당도(face validity), 논리적 타당도라고도 한다(강종수, 2013). 내용타당도를 확보하는 절차는 개념적, 조작적 정의에 근거하여 개념을 측면이나 영역별로 나눈 후 충분한 수의 지표항목 목록을 작성한다. 그 개념에 대해 잘 알고 있는 전문가로부터 지표의 목록 중에서 의미상 가장 적합하고 대표적인 문항을 판단케 하여 가장 합치도가 높은 지표항목을 최종적으로 선택하는 것이다(최성재, 2012). 내용타당도는 측정의 타당도를 확인하는 방법으로서는 기본적이지만 주관적 판단에 의존하며 전문가를 선정하는 것도 조사자 주관에 따르기 때문에 객관성을 확보하는데 한계가 있다.

예를 들어 '영성지능(spiritual intelligence)'이라는 생소한 개념을 측정하려면, 영성지능이라는 개념이 초월성, 삶의 의미와 목적, 자비심, 내적자원, 자각, 연결성이라는 속성을 가진 다차원적 개념임을 먼저 정의하고, 이를 측정하는 척도를 구성할 때 측정도구에 도입될 질문항목이 이들의 개념을 얼마나 잘 반영하고 있는지 여부를 판단하는 것이 내용타당도의 검증이다.

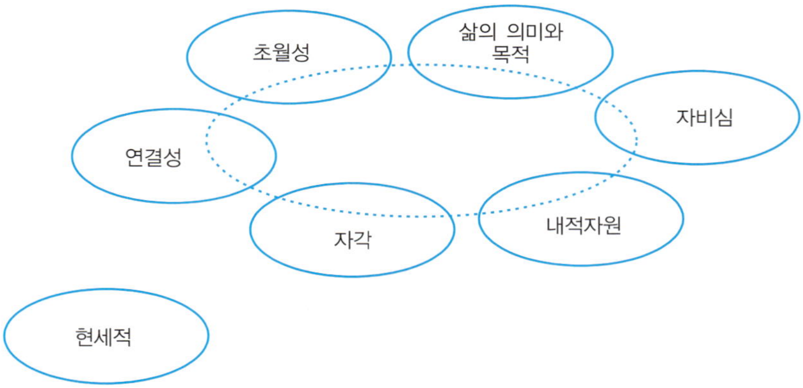

[그림 5-4] 영성지능의 구성

2) 기준타당도

기준타당도(criterion validity)는 새로 개발한 측정도구의 측정결과와 조사자가 신뢰할 수 있다고 판단하는 기존의 다른 측정도구(기준이 되는 측정도구)의 측정결과 사이에 상관관계가 높은 경우 개발한 측정도구의 타당도가 확보되었다고 판단하는 방법이다. 기준타당도의 기본 발상은 새로 개발한 척도의 측정결과와 비교할 수 있는 다른 기준 척도를 찾아 이 둘 사이의 상관관계를 확인하는 것이다.

예를 들어 자살 가능성을 측정하려는 척도가 타당한 것이 되려면 자기파괴적인 행동의 발생과의 상관분석이 이루어져야 한다. 기준타당도에서 핵심은 측정도구의 결과를 비교할 수 있는 기준변수를 찾아내는 것이다. 내용타당도가 평가자의 주관적인 판단에 의해 정해지는 것임에 반해, 기준타당도는 경험적인 근거를 통해 타당도를 확인하는 방법이다. 즉, 기준타당도는 주관적인 평가가 아닌 객관적인 증거를 제시한다.

기준타당도는 그 기준이 현재 혹은 장래의 상태와 연결되어 있는가에 따라 동시타당도와 예측타당도로 구분된다(최성재, 2005). 동시타당도(concurrent validity)는 작성한 측정도구를 이미 존재하고 있는 신뢰할 만한 다른 측정도구와 비교하는 방법이다. 예를 들어 기존 척도인 '결혼만족도' 측정결과와 새로 개발한 척도인 '부부관계' 측정결과를 비교하여 이 두 척도 사이에 상관관계가 높다면 타당도를 인정받는다(곽종형 외, 2013). 그러나 기준이 될 기존의 질문지를 구하기가 쉽지 않으며, 새로운 질문지와 기존의 질문지를 모두 조사해야 한다는 어려움이 있고, 기존의 질문지가 적절하지 못한데 새로운 측정도구를 검증하는 기준으로 활용한다면 오히려 연구 및 지식의 발전을 저해할 수 있다는 단점이 있다(최성재, 2005).

예측타당도(predictive validity)는 현재의 상태로부터 미래에 발생할 어떤 기준을 판별하여 예측할 수 있는 정도를 말하는 것으로 해당 척도와 논리적으로 관련되어 있는 미래의 사건이 외부의 기준으로 이용되는 방법이다. 예를 들면, 대학수학능력시험을 잘 본 학생이 대학 입학 2년 후 우수한 학업성적을 나타냈다거나 운전면허시험의 고득점자가 실제로 운전을 잘한다고 한다면 그 대학수학능력시험이나 운전면허시험은 예측타당도를 가지고 있다고 할 수 있다. 그러나 사회현상을 조사하는 경우 적절한 외부기준을 찾기 어려울 수 있다는 것이 단점이다(채구묵, 2009).

한편, 기준타당도의 측정에서 측정도구를 사용해 측정대상 U를 측정한 값이 M이라면, 측정이 타당했는지 여부는 결국 M이 U를 적절하게 나타내고 있는지를 확인하는 것이다. 기준타당도는 외부에 있는 경험적인 비교 기준(Q)을 구해 비교 기준으로 삼아 얼마만큼의 상관관계(r_{MQ})를 갖는지를 경험적으로 확인한다. 따라서 r_{MQ}가 크면 M은 U를 적절하게 측정한 것으로 보아 측정도구가 타당도를 갖는다고 할 수 있다(고수현 외, 2013).

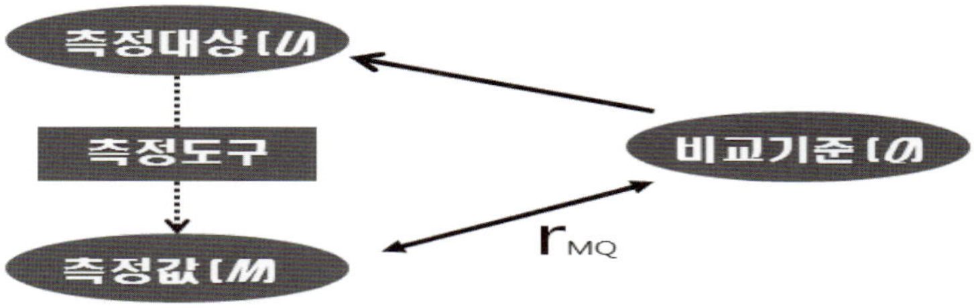

[그림 5-5] 기준타당도의 측정

3) 구성체타당도

구성체타당도(construct validity)는 측정하고자 하는 개념을 포함한 이론에 근거하여 그 개념이 포함된 가설을 세워 새로 개발한 척도를 사용한 결과 이론적으로 예측한 대로 관계가 검정됨으로써 타당성을 확보하는 방법이다(최성재, 2005). 만약 연구자가 정신분열증에 관한 측정도구를 개발하고자 할 때, 정신분열증 개념을 측정하기 위해 설계된 자료수집도구는 조사자에게 대상자가 정신분열증인지 아닌지를 알려줄 수 있다. 측정도구는 징후나 행동과 같은 것을 포함하고 있고, 이러한 것을 모아서 정신분열증이라는 개념을 구성한다(김정우 · 양심영, 2010).

또 예를 들어 결혼만족도 척도를 새로 개발하여 이 척도의 타당도를 측정한다고 가정해 보자. 연구자는 결혼만족도가 다른 변수들과 어떠한 유형의 관계를 맺고 있는가에 관한 어떤 이론적 가설을 개발할 것이다. 즉, 결혼만족도와 가정폭력이 부적 영향관계를 갖게 될 것이라고 결론을 내리고 결혼만족도에 대한 측정이 예상된 방향으로 가정폭력과의 관련성을 보여준다면, 이 측정도구는 구성체타당도가 높다는 것을 증명하는 것이다(손병덕 외, 2010). 구성체타당도에 속할 수 있는 다른 방법으로는 수렴타당도, 판별타당도, 이해타당도가 있다. 만약 동일한 개념을 측정하기 위해 서로 다른 두 가지 방법을 개발하고 측정결과 얻어진 결과들 간에 높은 상관관계가 존재한다면 수렴타당도(convergent validity)가 높은 것이다. 판별타당도(discriminant validity)는 서로 다른 개념을 측정했을 때 얻어진 측정치들 간에는 상관관계가 낮아야 한다는 것을 의미한다. 예를 들어 문제 푸는 능력과 창조력이라는 서로 다른 개념을 같은 측정방법으로 측정했을 때 결과의 상관관계계수가 낮게 나왔다면 판별타당도가 높다고 말할 수 있다(이창희 외, 2011). 이해타당도(nomo- logical validity)는 척도가 이론적 기대에 들어맞는지 검증하는 것이다. 여러 개념을 체계적으로 이용한 이론이나 측정도구가 이해타당도가 높다. 지능의 경우 창조력, 문제해결능력, 판단력, 순간적 대처능력 등으로 다양하게 정의될 수 있는데 이를 모두 측정도구에 적합하게 담고 있다면 이해타당도가 높다고 할 수 있다(곽종형 외, 2013). 한편 구성타당도의 검정을 위해서는 다음의 세 단계를 거칠 필요가 있다.

- 1단계: 측정도구에 관련된 구성개념에 관한 이론들을 수집하고 체계적으로 정리하여 위계적으로 분석한다.
- 2단계: 정리된 이론에서 하위의 개념들을 논리적으로 설정한다.

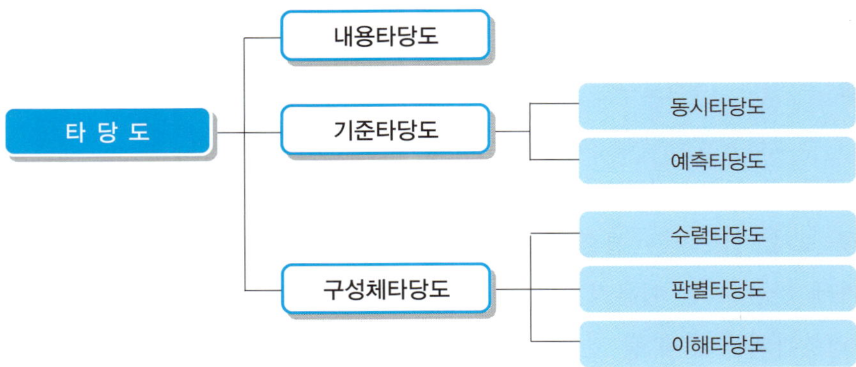

[그림 5-6] 타당도

• 3단계: 문항과 바로 연결될 수 있는 변수를 도출하여 경험적 자료의 비교를 통한 검정이 이루어질 수 있도록 한다.

4. 신뢰도와 타당도와의 관계

사회복지조사연구에서 측정은 신뢰도와 타당도의 확보가 전부라고 해도 과언이 아니다. 신뢰도와 타당도의 관계를 구체적으로 살펴보면 다음과 같다(손병덕 외, 2010; 이창희 외, 2011).

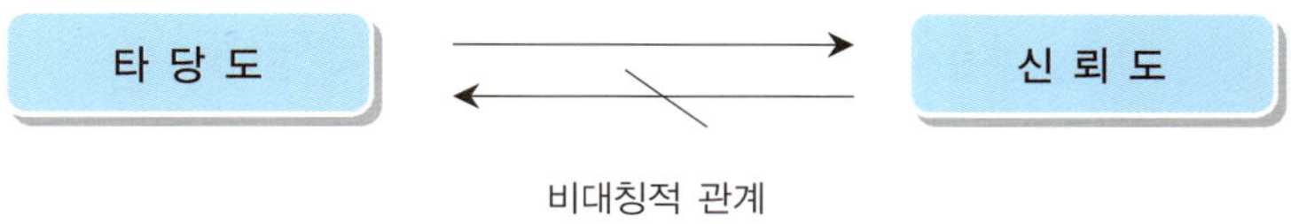

[그림 5-7] 타당도와 신뢰도의 관계

① 타당도가 높은 측정은 항상 신뢰도가 높다.
② 타당도가 낮은 측정은 신뢰도가 높을 수도 있고, 낮을 수도 있다.
③ 타당도가 낮다고 해서 반드시 신뢰도가 낮을 것은 아니다.
④ 신뢰도가 높은 측정은 타당도가 높을 수도 있고 낮을 수도 있다.
⑤ 신뢰도가 높다고 해서 타당도가 높은 것은 아니다
⑥ 신뢰도가 낮은 측정은 항상 타당도가 낮다. 신뢰도는 높고 타당도가 낮은 측정은 없다.

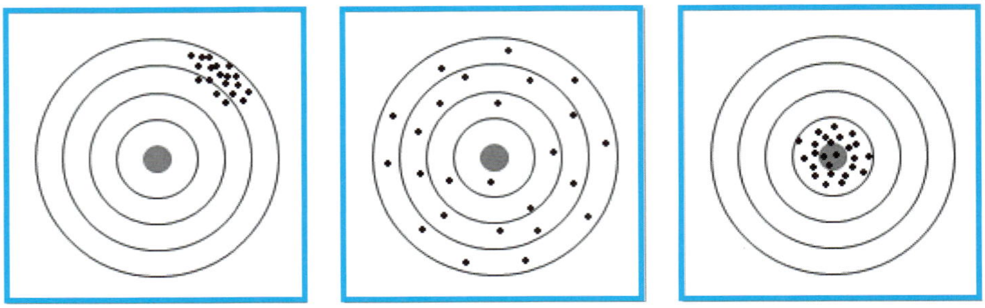

[그림 5-8] 신뢰도와 타당도의 관계

5. 내적 타당도와 외적 타당도

내적 타당도(internal validity)란 독립변수가 확실히 종속변수의 변화에 중요한 차이를 가져왔는가에 관한 것이며 종속변수의 변화가 독립변수의 변화에 의한 것이라고 할 수 있는 정도를 말한다. 인과성에 대한 추론가능성이 얼마나 높은지를 나타내는 것이 바로 내적 타당도이다. 내적 타당도가 높다는 것은 인과성에 대한 경험적 검증능력이 강하다는 것을 의미한다.

1) 내적 타당도를 저해하는 요인

(1) 외부사건(history)

조사연구 과정에서 통제 불가능한 외부적인 사건이 발생하여 연구결과에 영향을 미칠 수 있다. 예를 들어 금연율을 높이기 위한 금연특별 프로그램을 실시하고 그 효과성을 검증하기 위해 프로그램 실시 전과 후의 금연율 차이를 검증하였는데 금연율이 프로그램 실시 전에 비해 높아져 있다면 이를 근거로 프로그램의 효과성을 주장할 수 있을 것이다. 그러나 문제는 프로그램과 금연율에 대한 인과관계에서 외부 사건에 대한 설명을 배제할 수 있는 방법이 없다는 것이다. 즉, 금연 프로그램이 진행되는 동안 다른 일들, 국가 차원의 금연캠페인이 있었다든가, 유명인이 흡연으로 사망한 사건 등이 발생하여 금연에 영향을 미칠 수도 있다는 것을 배제할 수 없다.

(2) 시간 경과에 따른 성숙의 효과(maturation)

인간은 고정되어 있지 않으며 시간이 경과함에 따라 자연적으로 성숙하는 측면들이 많은데 이런 자연적인 성장이 서비스나 실험적 개입의 효과인 것처럼 여겨지는 경우가 많다. 청소년들의 사회성 향상 프로그램을 1년간 실시하고 프로그램의 효과를 검증하기 위해 전후조사를 실시하고 점수를 비교하였을 때 사회성이 향상되었다는 결과가 나왔다 하더라도 이것이 프로그램의 효과인지, 1년 동안 청소년들이 사회적으로 성장하면서 자연스럽게 사회성이 향상된 것인지 알 수 없다(김진숙, 2015).

(3) 테스트 효과(testing)

두 번 이상의 동일한 테스트를 실시하는 조사연구에서 나타나는 현상으로 테스트 자체만으로 결과에 영향을 미칠 수 있는 경우를 말한다. 즉, 전검사가 후검사에 영향을 미치는 것이다. 피실험자들의 테스트에 대한 기억들의 작용으로 생길 수 있는 요인으로 조사대상자들이 문항에 대해 기억하고 이전에 응답했던 것을 그대로 응답하기 위해 노력하거나 바람직하다고 여겨지는 응답을 골라서 응답할 수 있다.

(4) 도구 효과(instrumentation)

전-후의 테스트를 다른 것으로 실시하였을 때 발생하는 내적 타당도 저해요인을 말한다. 테스트 효과가 같은 실험으로 인해 생길 수 있는 저해요인이라면 도구효과는 다른 실험으로 인해서 생기는 요인이다. 우울증 환자들의 집단 프로그램을 실시하면서 효과성 검증을 위해 전후조사를 실시하였을 때 전조사에 사용한 도구와 후조사에 사용한 도구가 다르다면, 프로그램의 효과 때문에 점수 차이가 발생했는지, 도구가 달라져서 점수가 달라진 것인지 알기 어렵다.

(5) 통계적 회귀(statistical regression)

프로그램 실시 전의 결과가 정상치보다 지나치게 낮은 경우 프로그램이나 연구개입을 하고 난 후의 결과는 프로그램의 효과에 관계없이 상승하게 될 수도 있다는 것이다. 정상치로 접근하려는 회귀성향은 프로그램 개입과 관련된 인과관계를 흐리게 한다. 이는 종속변수 값의 극단치를 근거로 실험집단을 선택했을 때 발생한다.

(6) 편향된 선별(selection biases)

집단들의 비교연구에서 나타날 수 있는 요소로 비교되는 집단들이 비교될 수 없는 성격들을 가지고 있을 때 나타나는 어떤 결과에 대해서는 프로그램의 효과라고 말하기에 근거가 부족하다. 실험 및 통제집단의 선택에 있어 동질성이 없는 각 집단의 최초 상태가 상이하여 실험효과의 왜곡이 일어나거나 실험 및 통제집단이 다른 사회적 상황에서 선택되어 그러한 상호작용이 종속변수에 영향을 미치게 된 것이다. 이를 방지하기 위해서는 무작위적인 표본추출과 집단배정이 필요하다.

(7) 실험 도중 탈락(experimental mortality)

실험 연구에서 나타날 수 있는 요인으로 실험대상자들이 질병, 이사, 사망, 실험처리에 대한 싫증 등 여러 가지 이유로 실험 도중 그만두게 됨으로써 인과관계를 밝히는 데 장애요인으로 작용할 수 있다. 실험에서 중도 탈락하는 사람은 나름대로의 특성을 가지고 있으며 그것을 배제한 상태에서 사전시험과 사후시험의 결과를 비교하는 것은 문제가 된다.

(8) 인과적 시간-순서의 모호성(causal time-order)

시간적인 우선성에 대한 불확실성은 원인변수와 결과변수와의 인과관계에 대한 효과적인 입증이 어려운 경우를 만든다. 즉, 독립변수와 종속변수 간에 어느 것이 원인인지 불확실해서 인과관계의 방향을 결정하기가 곤란한 경우가 발생한다.

(9) 개입효과의 확산 혹은 모방(diffusion or imitation of treatment)

분리된 집단을 비교하는 조사에서 적절한 통제가 부재할 경우 잘 나타나는 문제로써 실시한 프로그램이 어떤 자극에 의해 실험집단 외의 다른 집단에 전파되어 집단 간의 차이가 불분명하게 되는 것을 말한다.

2) 외적 타당도의 관련 요인

외적 타당도(external validity)란 표본에서 얻어진 연구의 결과를 두고 연구조건을 넘어선 환경이나 다른 집단들에까지 확대 해석 혹은 일반화할 수 있는 정도를 가리킨다. 내적 타당도가 표본자료에 한정시켜 결과를 해석한 것이라면 외적 타당도는 표본자료의 결과가 얼마만큼 일반화될 수 있는 것인지를 말해 주는 것이다. 외적 타당도와 관련된 요인은 다음과 같다(곽종형 외, 2013).

(1) 연구의 대표성

모든 연구대상자들을 조사할 수 없으므로 표본(sampling)을 가지고 조사를 하게 되며 이 표본은 모집단을 대표할 수 있어야 하고 연구 환경이나 절차 등도 모집단을 대표할 수 있어야 한다.

(2) 조사 반응성

조사대상자들이 자신들이 특정한 조사연구의 대상이 되고 있음을 인식한다면 그에 대한 반응이 생겨날 것이며 그 결과를 일반화하는 데에는 무리가 있을 것이다. 조사 반응성(research reactivity)은 다양한 방식으로 나타나는데 연구대상자가 연구자가 원하는 방식으로 반응하는 경우가 가장 대표적인 반응성의 유형이다. 호손효과(Hawthorne effect)는 연구나 실험에 참여하는 사람들이 다른 비교집단과의 사람들에 비하여 그들이 특별한 취급을 받는다고 느낌으로써 의식적으로 나타내는 효과로 이 효과를 예방하기 위해서는 실험실 연구에서는 어렵지만 언제 어떻게 관찰되는지 알려주지 않는 방법이 있다.

(3) 플라시보 효과

플라시보 효과(placebo effects)는 가실험효과, 위약효과라고도 하며 약물실험 등에서 종종 문제가 되는 요인이다. 실제로 프로그램의 개입이나 실험 처치가 이루어지지 않았음에도 불구하고 그것을 받은 것과 유사한 효과가 나타나는 경우를 말한다. 이 문제를 개선하기 위해서는 실험집단 이외에 두 개의 비교집단을 설정하여 무관심집단에는 아무런 처치를 하지 않고 다른 비교집단에는 관심을 보이지만 실험집단과 같은 개입은 하지 않는 위약처치를 받게 하여 실험집단, 무관심집단, 위약집단을 비교하는 설계를 하는 방법이 있다.

(4) 사전검사와 독립변수의 상호작용

사전검사를 실시하는 과정이 연구 참여자들의 독립변수에 대한 관심이나 태도 등에 어떠한 영향을 미치게 되는 양상으로 나타나 종속변수에까지 영향을 미치게 되는 것을 말한다. 이러한 결과를 사전검사를 받지 않은 사람에게까지 일반화하는 것은 어려운 일이다. 이같은 사전검사와 독립변수의 상호작용이 연구대상자의 관심이나 동기에 미치는 효과를 민감화 효과(sensitizing effect)라고 한다.

(5) 보상적 경쟁효과(compensatory rivalry)

실험집단과 통제집단을 만들어 실험하는 경우 통제집단이 자신들이 어떤 이점을 박탈당했다고 느끼게 되어 기대 이상 혹은 기대 이하의 효과를 나타내는 경우이며 이 경우 독립변수의 영향을 알 수 없게 된다.

(6) 조사원 기대효과

조사원이 기대하는 긍정적이고 바람직한 결과가 은연중에 조사대상자에게 전달되어 기대 이상의 긍정적 효과가 나타나는 경우를 말한다. 이 문제를 예방하기 위해서는 이중맹검과정(double-blind procedures), 즉 누가 실험대상자인지 통제집단인지 조사원이 모르게 하는 방법을 사용할 수 있다.

06

자료수집과 설문조사

1. 자료수집

자료수집(data collection)이란 설계된 조사를 실행에 옮기기 전에 조사설계과정에서 결정된 조사방법론에 따라 자료를 수집하는 과정이다. 자료는 1차 자료, 2차 자료, 3차 자료로 구분된다.

1) 자료의 종류

(1) 1차 자료

1차 자료(original data)는 조사자가 현재의 조사목적을 위해 직접 수집하거나 작성한 자료이다. 1차 자료는 주로 실험, 설문지, 관찰, 면접 등을 통해서 수집된다. 대부분 구체적이고 체계적인 조사설계를 통해 수집된 자료이기 때문에 자료의 신뢰도와 타당도를 적절히 평가할 수 있으며 수집된 자료를 필요할 때 언제든지 조사목적을 위해 사용할 수 있다(임봉호 외, 2012).

(2) 2차 자료

조사연구는 어려운 일이며 연구를 수행하는데 오랜 시간이 걸리기도 한다. 하지만 2차 자료(secondary data)를 활용하면 시간과 재정을 들이지 않고 조사를 진행할 수 있다. 2차 자료는 조사목적에 도움을 줄 수 있는 기존의 모든 자료, 즉 연구자가 직접 자료를 수집하거나 작성한 1차 자료를 제외한 모든 자료를 말한다. 2차 자료에는 연구자가 종사하는 조직 내부의 자료와 타 기관에서 생성된 외부 자료가 있고 자료의 출처에 따라 개인적 문서, 업무서류철, 공공기관에서 구하는 자료 등이 있다.

특정연구를 위해 수집되어 정리된 2차 자료를 가지고 진행되는 2차 자료분석은 전문 연구자가 이루어놓은 연구성과를 이용함으로써 시간과 비용을 절감하고 다양한 방법론을 사용하는 것이 가능하다. 또한 표본의 모집단 대표성이 높으며 많은 변수를 조사하고 분석할 수 있는 기회가 되는 장점이 있는 반면 기존의 있는 자료라는 한계 내에서 연구를 해야 하며 자신이 필요한 자료가 있는지에 대해서도 반드시 검토해야 한다. 자료수집 목적이나 측정단위, 조작적 정의 등이 연구자가 필요로 하는 조사와 일치하지 않는 경우가 있을 수 있다(강종수, 2013).

(3) 3차 자료

3차 자료란 동일한 연구문제에 대하여 방대하게 축적된 경험적 연구논문 등을 기반으로 하여 그 논문들을 대상으로 분석하는 연구를 종합연구(mata-data)라고 하며, 이 종합연구를 수행하기 위한 기초자료를 3차 자료라고 한다.

2) 자료수집의 종류

관찰법(observation method)은 연구대상을 통제하지 않고 일정한 시간에 걸쳐서 연구대상의 형태를 지켜보고 들으며 관찰결과를 기록하는 방법으로 연구자는 탐구하고자 하는 문제나 사회현상이 일어나고 있는 현장에 직접 참여하여 연구주제나 내용을 가능한 한 정확하게 관찰함으로써 그 문제나 현상에 대해 심층적으로 완전하게 이해할 수 있게 된다. 관찰법은 자료수집일 뿐만 아니라 조사결과의 해석에 부가적 자료수집을 위한 방법으로도 사용되며, 면접이나 설문지를 통해 얻기 어려운 자료를 얻는다거나 다른 조사에서 얻은 자료를 보완하는 데도 사용된다(장정순, 2016).

관찰법은 관찰자의 참여 정도에 따라 참여관찰, 비참여관찰, 준참여관찰로 나눌 수 있다. 참여관찰은 예를 들면, 노숙자를 연구하기 위해 노숙자집단 내부로 침투하여 집단구성원으로서 노숙자의 역할을 수행하며 관찰하는 방식이다. 비참여관찰은 관찰자가 현장에 있으나 구성원과 어떤 상호작용도 하지 않고 제3자적 입장에서 거리를 유지하는 방식이다. 준참여관찰은 중간형태로 관찰자가 관찰대상집단에 부분적으로 참여하여 수행하는 관찰방법으로 사범대학학생이 학생실습을 할 경우 또는 사회복지전공자들이 기관실습을 할 경우 관찰자가 교사 또는 사회복지전문가의 일부로 참여하며 관찰하는 예를 들 수 있다(강종수, 2010; 김갑용 외, 2010).

면접법(interview method)은 연구자와 응답자가 얼굴을 맞대고 언어적 상호작용을 통하여 필요한 자료를 수집하는 방법으로 자기기입식 설문조사와는 달리 연구자가 응답자에게 구두로 질문을 하여 응답하게 하는 방법이다. 설문조사에서는 인쇄된 설문지가 자료수집의 도구이지만 면접법은 면접목록이나 지침보다 면접자의 면접능력이 정확한 자료수집을 위해 더욱 중요하게 된다. 면접법은 사회과학연구에서 질문지법 다음으로 많이 활용되는 방법이다. 면접형태에 따라 전화면접, 대면면접으로, 면접에 참여하는 사람 수에 따라 개인면접, 집단면접으로, 면접내용의 구조화에 따라 구조화면접, 비구조화 면접, 반구조화 면접으로 구분한다(김갑용 외, 2010; 장정순, 2016).

문헌조사(literature review)는 과거에 발생한 사건들에 대한 자료를 수집하거나 연구대상자의 반응이 너무 심하게 나타날 가능성이 있는 경우에 주로 문헌이나 보관매체 등에 남겨진 자료들을 통해 자료를 수집하는 방법이다. 연구를 시작하면서 가능한 빠른 시일 내에 철저한 문헌검토를 통해 다른 연구자의 실수나 경험을 배울 수 있으며 개념상의 문제나 장애요인, 그에 대한 극복 방안 등을 배울 수 있다.

문헌자료에는 개인적인 글(편지, 일기, 가계부, 유서), 조직의 기록(주민등록표, 회사 간 거래표, 상담일지), 인쇄된 대중매체(책, 신문, 잡지) 등이 있다(양성관 외, 2014).

내용분석(content analysis)은 의사전달 내용이나 기록물의 특성을 객관적·양적·체계적으로 확인하여 진의를 추론하는 연구방법으로 연구대상에 대한 직접적인 접근이 어렵거나 상실된 경우, 연구대상자의 언어를 분석하고자 할 경우, 또는 분석하고자 하는 자료가 너무 방대할 경우에 사용한다. 내용분석은 사람들 간의 의사전달 내용을 분석하는 데 특별히 유용한 방법으로 "누가, 무엇을, 누구에게, 무슨 이유로, 어떤 방법으로, 어떤 효과를 노리고 말하는가?" 하는 문제에 대한 해답을 찾는 데 더 적합한 방법이다. 연구질문의 예로 "특정 학회지에서 발간하는 논문의 종류는 어떤 것인가?", "1970년대 이후로 대통령 선거공약에 나타난 사회복지정책의 내용이 어떻게 변해 왔는가?", "TV 드라마에 나타난 여주인공을 통해 시대별로 성역할이 어떻게 달라졌는가" 등을 들 수 있다(고수현 외, 2013; 김정우 외, 2010).

2. 설문조사

설문조사(survey research)는 사회과학 연구에서 매우 광범위하게 사용하는 방법으로 조사자가 응답자에게 질문을 하여 그 응답을 모아서 자료로 활용하는 조사방법이다. 설문조사는 면접원이 응답자에게 직접 질문하여 질문지에 응답을 기록하는 면접설문조사와 자기기입식 설문조사로 크게 나뉜다. 먼저 면접설문조사는 직접 면접원이 응답자에게 질문을 하기 때문에 설문의 응답률이 높고 개방형 질문에 유리하다. 또한 추가설명이 가능하고 응답의 결측치를 최소화할 수 있다. 자기기입식 설문조사보다는 시간이 덜 걸리지만 비용면에서는 별 차이가 없다. 질문이 구체적이며 조사원의 훈련과 감독이 중요하고 부드럽게 조사에 들어가는 기술 등 면접기술이 필요하다(양성관 외, 2014).

자기기입식 설문조사는 개인이 직접 자료수집 절차에 따라 질문지에 자기의 응답을 기입하는 것으로 응답내용을 면접원에게 얘기하지 않고 응답자 스스로가 질문지에 적기 때문에 개인의 민감한 문제를 다루는 데 유리하나 문맹자에게는 할 수 없다는 단점이 있다. 설문지를 이용할 경우 첫째, 모든 응답자에게 동일한 내용을 동일한 방식으로 질문을 하게 되므로 측정도구의 변화에 따른 측정의 오류를 최소화할 수 있기 때문에 조사결과의 비교 가능성을 높일 수 있다. 둘째, 빠른 시간 안에 핵심적인 정보만 선별하여 객관적이며 정확한 정보를 얻을 수 있다. 셋째, 불필요한 내용은 설문지에서 삭제할 수 있고 응답자가 무기명으로 응답을 기록하는 경우 솔직한 응답이 가능하며, 응답의 용이성과 정확성을 높일 수 있다(이창희, 2011).

1) 설문조사의 유형

(1) 면접조사

면접조사는 응답자에게 설문지를 읽고 자신의 대답을 기입하도록 하는 대신에 면접원이 질문을 말로 하고 응답자의 대답을 기록하게 하는 방법이다. 즉, 연구에 필요한 자료를 얻기 위해 면접자와 피면접자가 질문과 응답의 대화를 통해 자료를 수집하는 방법이다. 면접조사를 수행할 때 표본이 소규모인 경우 연구자가 직접하거나 많은 경우엔 훈련된 면접원을 통해 진행하기도 한다. 이때 질문에 대한 응답자의 인식이나 대답에 영향을 미칠 가능성이 있기 때문에 면접원이 중립성을 지키도록 교육을 철저히 실시해야 한다. 면접은 대면접촉으로 이루어지는 것이 전형적이지만 전화면접도 대부분 같은 지침을 따른다(김진숙, 2015).

① 면접자의 역할과 면접절차

면접조사를 적절하게 설계하고 시행하면 적어도 80~85%의 응답률을 얻어야 한다. 응답자는 설문지를 내버리기보다 문 앞에 서 있는 면접원의 요청을 거절하는 것을 더 주저하기 때문에 일반적으로 “모르겠다”와 “무응답”이 줄어든다. 또한 면접자는 혼동을 일으키는 설문항목에 대해 안전장치를 제공할 수도 있다. 면접자는 질문뿐만 아니라 관찰도 할 수 있다. 주거수준, 다양한 소유물의 유무, 응답자의 언어구사능력, 연구에 대한 응답자의 일반적인 반응 등도 비슷하게 관찰할 수 있다. 이때 면접원은 응답자의 질문에 대한 인식이나 대답에 영향을 미치지 않아야 하므로 면접원은 질문과 대답을 전달하는 중립적인 매개체가 되어야 한다.

면접의 절차는 먼저 면접자를 선정하는 것으로 면접자의 자질, 예를 들면 청취기술과 언어파악능력, 예리한 관찰력과 판단력을 갖춘 면접자가 적합하다. 둘째, 면접의 중요성, 면접자가 범하기 쉬운 오류 등의 선행조건과 면접자가 알고 있어야 하는 기본지식, 질문내용 등에 숙달하도록 면접자를 훈련한다. 셋째, 정확하고 신뢰성있는 면접을 위해 개입될 수 있는 외부변인을 통제하기 위한 면접장소를 선택한다. 넷째, 면접을 실시한다. 이때 면접자는 자신을 피면접자에게 소개하고 면접의 목적과 내용을 간략하게 설명한 후 면접지침에 따라 면접한다. 면접과정에서는 알아듣기 쉬운 용어를 사용하되 "예", "아니요"로 답변하는 질문은 가능한 한 피

〈표 6-1〉 **면접기술 향상을 위한 고려사항**

구 분	고려사항	
면접 시작 시	○응답자와 만나서 인사하기 ○응답자를 편안하게 하기	○연구자 소개하기 ○면접목적을 설명해주기
신체적 주의 기울이기	○시선 접촉 ○간헐적인 긍정적 몸짓	○몸의 자세 ○적당히 긴장 풀고 편안하게 하기
언어적 주의 기울이기	○추가 질문 ○적절히 평이하게 바꾸어 말하기 ○자연스럽게 진심으로 말하기	○짧은 휴식 갖기 ○응답자에 대한 격려하기
응답자의 문제 탐색하기	○개인이 사회이력 알아보기 ○상황적 요인과 체계적 요인을 사정하기	○다양한 측면에서 문제 조사하기
질문하기와 심층탐색하기	○명확하고 간결하게 질문하기 ○개방형의 탐색적 질문하기 ○지나치게 많은 질문 피하기 ○중립적인 심층탐색으로 중요하고 구체적인 정보 얻기	○고정관념이나 편견없이 질문하기 ○개방형과 폐쇄형을 적절히 구사 ○사생활과 관련된 민감한 질문

출처: 강종수(2013), p.206 재인용.

한다. 다섯째, 면접내용을 정확하게 기록하며 특히 면접내용을 녹음기를 이용해 녹취할 때는 반드시 피면접자의 양해와 동의를 구한다(곽종형 외, 2013).

② 면접의 유형

면접의 유형은 면접의 과정이 표준화되고 문항이 사전에 결정되는 정도에 따라 구조화 면접, 비구조화 면접, 반구조화 면접으로 분류할 수 있다. 구조화 면접은 표준화된 면접이라고도 하며 면접자가 모든 대상에게 면접조사표에 제시된 구체적인 면접 계획, 즉 질문 문항, 질문순서, 어조까지를 미리 정해놓고 정확히 제시된 것을 가지고 면접하는 방식이며 모든 응답자에게 동일한 질문, 동일한 질문순서에 따라 수행한다. 비구조화 면접은 비표준화된 면접이라고도 하며 질문방식이나 내용에 제약이 없이 면접자가 단지 전반적인 면접 주제만 알고 상황판단에 따라 면접의 진행에 맞추어 유연하게 질문하는 면접방식이다. 조사표도 없고 질문 형식이나 순서도 지정하지 않고 자유롭게 이루어진다. 반구조화 면접은 반표준화된 면접으로 구조화 면접과 비구조화면접의 장점을 살리고 단점을 보완하여 개발한 면접유형이다. 사전에 면접에 대한 치밀한 계획을 세우되 실제 면접상황에서는 융통성있게 면접을 진행시키는 방법이다. 즉, 일정 정도의 주요한 질문은 구조화된 질문으로, 나머지는 비구조화된 면접으로 실시한다(강종수, 2010; 김갑용 외, 2010; 양성관 외, 2014).

〈표 6-2〉 구조화 면접과 비구조화 면접의 비교

구 분	구조화 면접	비구조화 면접
장 점	○부호화가 용이하고 면접결과 비교 가능 ○일관성과 신뢰성이 있음 ○질문의 언어구성에서 오는 오류 최소화 ○비교적 훈련이 덜 된 면접자가 활용 가능	○융통성이 있음 ○의미의 표준화 가능 ○높은 타당도 ○특정 분야의 깊이있는 측정 가능
단 점	○면접자의 자율성이 낮음 ○특정분야의 깊이있는 측정이 어려움 ○새로운 사실 발견 가능성 낮음 ○의미있는 표준화 어려움	○면접결과의 정리, 분류 부호화에 시간, 인력 비용 소요 ○비일관성 ○가설검증, 인과관계 검증의 어려움 ○신뢰도가 떨어지고 결과의 비교가능성 감소

(2) 우편조사법

자기기입법의 전형적인 방법인 우편조사법은 조사자가 우편으로 피조사자에게 질문지를 송부하여 응답자로 하여금 기입하게 한 후 우편으로 질문지를 회수하는 방법이다. 우편조사의 경우에는 조사의 목적, 중요성 등을 설명하고 협조를 당부하는 소개편지를 동봉해야 하며, 반드시 우표가 붙은 반송봉투를 동봉해야 한다(채구묵, 2010). 응답자가 관심을 갖고 있는 문제를 해결하는데 응답자의 응답이 왜 중요한지 설명하는 것이 필요하다. 또한 응답거부감을 낮추기 위해 익명성 보장을 밝히고, 어떻게 조사대상자로 선정되었는지를 설명하며, 설문작성 소요시간을 표시한다(김진숙, 2015).

우편조사에서는 응답률을 높이는 것이 관건이다. 연구의 중요성을 잘 인식시켜서 응답을 잘 하도록 하는 동기부여와 함께, 질문지의 형식에서부터, 겉표지의 내용과 디자인, 글씨의 크기와 줄 간격을 고려한다든지, 처음 설문지를 발송한 후 2~3주 후 미회송 사례에 대해서 독촉서신이나 전화와 함께 질문지를 다시 한 번 보낸다든가 하는 절차들이 필요하다. 경제적인 여유가 있는 경우에는 응답에 대한 수고의 보답으로 조그마한 선물을 함께 동봉하는 것도 좋다(임봉호 외, 2012).

〈표 6-3〉 우편조사의 장·단점

장 점	단 점
○ 광범위한 지역 조사 가능 ○ 접근성 용이 ○ 조사비용과 노력이 절약 ○ 조사자의 편견 배제 ○ 피조사자가 충분한 시간을 갖고 당황하지 않고 답변할 수 있음	○ 회수율이 낮고 보충설명의 기회가 없음 ○ 무응답 또는 불성실한 답변 발생 ○ 비언적 행위에 대한 정보수집이 어려움 ○ 간단한 질문만 가능 ○ 응답자에 대한 통제, 환경에 대한 통제 불가능

(3) 집합조사

집합조사는 조사대상자를 동일 장소에 모이게 하여 질문지를 배포하고 대상자가 직접 질문지에 응답하게 한 후 질문지를 회수하는 방법이다. 예를 들면, 사회복지개론 강의를 듣는 학생들을 대상으로 한 설문조사는 강의시간에 이 방법으로 수행할 수 있을 것이다. 또한 고등학교 학생들의 특별활동 시간에 설문조사를 할 수도 있을 것이다. 이 방법은 조사대상자를 개인적으로 만날 수 없거나 각 개인의 연락처를 알 수 없을 때, 즉 우편조사나 개별면접이 불가능할 때 사용한다(황창순 외, 2010).

집합조사는 조사대상자를 한꺼번에 조사함으로써 소요시간과 경비가 절감되고 응답에 영향을 미칠 수 있는 타인의 개입을 차단함으로써 조건을 통일하기 쉬울 뿐 아니라 이해하기 힘든 질문에 대해 추가적인 설명이나 정보를 제공하기가 쉽다. 반면 조사자가 원하는 표본을 동시에 집단적으로 구하기가 쉽지 않고 지역적으로 멀리 떨어져 있거나 협조를 구하기 어려운 경우에는 모으기 쉬운 사람만 응답자에 포함되어 응답의 편의가 발생할 가능성이 있다(김진숙, 2015).

(4) 배포조사

배포조사는 조사자가 응답자에게 질문지를 배포한 후 응답자가 직접 기입하게 한 다음 일정 기간이 지난 후에 질문지를 회수하는 방법이다. 응답자가 응답내용을 기입할 때에는 조사자가 함께 하지 않으므로 다른 사람의 개입이나 방해가 없는 상황에서 응답하도록 하는 것이 중요하다. 응답자에게 질문지를 배포하고 2~3일 이상의 시간을 두고 회수하기 때문에 응답자가 생각해서 응답할 수 있는 시간적 여유를 가질 수 있다(장정순, 2016).

배포조사는 조사자가 응답자에게 설문지를 배포하기 위해 응답자를 찾아다녀야 하므로 집합조사보다는 비용이 많이 들지만 한정된 지역 내에서 설문지를 나누어 주고 나중에 회수하므로 응답자가 질문지를 작성하는 동안 기다릴 필요가 없어 면접조사에 비해 시간과 비용이 적게 든다. 단점으로 질문지가 잘못 기입될 경우 이를 시정하기 어렵고 응답자가 질문지를 작성할 때 옆에서 누군가 작성과 관련하여 의견을 제시하게 되면 응답자의 의견인지 다른 사람의 영향을 받았는지 알 수 없다(강종수, 2010).

(5) 전화조사

전화조사는 응답자에게 조사의 목적, 취지, 중요성 등을 간단히 설명한 후, 응답자들에게 질문을 하고 응답을 얻어내는 방법으로 조사시간이 짧게 걸린다는 것을 말하여 응답에 협조를 구하는 것이 좋다. 전화번호만 있으면 누구든 통화할 수 있으므로 면접조사에 비해 응답자에게 접근하기가 쉽고 조사가 간편하며 비용이 적게 든다는 장점이 있다. 비교적 쉽고 정확하게 무작위표본추출이 가능하고 면접자의 외모나 차림새에 따른 응답자의 선입견에 의한 응답의 오류를 배제할 수 있다(양성관 외, 2014).

단점으로는 응답내용이 간단하고 응답시간이 짧은 경우에만 전화조사가 가능하고 응답자의 표정이나 주변상황 등을 직접 확인할 수 없으므로 응답자가 아무렇게나 응답을 해도 확인이 어렵다. 또한 전화통화로 충분히 설명하기 곤란한 내용은 조사하기 어려운데, 예를 들어 어떤 특정 현상이나 사물에 대한 조사에서 그림 등 시청각적인 보조물을 활용해야 할 경우엔 전화조사로는 불가능하다(장정순, 2016).

(6) 온라인 설문조사

설문조사의 새로운 기술 중 하나는 지난 20년 간 가장 큰 발전을 가져온 인터넷과 월드와이드웹을 활용하는 온라인 설문조사(online survey)다. 온라인 설문조사를 하는 방법 중 하나는 이메일을 활용하는 것이다. 설문지를 이메일 내용에 포함시키거나 첨부파일로 보낼 수 있다. 온라인 설문조사의 또 하나의 방법은 웹사이트를 활용하는 것이다. 이는 웹디자인 소프트웨어를 사용해 웹사이트에 설문지를 만들고, 응답자가 직접 사이트로 들어가 온라인으로 작성하게 된다. 온라인 설문조사에 대해 여러 사회조사 연구자들이 우려를 표하는 부분은 대표성에 관한 것이다.

온라인 설문조사의 장점은 첫째, 대체로 조사와 분석이 매우 신속하며, 둘째, 설문발송과 회수비용이 없어 조사시간과 비용이 적게 든다. 셋째, 시 · 공간의 제약이 거의 없고 특수계층에도 접근이 용이하며, 넷째, 인터넷 매체는 다른 매체에 비해 쌍방향 커뮤니케이션이 가능하며 동영상을 포함한 보조자료를 활용할 수 있다. 반면 단점은 첫째, 인터넷을 사용하는 대상자에게만 한정하여 조사하므로 인터넷 표본이 전체인구를 대표하지 못하고 대표성의 문제가 있을 수 있다. 둘째, 설문조사 시스템 설치비용이 드는 등 조사를 위한 부대비용이 다른 조사에 비해 많이 발생한다(임봉호 외, 2012).

2) 설문지의 구성요소

일반적으로 응답의 오류를 방지하고 필요한 정보를 포괄적으로 얻어내기 위해 갖추어야 할 설문지의 구성요소는 다음과 같다(강종수, 2013; 이창희 외, 2011; 이팔환, 2007).

(1) 설문 표지

설문 표지는 연구자나 연구기관의 소개, 조사의 취지 설명과 개인적인 응답항목에 대한 비밀보장을 확신시켜 줌으로써 조사의 응답률을 높이고, 응답을 보다 쉽게 얻어내기 위한 부분을 말한다. 기술적으로 인사말이 너무 길어서도 안 되고, 쉽게 이해할 수 있는 말로 써야 하며, 진지하면서도 되도록 중립적인 표현을 사용하여야 한다.

(2) 식별자료

식별자료란 각 설문지를 구분하기 위한 일련번호와 추후의 확인 조사를 위한 응답자의 이름이나 조사 또는 조사를 실시한 면접자의 이름과 면접일시를 기록하는 부분으로 대개의 경우 설문지의 첫 장에 나타나게 된다.

(3) 지시사항

우편조사인 경우에는 응답자 혼자서 전체 설문지를 완성할 수 있도록 각 항목마다의 응답방법이나 응답순서 등 응답자가 설문지의 모든 항목을 어려움 없이 완성하고 이를 조사기관이 회수하기까지의 모든 과정에 대한 상세한 지시사항이 수록되어야 한다. 설문의 맨 앞에 설문 전반에 걸쳐 준수해야 할 일반적인 사항을 설명한 일반적 지시문, 문항별로 응답요령을 제시한 구체적 지시문, 면접방식을 이용하는 경우 각 설문문항에 대한 구체적인 행동 지시사항을 설명하는 면접자 지시사항 등이 있다.

(4) 필요한 정보획득을 위한 문항

설문지 작성에서 가장 중요한 부분으로 연구목적에 필요한 대부분의 자료가 수집되는 부분이다. 필요한 내용만 선별하여 설문문항을 줄이고 사전에 응답자의 입장에서 정보의 소지나 기억가능 여부를 평가한다. 또한 응답에 필요한 시간과 노력, 개인적 사생활, 응답자의 표현능력을 고려하며 추상적인 개념을 측정하고자 하는 경우 복수의 문항을 이용하는 것이 바람직하다.

(5) 응답자의 분류를 위한 자료

응답자들의 특성을 파악하고 분류하기 위한 자료들로 주로 성별, 연령, 학력, 수입, 직업 등의 인구통계학적 변인이나 사회경제학적 변인들을 측정하기 위한 질문들이다. 응답자들의 개인 신상과 관계된 질문이므로 응답자의 인격이나 프라이버시가 침해되지 않도록 하고 꼭 필요한 항목만을 질문하여야 한다.

3) 설문지의 작성

(1) 설문지 작성절차

설문지 작성은 첫째, 필요한 정보와 자료수집방법의 결정, 둘째, 질문내용 결정, 셋째, 질문형태의 결정, 넷째, 개별항목의 완성, 다섯째, 질문 문항의 배열, 여섯째, 설문지 외형 결정, 일곱째, 사전검사, 여덟째, 인쇄 등의 순으로 진행된다(강종수, 2013; 양성관 외, 2014; 장정순, 2016).

① 필요한 정보와 자료수집방법의 결정

설문지를 작성하여 궁극적으로 얻고자 하는 것이 무엇인가 하는 설문지 작성목적을 확정하여야 한다. 설문조사를 통하여 얻어야 할 정보의 종류를 정하고 그 정보를 얼마나 자세한 정도까지 측정해야 조사목적을 달성할 수 있는가를 파악하여 결정한다. 또한 자료수집방법을 설문지 작성 이전에 충분히 검토하여야 한다. 어떤 자료수집방법을 선택하느냐에 따라 시간과 비용상의 제약으로 인하여 조사할 수 있는 정보의 양과 내용, 질문방식이 달라질 수 있다.

② 질문내용 결정

- **사실을 알아내기 위한 질문**

개인의 연령, 교육, 종교, 수입, 직업, 결혼관계 등에 대한 질문이 이러한 형태에 속하며, 또한 응답자가 잘 알고 있는 사람(가족, 친구, 동료 등)의 성격(행위, 믿음, 감정, 욕구 등)에 대한 질문이나 응답자가 알고 있는 사건, 환경, 상황, 정책 등에 대한 질문도 이에 해당한다.

- **사실에 대한 믿음을 확인하는 질문**

사람들이 알고 있는 객관적 사실을 찾으려는 질문 대신에 사람들이 사실이라고 믿는 것에 대해 알고 싶어하는 경우도 있다. 이러한 질문을 할 때는 응답자가 조사하려는 주제와 관련된 믿음이나 정보를 가지고 있는지를 사전에 알아보아야 한다.

사실에 대한 질문과 믿음에 대한 질문을 엄격히 구별하는 일은 조사자에게 매우 중요하다.

• **감정이나 느낌에 대한 질문**

질문지를 통해서 감정을 조사하는 가장 일반적 방법은 다양한 정서적 반응(공포, 불신, 혐오, 경멸, 증오, 질투, 동정, 열망 등)을 직접적으로 나타내는 문항을 포함하는 것이다. 그러나 감정과 동기는 응답에 있어 상당한 자유가 보장되어야만이 올바르게 조사될 수 있다. 또한 정서적 반응은 너무 복잡해서 하나의 단순한 문항으로 나타내기가 어렵기 때문에 여러 문항으로 구성된 복합적 척도를 만들어 물어보는 것이 바람직하다.

• **행위의 표준에 대한 질문**

다양한 사회적 상황에서 어떤 행위가 적절한 것인가에 대한 개인의 규정은 여론의 지배적 분위기를 반영하는 것이면서 동시에 그러한 상황 하에서 일으킬 개인의 행동을 예측하는 기초를 제공해 준다. 적절한 행위에 대한 규정은 두 가지로 생각할 수 있는데 하나는 무엇을 해야만 한다는 당위적이고 윤리적인 기준이고, 다른 하나는 실제로 얼마나 용이한 행동인가를 규정해 주는 실질적 기준이다. 설문지를 구성함에 있어 같은 질문에 대해 당위적인 응답과 응답자 자신이 실제로 행동하는 내용과의 차이를 파악하도록 고려하여야 한다.

• **현재 또는 과거의 행위에 대한 질문**

한 개인의 현재나 과거의 행위에 대한 정보는 그 개인의 미래행위를 예측하는데 가치 있는 정보가 된다. 그 사람이 과거에 그런 상황에서 어떻게 행동했느냐는 미래의 같은 상황에서 그 사람이 어떻게 할 것인가를 예측할 수 있는 지표가 된다. 이런 행위에 대해 질문을 할 때에는 일반적인 질문보다 구체적인 질문이 보다 효과적이다. 질문범위를 넓혀 질문하고 다시 좁혀서 질문하는 것이 좋다. 예를 들면, "당신은 어느 차를 운전하십니까"라는 질문보다 "당신은 운전을 하십니까, 운전을 하시면 어느 회사제품의 차를 선택하십니까"라고 질문하는 것이 좋다.

• 믿음, 감정, 행동, 방침에 대한 의식적 이유를 묻는 질문

"왜"라는 이유에 대한 충분한 답을 얻기 위해서는 조사하려는 믿음, 감정, 행동, 방침 등에 영향을 미치는 다양한 요인들을 고려해야 하고 이들 요인 각각에 대해서 여러 가지 질문을 해야 한다. 이유를 결정함에 관련된 고려사항을 대체로 나누어 보면 행위의 역사, 반응을 유발한 실체의 특성, 특정한 실체에 대한 믿음이나 방침 등을 지지하는 것, 특정한 반응에 포함된 개인적 욕망, 동기, 가치 또는 관심, 반응이 일어난 구체적 상황 등이다.

③ 질문형태의 결정

질문할 개별항목이 결정되면 어떤 형태로 질문할 것인가를 결정해야 한다. 개방형 질문으로 할 것인지, 폐쇄형 질문으로 할 것인지, 혹은 직접질문으로 할 것인지, 간접질문으로 할 것인지, 부수질문이 필요한지 등을 결정해야 한다.

④ 개별항목의 완성

같은 내용의 정보를 얻기 위한 질문에 있어서도 사소한 의미의 변화에 의해서 응답이나 분석결과에 많은 차이를 가져올 수 있기 때문에 연구에 필요한 올바른 자료를 제대로 얻기 위해서도 적절한 질문을 완성할 필요가 있다.

⑤ 질문 문항의 배열

응답하기 쉬운 질문을 먼저 하고 민감한 질문이나 개방형 질문은 뒷부분에 배치한다. 일정한 유형의 응답경향이 조성되지 않도록 문항을 배치하고 신뢰도를 검사하는 질문은 서로 떨어져 있어야 하며 일반적인 것을 먼저 묻고 특수한 것을 뒤에 묻는다.

⑥ 설문지의 외형 결정

자발적 협조를 할 수 있도록 설문지의 형태를 결정한다. 실제 조사에 있어서는 똑같은 질문내용에 대해서도 설문지의 외관적인 인상에 따라 응답자의 협조·조사의 진행에 많은 차이가 있다. 따라서 설문지의 종이질과 인쇄에도 신경을 쓰고 설문지의 크기가 작을수록 응답자에게 설문 작성이 쉬울 것이라는 인상을 주기도 한다. 사람들에게 익숙하고 관리에도 용이한 것을 사용한다.

⑦ 설문지의 사전검사

본 조사를 수행하기 전 본 조사와 동일한 절차와 방법으로 일정한 수와 사람들을 대상으로 설문지가 잘 구성되었는지를 시험하는 것이다. 사전검사는 한 번 이상 해야 하고 조사대상은 무작위선정보다는 대표성있는 대상을 유의적으로 골고루 선택하되 연구할 표집대상을 제외한 다른 사람으로 20~50명 정도가 적절하다. 사전검사에서 주의해서 살펴볼 내용은 ㉠ 응답내용의 내적타당성, ㉡ 응답의 편중, ㉢ 응답자들이 제시한 가외적 의견, ㉣ 무응답이 많거나 전혀 하지 않은 경우, ㉤ 기타 항목에 대한 응답이 너무 많은 경우 등이다.

⑧ 인쇄

사전조사를 통해 설문지의 내용에 대해 검토가 끝나면 설문지를 수정하고 편집하여 인쇄해야 한다. 인쇄된 설문지가 응답자에게 호감을 주고 중요한 것이라는 인식을 가지도록, 표지, 용지, 활자, 크기, 공간 등 여러 가지 측면에서 신중히 고려해야 한다(김갑용 외, 2010).

(2) 질문 작성 시 원칙

질문을 작성할 때의 일반적인 원칙은 다음과 같다(양성관 외, 2014).

① 응답자에게 의미있는 질문이어야 한다.
② 질문은 쉬워야 한다.
③ 질문은 간결하고 명확해야 한다.
④ 모든 응답자에게 같은 의미로 받아들여져야 한다.
⑤ 하나의 질문에 두 가지 이상을 한꺼번에 질문하지 말아야 한다.
⑥ 질문은 객관적이어야 한다.

⑦ 여과질문을 이용한다.

⑧ 응답하기 곤란한 질문은 피한다.

⑨ 걸러낼 수 있는 질문을 이용해 응답과정을 최소화하는 것이 좋다.

⑩ 긍정형의 질문을 한다.

(3) 질문의 유형

① 개방형 질문

개방형 질문은 자유로운 응답을 허용하도록 설계되며 응답에 대한 특정 구조를 전혀 암시하지 않는다. 개방형 질문은 조사자가 질문에 포함할 만한 모든 쟁점에 대해서 알지 못하고 있을 때나, 또는 조사자가 어떤 상황에 있어서의 기본적 쟁점이 어떤 것인지를 탐색하려고 할 때 유용하며 응답자의 감정을 개인적으로 진술하는 데 있어 압력을 가하지 않으면서도 응답자로 하여금 상세하게 그리고 깊이있게 대답할 수 있도록 한다는 장점이 있다. 반면 응답률이 낮다는 것과 외적 타당도가 떨어지며 글로써 표현할 능력을 요구하므로 응답자에게 심리적 부담감을 준다는 단점이 있다.

(예) 우리는 사회복지기관의 피고용자로서의 귀하의 직업에 대한 귀하의 느낌을 알려고 합니다.
"어떤 형태의 직무가 귀하에게 가장 만족스러운 것입니까?"
"어떤 형태의 직무가 귀하에게 가장 불만스러운 것입니까?"

② 폐쇄형 질문

폐쇄형 질문에서는 응답이 여러 가지로 구성되는데, 예를 들면 '예', '아니오'를 단순히 표현하거나, 찬성의 정도를 선택하기도 하고, 응답범주 목록에서 하나 또는 그 이상을 선택하는 형식을 취한다. 개별적 응답자로부터 신뢰성 있는 응답을 확보할 수 있으며 구체적으로 밝히기 어려워하는 질문에 유용하다는 장점을 가진다. 반면 폐쇄형 질문은 정교한 통계분석에는 적합하지 못하다. 또한 응답자가 자신의 대답에 적절한 응답 카테고리가 없다고 생각할 수 있다는 단점이 있다.

- **가부형**

가부형은 사지선다형의 가장 기본적인 형태로서 상반되는 두 개의 답지 중에 하나를 선택하는 질문이다. 일반적으로 예-아니오, 찬성-반대, 진-위의 양자택일을 요구하는 형식이다.

"당신은 최근에 자녀를 보호하는 적절한 조치를 실천했습니까?"
가. 그렇다　　　　나. 아니다

- **선다형**

3개 이상의 응답범주 가운데 하나를 선택하도록 하는 질문으로 보통 3~5개의 선택항목으로 구성되며 선택항목 가운데 가장 적합한 것 하나만 선택하게 하는 경우도 있고 수에 제한 없이 선택하게 할 수도 있다. "기타"라는 범주도 포함시켜야 하는데 "기타"란에도 구체적으로 답을 기입하도록 하는 것이 좋다.

"절대 빈곤을 타파하기 위한 책임은 누구에게 있다고 생각하십니까?"
가. 정부　나. 종교기관　다. 기업　라. 지역사회　마. 기타(　　　)

- **순위형**

순위형은 응답자로 하여금 자신이 생각하는 선호도나 중요도 등과 같이 정도에 따라 순서대로 답을 선택하도록 하는 방식이다. 순위항목이 너무 많으면 반응에 대한 신뢰성이 낮아지므로 10개 이내의 항목이 적당하다.

"당신이 생각할 때 아동에게 가장 중요하다고 판단되는 것부터 순서를 매겨 주세요"
가. 성격(　)　나. 공부(　)　다. 또래친구(　)　라. 건강(　)　마. 운동(　)

"가장 참여하고 싶은 자원봉사 분야를 우선순위대로 2가지만 선택하십시오"
1) 1순위(　　)　2) 2순위(　　)
가. 사회복지분야　나. 체육분야　다. 환경분야　라. 교육분야
마. 문화관광분야　바. 의료분야

• 평정척도형

질문에 대한 대답의 강도를 요구하는 질문으로 어떤 질문에 대해 강도가 다른 대답을 나열하여 응답자의 의견을 표시하게 하는 방법으로 가장 많이 쓰이는 질문 형식 중의 하나이다.

> "귀하는 사회복지관으로부터 받고 있는 서비스에 대해 어떻게 생각하십니까?"
> 가. 매우 불만족한다. 나. 불만족한다.
> 다. 그저 그렇다. 라. 만족한다. 마. 매우 만족한다.

(4) 질문의 배열순서

질문지를 작성하려면 마련된 여러 질문 문항을 조직해야 한다. 문항의 배열시 유의사항을 살펴보면 다음과 같다(강종수, 2013; 채구묵, 2010).

① 답하기 쉬운 질문을 먼저 한다.

질문지의 첫 질문은 답하기 쉬운 것이어야 하며 분명하게 구분된 범주가 있는 것이어야 한다. 시작하는 질문은 주로 사회인구학적 변수(연령, 성별, 직업, 결혼관계, 교육정도 등)에 대한 것이다. 이 밖에도 흥미를 유발하는 것을 앞부분에 배치한다든가 위협적인 것은 뒤로 돌리는 등의 고려도 필요하다.

② 민감한 질문이나 개방형 질문은 뒷부분에 배치한다.

응답자의 자존심을 상하게 하거나 대답하기 곤란한 지극히 사적이고 민감한 질문이 앞부분에 있으면 응답자가 이 부분만 응답을 거부할 뿐만 아니라 뒤의 모든 질문에 응답하길 거부할 수 있다. 이런 질문을 뒤로 배치하면 이를 거부하더라도 앞부분의 응답은 살리게 된다.

③ 질문을 논리적으로 배열한다.

생활사를 알아보고자 한다면 이를 시간 순으로 질문하여야 할 것이며 하나의 내용이 끝난 후에 그 다음으로 넘어가도록 해야 할 것이다.

④ 응답군이 조성되지 않도록 문항을 배치해야 한다.

어떤 동질적인 내용의 질문을 계속 묻는다든가, 같은 형식의 문항을 한데 모아 둘 때에는 이러한 경향이 조성될 가능성이 있다. 특히 행렬식 문항의 경우 응답군이 형성될 가능성이 많은데, 응답항목이 많은 경우 문항을 절반 정도 나누어 몇 개의 질문 후 다시 나머지 문항의 질문을 배치할 수도 있다.

⑤ 신뢰도를 검사하는 질문은 서로 떨어지게 배치한다.

신뢰도 점검을 위해서 긍정적인 것과 부정적인 것을 사용하는데, 이 둘을 앞뒤로 나란히 물어보게 되면 눈치를 채거나 앞서 지적한 바와 같은 경향이 나오기 쉽다.

⑥ 일반적인 것을 먼저 묻고 특수한 것을 뒤에 묻는다.

일반적인 것을 질문하여 알고자 하는 내용의 전체적인 윤곽을 설정한 후에 보다 세부적인 사항을 질문하는 것이다. 이것은 응답자의 기억과 편리를 위해서도 좋은 방법이다. 부수질문의 사용 여부도 이러한 맥락에서 고려되어야 한다.

⑦ 질문지에는 표지, 응답지침, 사전부호화 등을 포함한다.

표지의 모양과 구성이 보기 좋아야 하고 고유번호, 연구제목, 안내서신, 그리고 면접 시에는 면접일자, 시간, 면접자의 이름 등을 포함하여야 한다. 응답지침은 응답자가 읽고 답하는 요령을 터득하도록 하는 것이다. 질문서의 문항들은 차례로 번호를 주어야 한다. 또한 문항이 폐쇄형일 때에는 미리 질문지에 부호를 주어서 따로 부호화하는 일이 없도록 한다.

07

표본조사와 표본추출

1. 표본조사에 대한 이해

1) 모집단과 표본

사회현상에 관한 자료를 수집하고 분석하여 결과를 도출하는 데 있어 가장 좋은 자료는 그 현상과 관련된 전체 사람을 대상으로 하여 조사하는 것이지만 전수조사를 하기에는 시간과 비용이 너무 많이 들고 알코올중독자와 같이 전체 집단의 규모나 특성이 분명하지 않아서 접근하기 어려울 경우에는 전수조사 자체가 불가능할 수도 있다. 이런 경우 불가피하게 전체 중 일부만을 대상으로 하는 조사를 하기도 한다. 이때 연구의 대상으로 삼는 전체 집단을 모집단(population)이라 한다(고수현 외, 2013).

모집단이란 연구대상의 전체집단으로서 일반적으로 모집단은 연구자의 관심이나 이론적 배경에 근거하여 특정한 변수 간 특성을 중심으로 조작적으로 정의된다. 모집단을 정의할 때 중요한 점은 연구자가 자신의 연구주제와 목적에 따라 구체적인 변수와 특성을 사용하여 정확히 모집단을 정의하여야 한다는 점이다. 모집단을 규정할 때 상세하고 분명하게 한계를 정해야 모집단에서 뽑아 낸 표본이 모집단에 대한 대표성을 높여 조사결과에 대해 일반화가 가능하다.

한편, 자료수집을 위해 실제 조사의 대상이 되는 일부 사람들의 집단을 표본

(sample)이라 한다. 즉, 표본은 사회조사의 궁극적 대상이 되는 전체 중에 이를 대표하는 일부를 말한다고 할 수 있다. 표본은 전체 그 자체라기보다는 항상 전체의 근사치로서 간주되어야 한다. 많은 통계적 노력은 표본에 관해 어느 변수의 특정 값이 주어졌을 때, 이 값이 전체 표본 상에 퍼져 있는 확률을 결정하는 것과 관련되어 있는데 표본의 값이 얼마나 좋은 모집단의 참값의 추정치인가 하는 것이 무엇보다 중요시되는 것이다(임봉호 외, 2012).

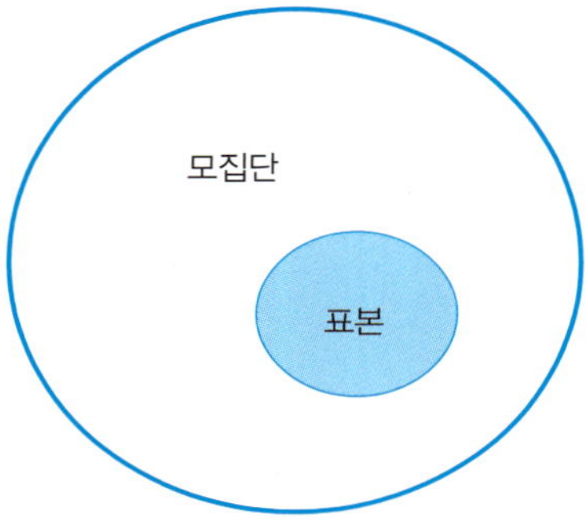

출처: 양성관 외(2014), p.225.

[그림 7-1] 모집단과 표본

2) 표본조사의 필요성

표본조사(sample survey)는 조사대상의 일부분만을 조사하여 전체를 추리하는 방법을 말한다. 전수조사보다 표본조사를 실시하는 이유는 다음과 같다(곽종형 외, 2013; 양성관 외, 2014).

첫째, 경제성으로 조사에 필요한 물적 · 인적 자원이 절약된다. 전수조사에 비해 표본조사는 비용이 저렴하다.

둘째, 신속성으로 마케팅상의 문제에 시의 적절하게 대처하기 위하여 표본조사를 실시함으로써 조사의 시간을 크게 줄일 수 있다. 또한 시간이 많이 걸리지 않기 때문에 연구가 지체되지 않고 조사기간 동안에 상황이 변할 수 있는 등의 단점을 극복할 수 있다.

셋째, 모집단 전체를 파악할 수 없는 경우가 있고 수가 너무 많아서 조사가 현실적으로 불가능할 수 있으므로 표본을 사용하는 것이다. 예를 들어 새로 개발한 의약품의 효과를 알고자 하는 경우 국민 전체뿐 아니라 태어나는 모든 사람들에 대해서도 조사를 실시해야 하나 사실상 이것은 불가능하므로 표본조사로 대신하는 것이다.

넷째, 정확성으로 표본조사는 훈련된 면접자가 소수를 대상으로 조사하므로 다수를 대상으로 한 전수조사에 비해 자료수집과정에서 발생할 수 있는 비표본오차를 줄일 수 있다. 전수조사의 경우 엄청나게 많은 조사원이 소요되므로 조사원 훈련이 제대로 되기 어려운 데 비해 표본조사는 소수의 잘 훈련된 조사원을 확보할 가능성이 높아 이들에 의해 수집된 조사자료는 정확도가 높게 된다.

다섯째, 표본을 사용함으로써 많은 사람들의 감정을 상하게 하지 않을 수 있으며 감정이 상한 사람은 똑같은 질문을 접한 다른 응답자의 신원을 모르기 때문에 공통된 관심을 가지고 조직화될 가능성이 적다는 점에서 조직적 반발을 방지할 수 있다.

여섯째, 표본조사는 예비조사와 사후조사를 철저히 할 수 있다. 모집단의 일부분을 조사하므로 면밀한 계획과 철저한 시행이 가능하고 재방문이나 반복조사가 가능하여 표본관리가 용이하다.

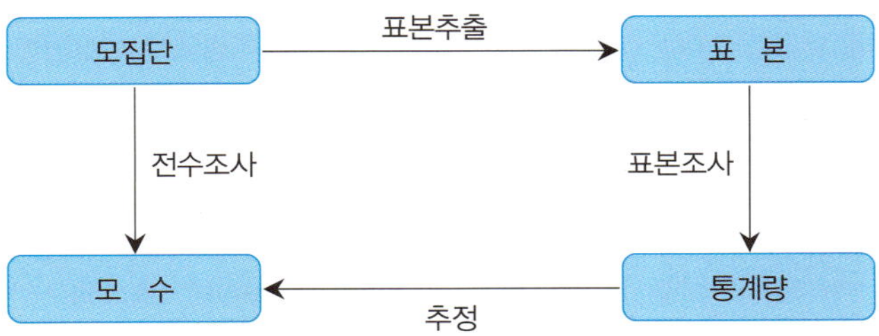

출처: 김갑용 외(2010), p.118.

[그림 7-2] 전수조사와 표본조사의 관계

3) 표본추출 과정

표본은 모집단을 대표할 수 있는 일부이고 표집은 조사대상 전체에서 표본을 추출하는 과정, 즉 모집단(연구대상) 가운데 자료를 수집할 일부의 대상으로 표본을 선택하는 과정으로 표본추출이라고도 한다. 표본설계는 연구대상이 되는 모집단을 확정하고 적당한 표집틀을 선정한 후, 표집의 방법과 표본의 크기를 결정하고 실제로 표본을 추출하는 과정을 거친다.

(1) 모집단의 확정

연구목적에 부합되는 자료를 얻기 위해서는 가능한 한 정확한 모집단의 규정이 필요한데 이를 위해서는 연구대상, 표집단위, 표본범위, 표본추출의 시기 등의 네 가지 요소를 명확히 해야 한다. 예를 들어 표본범위의 경우 그 기준은 지역과 특성 두 가지를 들 수 있다(고수현 외, 2013). 지역을 기준으로 할 경우는 대상 지역을 특정 지역으로 할 것인지 전국으로 할 것인지를 정하는 것을 말한다. 이에 비해 집단의 특성을 기준으로 할 경우, 예컨대 장애인 전체를 포함시킬 것인지 특정 장애만을 조사대상으로 할 것인지를 정하는 것이다. 정해진 기준에 의해 표집단위와 범위가 정해지고 나면 표본 크기를 정하는 작업을 해야 한다.

〈표 7-1〉 모집단의 규정

연구대상	18세부터 30까지의 여성	연구대상	S기업에서 생산하는 전자제품
표집단위	18세부터 30까지의 여성	표집단위	백화점, 대형유통업체, 대리점
범위	전국	범위	전국
시간	2011년 9월 1일 ~ 10월 1일	시간	2013년 4월 1일 ~ 4월 30일

출처: 사회복지교육연구센터(2016).

(2) 표집틀 선정

표집틀은 모집단의 구성요소 목록을 의미한다. 좋은 표집틀이란, 모집단의 구성요소 모두를 포함하면서 어떠한 요소도 이중으로 포함되지 않는 것이다. 예를 들면, 서울특별시의 전화번호부(물리적인 형태)라든가 매 시간마다 상점 내에 머물고 있는 구매자를 표본으로 추출(비 물리적인 형태)하는 것 등이 해당한다.

조사대상이 특수성을 지닐 경우에는 표집틀을 확보하는 것이 쉽지 않다. 표집틀 역시 가장 최근의 것이어야 한다. 그렇지 않으면 조사에서 고려되어야 할 중요한 특성들이 빠지는 경우가 발생한다.

(3) 표집방법 결정

표집틀이 선정되면, 어떤 방법으로 모집단을 대표할 수 있는 표본을 확보할 것인지에 대한 검토가 있어야 한다. 표집방법은 모집단에 대해 알려져 있는 정도에 따라 확률표집방법과 비확률 표집방법이 있다. 이 두 가지 방법은 각각의 장·단점을 가지고 있으므로 연구목적과 조사도구, 표본단위의 특성, 모집단의 대표성 확보 등을 고려하여 결정한다.

(4) 표본의 크기 결정

적절한 표본의 크기는 신뢰구간 접근법과 통계적 기법에 의해 결정될 수 있으나 실제상으로는 표집방법, 모집단의 성격, 시간과 비용, 연구자 및 조사원의 능력 등을 고려하여 결정한다. 표본 크기는 특히 모집단의 특성이 동질적인지 이질적인지에 따라 다르다. 모집단이 동질적일 경우에는 표본의 크기가 작아도 표본오차를 고려하지 않아도 되고 대표성도 충분히 유지될 수 있다. 한편 이질적인 경우에는 표본의 크기를 충분히 확보해야 대표성을 지니며 그렇지 않을 경우 수집된 자료의 신뢰성에 문제가 있을 수 있다.

(5) 표본추출

결정된 표집방법으로 표본을 수집하는 단계이다. 표집을 실시할 때 개인이 대상이 될 수도 있고 집단이 추출대상이 될 수도 있으며 가장 보편적으로 사용되는 방법으로 난수표 방식이 있다.

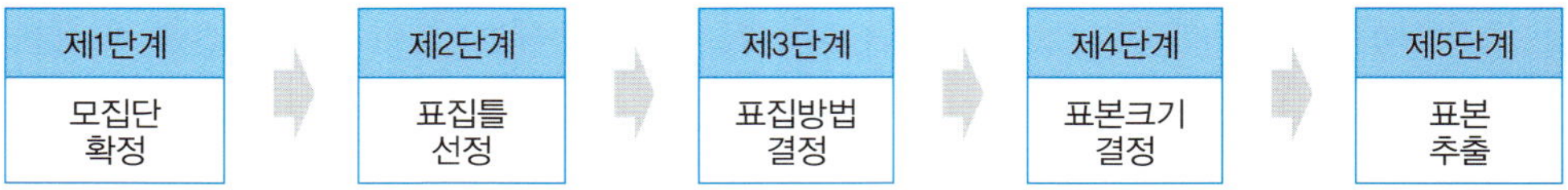

[그림 7-3] 표본조사 설계과정

4) 표본추출 관련 용어

모집단을 대표하는 표본을 뽑는 과정인 표본추출과 관련한 용어들은 다음과 같다(곽종형 외, 2013; 김영종, 2008; 황창순 외, 2010).

(1) 요소

요소(element)는 자료나 정보를 수집하는 기본단위로 자료 분석 시 분석단위와 일치하는 경우가 많다. 요소는 모집단을 이루고 있는 구성요소로서 개개의 요소에 관한 정보를 분석의 기초로 삼는 연구대상이다. 예를 들어 사회복지사에 대한 조사를 한다고 할 때 요소는 사회복지사 개인이고, 사회복지사 전체가 모집단이 된다. 개인이거나 가족, 사회모임, 기업, 집단 등이 요소가 될 수 있다.

(2) 전 대상

전 대상(universe)이란 관념상의 모든 연구대상을 의미한다. 한국인의 복지의식에 관한 연구를 한다고 할 때 전 대상은 한국인 전체가 된다.

(3) 모집단

모집단(population)은 연구대상인 전 대상 중에서 실제로 조사를 할 수 있는 현실적인 연구대상을 말한다. 연구자가 관심을 갖고 조사하려는 대상 전체를 이론적으로 규정한 것으로 '누구를 대상으로 한 연구인가'에서 그 대상을 규정한 것이다. 모집단은 때로는 관념적이고 이론적이라서 그 실체와 구체적 대상을 정확하게 규정하기가 쉽지 않다. 예를 들어 대학생에 대한 어떤 특징을 연구한다고 가정하면 이때 모집단은 대학생이 된다. 그러나 구체적으로 살펴보면 대학생을 정확하게 규정하기란 쉽지 않다. 2년이나 3년 과정의 대학과 4년 과정 이상의 대학이 다르고 시간제 등록생이나 사이버대학의 학생도 포함하는지가 분명하지 않다. 이런 혼란을 줄이기 위해 연구자는 연구모집단을 따로 규정해서 표본을 추출한다(황창순 외, 2010).

(4) 표집틀 또는 표본프레임

표본이 실제 추출되는 연구대상 모집단의 목록이다. 예를 들어 한 고등학교 학생들 중 일부를 표본으로 추출한다면 학생들의 출석부나 학생명부 등이 표집틀(sampling frame)이 될 수 있다. 표집틀에서 중요한 것은 표집틀이 모집단을 잘 대표할 수 있어야 한다는 것이다. 그러나 실제 연구조사를 수행할 경우 표집틀 마련이 표집이나 자료수집보다 더 어려운 경우가 많다.

(5) 표집단위 또는 표본추출단위

표집단위(sampling unit)는 모집단에서 표본이 추출되는 각 단계에서 표본으로 추출되는 요소들의 단위이다. 표집단위는 개인이 되는 경우가 제일 많지만 개인이 아닌 집단으로서 가족, 소집단, 대학, 시, 국가도 될 수 있고, 문서(문서의 한 문단)로 신문, 책 등도 될 수 있으며, 사건도 될 수 있다. 예를 들어 전국단위 조사에서, 시·도를 1차 표집하고, 표집된 시·도에서 시·군·구를 표집하고, 시·군·구에서 읍·면·동을 표집하고, 읍·면·동에서 개인을 표집할 경우, 표집단위는 시·도, 시·군·구, 읍·면·동, 개인이 되는 것이다. 이 예의 경우 마지막 단계의 표집단위(개인)는 분석단위와 일치한다고 볼 수 있다.

(6) 관찰단위

관찰단위(observation unit)는 정보를 직접 수집하는 요소 또는 요소의 총합체를 말하는 것으로 자료수집 단위라고도 한다. 대부분은 분석단위와 관찰단위가 일치하지만 항상 그런 것은 아니다. 예를 들어 치매노인에 대한 조사를 위해 치매노인수발자를 대상으로 면접조사를 하는 경우, 분석단위는 치매노인이지만 관찰단위는 치매노인수발자가 된다. 영아의 애착행동을 조사하기 위해 어머니를 면접하는 경우도 분석단위는 영아지만 관찰단위는 어머니가 된다. 그러나 영아의 애착행동을 조사하기 위해 영아를 직접 관찰했다면 이 경우는 분석단위도 관찰 단위도 모두 영아가 된다. 분석단위와 관찰단위가 일치할 경우에 연구조사자의 작업은 상대적으로 쉽지만, 그렇지 않을 경우에 어떻게 정보를 수집할 것인가에 대해서 연구조사자의 고민과 창의력이 요구된다.

(7) 모수

모수(母數, parameter)는 모집단의 변수를 요약하여 기술한 수치이다. 전수조사가 이루어졌다면 각 변수의 빈도나 평균 등과 같은 수치는 곧 모수이다. 하지만 대부분의 사회조사연구는 전수조사가 아니라 표본조사를 하기 때문에 모수는 표본의 수치(통계치)를 통해 예측된다. 예를 들어 표본의 성별분포를 통해 모집단의 성별분포를 예측하는 것이다. 따라서 표본조사인 경우에는 표본이 얼마나 모집단을 잘 대표하는지가 중요하다.

(8) 통계치

표본에서 어떤 변수가 가지고 있는 특성을 요약하여 기술한 수치이다. 연구조사자는 표본조사를 통해 구한 통계치를 바탕으로 모수를 측정한다.

(9) 표본오차

표본오차는 통계치가 모수와 정확히 일치하지 않고 그 주위에 분산되어 있는 정도를 말하며 표집오차라고도 한다. 아무리 대표성 있는 표본을 추출했다고 하더라도 한 번의 표본이 모수를 정확히 나타내기는 힘들기 때문에 표집오차가 발생하게 된다. 따라서 확률이론에 근거하여 표집방법에 따른 표집오차를 추정해 볼 수 있다. 한편 표본의 크기가 클수록 표집오차는 작아지고, 그 반대로 표본크기가 작을수록 표집오차는 증가한다. 표본크기를 크게 하면 할수록 표집오차가 작게 되므로 표본을 통해서도 전체 조사와 비슷한 결과를 얻을 수 있다.

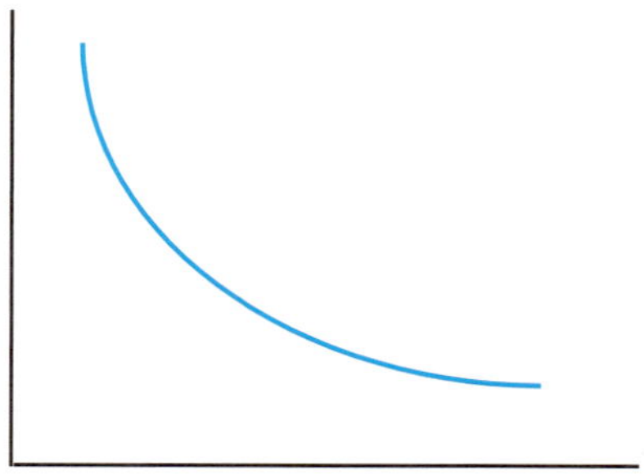

출처: 양성관 외(2014), p.239.

[그림 7-4] 표본의 크기와 표집오차와의 관계

2. 표본추출의 유형

표본추출의 유형은 확률표집방법과 비확률표집방법으로 나뉜다. 확률표집방법에는 단순무작위표집, 체계적 표집, 층화표집, 집락표집 등이 있고, 비확률표집방법에는 임의표집, 유의표집, 할당표집, 눈덩이표집 등이 있다.

〈표 7-2〉 표본추출의 종류

확률표본추출	비확률표본추출
• 단순무작위표집 • 체계적 표집(계통적 표집, 간격적 표집) • 층화표집(유층표집) • 집락표집(군집표집)	• 할당표집 • 임의표집(편의표집) • 유의표집(목적표집, 판단표집) • 눈덩이표집

1) 확률표집

확률표집(probability sampling)은 각각의 사례가 모집단으로부터 표본으로 추출될 확률을 알 수 있는 표집방법이다. 즉, 모집단의 모든 표집단위가 표본에 선정될 수 있는 확률을 분명히 규정할 수 있고 동시에 모든 표집단위의 추출확률이 동일하게 추출되는 표집방법을 말한다. 비확률표집과 달리 확률표집이 가진 장점은 첫째, 확률표집은 비확률표집에 비해 보다 더 대표성 있는 표본을 얻을 수 있으므로 모집단의 특성을 좀 더 잘 대변할 수 있는 표본을 추출할 수 있다. 둘째, 확률표집에 의한 표본은 조사자로 하여금 신뢰수준에 따른 표본오차, 즉 조사결과의 통계처리에 의해 모집단의 특성을 몇 퍼센트의 확신을 가지고 ± 얼마 정도 오차범위 내에서 예측할 수 있는가를 계산할 수 있다(채구묵, 2010).

(1) 단순무작위표집

단순무작위표집(simple random sampling)은 표집방법 중에서 가장 쉬운 방법으로,

모집단 전체를 하나의 단위로 보고, 각 요소가 표본집단에 선택될 확률이 동일하게 계산되는 것이다. 단순무작위표집에서는 모집단에서 추출될 n개의 개별 요소(샘플링 단위)가 동등한 선택확률을 보장받아야 한다. 그것을 위해 ① 추첨방법(lottery method, 복권 추첨처럼 뽑기를 통해 단위를 선발해 내는 것으로, 개별단위는 모두 동등하게 뽑힐 확률을 갖는다), ② 난수표를 이용하는 방법(무작위 숫자표), ③ 무작위 숫자들을 산출해 주는 전산프로그램을 이용하는 방법 등이 있다. 임의로 숫자를 선택할 때 발생할 수 있는 의도적이거나 무의도적인 오류를 방지하기 위해 이런 방법들이 사용된다. 이 경우에 모집단(N)의 모든 요소는 표본(n)에 포함될 확률을 동일하게 n/N으로 갖는다(김영종, 2008).

단순무작위표집의 장점으로는 첫째, 모든 요소가 동등하게 추출될 확률을 가지므로 편견이 개입될 확률이 희박하다. 둘째, 모집단에 대한 사전지식을 필요로 하지 않는다. 셋째, 표본오차의 계산이 용이하다. 단점으로는 첫째, 조사자가 모집단에 대해 가지고 있는 지식을 충분히 활용할 수 없다. 둘째, 동일한 크기의 표본일 경우 층화표집보다 표본오차가 크다. 표본오차는 어느 정도 표본의 이질성 때문에 발생하는데 층화표집에서의 각 층은 주요 특성에 있어서 단순무작위표집의 모집단보다 상대적으로 동질적이기 때문이다. 셋째, 모집단에서 그 수가 적은 요소는 표본으로 추출될 보장이 없으며 따라서 표본의 규모가 커야 한다. 예를 들어 개신교 신도가 400명, 불교 신도가 500명, 가톨릭 신도가 50명, 기타 50명으로 구성된 모집단으로부터 20명을 표본추출 한다면 가톨릭 신도나 기타는 하나도 표본으로 추출되지 않을 수 있다는 것이다. 넷째, 모집단의 목록을 만들고 번호를 부여하는 작업 등 현실적으로 많은 노력이 소요된다(채구묵, 2006).

(2) 체계적 표집

체계적 표집(systematic sampling)은 계통적 표집이라고도 하며, 표집틀인 모집단 목록에서 일정한 순서에 따라 매 k번째 요소를 표본으로 추출하는 방법이다. 일련번호를 붙인 표집틀을 마련하고 모집단 총수를 요구되는 표본 수로 나누어 표집간격(k)을 구하며 첫 번째 표집간격 안에 들어 있는 숫자 가운데 하나를 무작위로 선택하여 추출된 최초의 표본으로 삼고 나머지 표본들은 기계적으로 정해진 표집간격(k)에 따라 추출한다(사회복지교육연구센터, 2016).

$$\text{표집간격(K)} = \frac{N}{n} \qquad N = \text{모집단의 총수}, \quad n = \text{표본 수}$$

체계적 표집은 다른 방법들에 비해 표집이 용이하고 특히 모집단이 클 경우에는 효과적이다. 또한 모집단 전체에 걸쳐 공평하게 표본을 추출할 수 있어 대표성이 높은 장점이 있다. 반면에 선정된 매 n번째 조사단위 사이의 조사단위는 무시되고, 표본의 대표성이 저해되는 단점이 있다(강종수, 2011). 따라서 표집틀에 편재(비슷한 특성의 사람들이 목록의 일정부분에 몰려있는 현상)유형이 존재하는지를 면밀히 검토해야 한다.

체계적 표집의 표집절차는 ① 표집틀을 마련한다. ② 표집틀이 마련되면 포함된 모든 요소에 개별적 일련번호를 부여한다. ③ 모집단의 총수를 필요한 표본 수로 나누어 표집간격을 결정한다. ④ 최초의 표집간격 내에서 하나를 무작위로 표본추출을 한다. ⑤ 최초의 표집간격 내 무작위로 선택된 숫자에 표집간격을 계속적으로 더해 가면서 그 번호에 해당하는 요소를 표본으로 선택한다(곽종형 외, 2013).

〈예시〉

10만 명으로 구성된 모집단에서 1,000명의 표본을 선택하는 체계적 표집에서는 우선 표집간격 k=100,000/1,000=100이 되며, 1과 100 사이에서 하나를 무작위로 선택해서 예컨대 87이라는 숫자가 선택되었다고 가정할 수 있다. 첫 번째 연구대상은 87번째 단위가 되며, 두 번째 연구대상은 87에 표집간격을 더한 값인 187번째 단위가 되며, 세 번째 연구대상은 거기에 다시 표집간격을 더한 값인 287번째 단위가 된다. 이러한 과정을 되풀이 하여 99,987번째가 마지막 표집단위가 된다. 이 경우 체계적 표집방법은 표집틀에 나열된 첫 번째에서 100번째 연구대상에서는 오직 한 개의 표집단위만이 선택될 수 있으며 그 구간에서 두 개 이상이 표본으로 선택될 가능성이 전혀 없게 되는 형태의 표본이 구성된다.

(3) 층화표집

층화표집(stratified sampling)은 유층표집이라고도 하며, 모집단이 가지고 있는 특성을 기준으로 소집단을 만들어 동질적인 몇 개의 층으로 분류해 놓고 각 층으로부터 단순무작위표집 또는 체계적 표집을 하는 방법이다(곽종형 외, 2013). 즉, 모집단 전체에서 표본을 추출하는 것이 아니라 모집단의 요소들을 '계층들(strata)'이라 불리는 중복되지 않는 집단들로 분리하고 각각의 계층 내에서 단순무작위방법이나 체계적 표집방법으로 적절한 수의 표본을 뽑는 것이다. 예를 든다면, 10,000명의 모집단에서 100명의 표본을 선정하는데, 출신지역(대도시, 중소도시, 농어촌)이 독립변수에 중요한 영향을 미치는 변수라 생각하여 지역별로 나누어 표집하는 것이다. 모집단을 먼저 출신지역별로 3집단으로 나누어(구성 비율은 대도시: 중소도시: 농어촌=5: 3: 2) 각각 집단 내(대도시: 5,000명; 중소도시: 3,000명; 농어촌 2,000명)에서 1/100씩해서 50명, 30명, 20명을 선정하면 층화표집이 된다.

층화표집을 사용하는 가장 중요한 이유는 층화를 통하여 표집오류(sampling error; 표본의 특성이 모집단의 특성을 제대로 반영하지 못하는 정도)를 줄이려는 것이다. 즉, 한 가지 이상 여러 가지 변수의 각 카테고리별로 나누어 하위집단을 만들면 각각의 하위집단 내에서는 단순무작위표집에서 보다 동질성이 매우 높아지게 된다. 동질성이 높아진다는 것은 표본의 대표성을 높일 수 있다는 것이 되고 이로 인하여 표집오류는 상당히 줄어들 수 있다는 것이다.

층화로 표집오류를 줄일 수 있으나 그 정도는 단순무작위표집에 비하여 10~20% 이하이므로 층화표집을 할 것이냐 아니냐의 결정은 층화하는 대상변수의 중요성, 층화작업의 어려움과 이에 따르는 비용 등을 고려하여 결정하는 것이 바람직하다. 모집단을 주요 변수별로 층화하여 각각의 하위집단에서 표본을 선정할 때 표본의 수를 원래의 모집단 비율대로 선정하는 것을 비례층화표집이라 하고, 모집단 비율과 다르게 표본을 선정하는 것을 비비례 층화표집이라 한다(최성재, 2011). 최적분할 비비례 층화표집은 표본의 크기를 각 층에 할당함에 있어서 통계량의 표본오차가 최소가 되도록 하는 방법이다. 보다 동질적인 층은 적은 규모의 표본이라

해도 모집단을 잘 대표할 수 있지만 이질적인 층에서는 많은 표본을 취하지 않으면 표본이 모집단을 잘 대표하기가 어렵다. 따라서 보다 동질적인 층은 비교적 적은 수의 표본을 선정하고, 다소 이질적인 층에서는 많은 표본을 선정하여 결과적으로는 가장 적은 표본의 크기로서 요구되는 정확성의 수준을 유지할 수 있다(채구묵, 2010).

층화표집은 중요 집단을 빼놓지 않고 표본에 포함시킬 수 있고, 동질적 대상은 표본의 수를 줄이더라도 대표성을 높일 수 있으며, 일정한 정확성을 보다 적은 비용으로 확보할 수 있다는 장점이 있다. 반면에 층화 시 모집단에 대한 지식이 필요하고, 층화 시 근거가 되는 명부가 필요하며, 없을 경우 많은 시간과 노력이 소요된다. 무엇에 초점을 두어 층화하는가 하는 문제가 제기될 수 있으며 특히 최적분할 비비례 층화표집은 그 과정이 복잡하다는 단점이 있다(강종수, 2011).

(4) 집락표집

집락표집(cluster sampling)은 군집표집이라고도 하며 모집단을 많은 수의 집락(집단)으로 분류하여 그 집락 가운데서 표집의 대상이 될 집락을 먼저 추출한 다음에 추출된 집락에서만 표본을 추출하는 방법이다(곽종형 외, 2013). 한 번 이상 무작위표집으로 지역단위 및 그 하위지역단위를 선정하고 최종적으로 선정된 지역에서 표집단위(개인, 가구 등)를 무작위로 표집한다. 집락표집은 먼저 넓은 지역단위에서 좁은 지역단위로 단계적으로 지역을 선정한다는 의미에서 지역표집이라 하고, 지역단위 선정을 적어도 1회 이상 거쳐서 마지막으로 표집단위를 선정한다는 의미에서 다단계 표집이라 할 수 있다. 이때 지역단위 선정과 표집단위 선정에서는 단순무작위표집, 체계적 표집 또는 층화표집 중 어느 것이라도 다 사용할 수 있다.

집락표집은 지역조사나 대규모 조사에서 매우 효율적으로 대상을 표집할 수 있으며, 단순 또는 층화표집만큼 모집단에 대한 자세한 정보가 필요하지 않은 장점이 있다. 모집단이 이질성이 높은 군집으로 분류되면 각 군집은 모두 차기 조사의 표본으로 이용될 수 있고 각 군집의 속성으로 모집단의 속성을 쉽게 추측할 수 있다. 그러나 각 군집의 이질성을 확보하기 위한 분류의 기준설정이 어렵고 따라서 다른 확률표집보다 표본오차가 더 커질 가능성이 있는 단점이 있다(강종수, 2011).

2) 비확률표집

비확률표집(non-probability sampling)은 모집단 각각의 사례가 표본으로 추출될 확률을 알지 못하는 경우이다. 즉, 모집단의 소재가 불분명하거나 명확히 확인할 수 없으며 또는 여러 가지 사회적, 경제적, 정치적 등의 이유 때문에 확률적 표집을 적용할 수 없기 때문에 표집단위의 표집확률을 알 수 없다. 비확률표집은 제한점이 많은데 첫째, 표본의 대표성을 확인할 수 없고, 둘째, 표집오류를 알 수 없다. 셋째, 비확률적 표집에 의한 조사결과를 강하게 확신하기 곤란하고 더구나 일반화하기 곤란하다. 그러나 비확률표집은 사용하기 쉽고 시간과 비용이 적게 든다는 점 때문에 간단한 조사의 경우 많이 사용되고 있다(곽종형 외, 2013). 비확률표집에는 할당표집, 임의표집, 유의표집, 눈덩이표집 등이 있다.

(1) 할당표집

할당표집은 모집단을 일정한 카테고리로 나눈 다음 이들 카테고리에서 표본을 작위적으로 추출하는 방법이다. 즉, 추출된 표본이 모집단의 특성을 잘 대표할 수 있도록 미리 모집단의 특성을 나타내는 하위집단별로 표본수를 배정한 다음 표본을 추출한다(강종수, 2011). 할당에 해당하는 변수는 주로 사회 인구학적 변수로서 연령, 성별, 인종, 사회경제적 지위, 결혼상태, 가족형태, 출신지역 등이 되는 경우가 많다. 구체적인 방법은 ① 모집단을 연령, 성별, 교육, 소득, 직업 등의 기준을 이용하여 몇 개의 카테고리로 분류한 다음, ② 모집단의 특성을 나타낼 수 있도록 특성에 비례하여 각 카테고리를 대표하는 사례 수를 할당하고, ③ 할당된 사례 수를 작위적으로 추출하는 것이다.

단순할당표는 예를 들어 빈곤층이 40%를 차지하고, 중산층이 30%, 부유층이 30%에 해당된다면, 연구자는 범주별로 각각의 비율에 따라 할당수를 정한다. 만약 지역별로 소득분포를 보고자 할 때, 농어촌은 도시와 달리 빈곤층이 60%, 중산층과 부유층이 각각 20%씩이라면 지역별 표본요소의 구성비율이 모집단의 구성비율과 일치하도록 할당수를 정하여 추출한다(고수현 외, 2013).

〈표 7-3〉 **단순할당표와 복합할당표**

단순할당표

〈모집단 분포〉	〈표본분포〉
빈곤층 40만 명	빈곤층 400명
중산층 30만 명	중산층 300명
부유층 30만 명	부유층 300명

복합할당표

〈모집단 분포〉 도시	〈모집단 분포〉 농어촌	〈표본분포〉 도시	〈표본분포〉 농어촌
빈곤층 40만 명	빈곤층 60만 명	빈곤층 400명	빈곤층 600명
중산층 30만 명	중산층 20만 명	중산층 300명	중산층 200명
부유층 30만 명	부유층 20만 명	부유층 300명	부유층 200명

출처: 고수현 외(2013), p.269.

할당표집은 비용을 적게 들이고 손쉽게 빨리 할 수 있는 장점이 있기 때문에 어떤 사건이나 행사에 대한 반응을 카테고리별로 빨리 알고자 할 때 가장 적합하게 활용될 수 있다(최성재, 2011). 반면에 무작위임을 보장하는 수단이 없어 결과의 일반화에 문제가 있고, 조사자가 자기의 친척이나 친구 등 접근하기 쉬운 사람만을 조사할 가능성이 농후하며, 분류방법이나 분류에 영향을 미치는 관련변수에 대한 지식이 부족하거나 분류의 작위성으로 분류오차가 발생할 소지가 많다. 또한 모집단에 대한 지식이 부족하여 이론적으로 의미 있는 관련변수를 통제하기가 곤란하다(강종수, 2011).

(2) 임의표집

임의표집은 조사자가 편리하게 닥치는 대로 쉽게 표본을 추출하는 것으로 편의표집이라고도 한다. 방송에서 무슨 문제나 여론에 대한 일반적인 생각을 편리하게 지나가는 행인, 아는 사람, 학교의 학생, 일반 회사원, 노인정에 있는 노인 등 한두 명에게 물어보고 이들의 의견이 일반적인 생각처럼 말하는 경우를 종종 보고 듣는데 이런 경우가 임의표집의 예이다(채구묵, 2010).

임의표집은 조사표본의 대표성과 오차계산 등을 중요시 여기지 않는다면 급할 때 막연하게나마 객관성을 유지하기 위해 쓸 수 있고, 모든 표집방법 중에서 가장 비용과 시간이 절약된다는 장점이 있는 반면에, 접근하기 쉬운 조사대상만을 표본으로 선정하게 되어 표본의 편중이 생기기 쉽고 표본의 대표성이 떨어지므로 일반화하기 곤란하다는 단점이 있다. 기술적 조사연구나 설명적 조사연구의 자료수집 방법으로는 부적당하며 새로운 아이디어나 가설을 추출하기 위한 탐색적 조사연구나 설문지의 사전조사에 주로 사용된다(강종수, 2011).

(3) 유의표집

유의표집(purposive or judgemental sampling)은 조사자가 모집단을 가장 잘 대표하는 것으로 판단한 대상을 표본으로 선정하는 방법을 말한다. 표본에 포함 여부는 조사자의 주관적 판단에 의하여 이루어진다는 의미에서 판단적 표집이라고도 한다. 유의적 표집에서는 어떤 현상이나 문제의 대표적 사례라 할 수 있는 집단이나 개인을 선정하는 경우가 많다. 그러나 전형적이냐 아니냐도 결국은 조사자의 판단에 달려 있기는 하지만 상당히 많은 경우 다른 사람의 의견이나 판단도 같이 작용한 것으로 볼 수 있기 때문에 순전히 개인적 판단이라고 만은 할 수 없다.

예를 들어 청소년 비행과 가정환경과의 관계에 대한 연구에서 청소년을 표본으로 선정한다고 할 때 조사자가 가정환경이 좋지 못한 청소년이 비행을 저지를 확률이 높다고 생각한다면 그러한 가정환경을 가진 청소년들에게 특히 관심을 집중시켜 표본을 선정할 수 있다. 유의표집은 비용이 적게 들고 편리하며, 할당표집이나 임의표집보다 조사목적을 충족시키는 요소를 정밀하게 고려할 수 있다는 장점이 있다. 단점으로는 표본의 대표성을 확인할 방법이 없고 모집단에 대한 상당한 사전지식이 필요하다는 것이다(채구묵, 2010).

(4) 눈덩이표집

눈덩이표집(snowball sampling)은 최초의 단서가 되는 표본으로부터 시작하여 표본대상자를 눈덩이를 굴리는 것처럼 확대해 나가는 방법이다. '눈덩이'라는 용어는 위치가 파악된 대상이 다른 대상을 추천하는 것과 같은 축적의 과정을 의미하는 것으로 특정 모집단의 구성원을 찾기가 어려울 때 적당하다. 눈덩이표집은 사례들이 서로 상호작용하는 상황이나 대상집단을 조사하는 경우에 적합하고 조사내용이 아동학대, 약물사용 등 민감한 현상일 때 적합하다. 왜냐하면 이러한 사항들은 외부에 잘 알려지지 않아 접근이 어렵고 그러한 표본사례들끼리 알고 있는 경우가 많기 때문에 점진적으로 표본을 찾으면서 조사할 수밖에 없다(최성재, 2011).

눈덩이표집은 눈덩이를 굴려서 키우듯이 처음 1~2명의 표본을 추출한 후, 그들 각각을 통해 3~4명의 다른 표본을 소개받고, 또 소개받은 사람 각각을 통해 3~4명의 다른 표본을 추출하는 등의 방법을 이용한다. 눈덩이표집은 하나의 연결망을 가진 사람들의 특성을 파악하고자 할 때 적절한 표본을 추출할 수 있으며 모집단을 파악하기 곤란한 대상을 표본추출할 수 있다는 장점을 가지고 있다. 그러나 다른 비확률표집과 같이 결과의 일반화가 어렵고 편견이 개입될 소지가 많다는 단점이 있다(채구묵, 2010).

〈표 7-4〉 표집 유형 비교

확률표집	기준	비확률표집
• 모든 표본추출이 가능 • 사전에 확률값을 알 수 있음	표본으로 추출될 확률	• 표본으로 추출될 확률이 0인 경우도 있음 • 확률값을 사전에 모름
무작위적 표집	표집	인위적 표집
정확한 표본프레임이 필요	표본프레임	표본프레임이 없어도 무방함
높음	표본의 대표성	대표성을 보장할 수 없음
추정 가능	모수치 추정 가능성	추정 불가능
측정 가능	오차측정 가능성	측정 불가능
많이 소요됨	소요시간과 비용	적게 소요됨
명확히 규정	모집단의 규모와 성격	불명확 또는 불가능
• 단순무작위 표집 • 체계적 표집 • 층화표집 • 군집표집	종류	• 편의표집 • 유의표집 • 할당표집 • 누적표집

08 실 험 설 계

1. 실험설계

사회과학에서 조사설계의 가장 중요한 요소는 변수 간의 인과관계를 설명해 주는 것으로 조사설계의 여러 가지 유형 중 인과관계를 가장 잘 검증할 수 있는 조사설계가 실험설계이다. 사회현상에서의 인과관계를 탐구하는 과학적 연구방법으로 실험설계를 사용하며 실험실 내 실험으로 이루어지는 경우도 있지만, 자연적 상황인 현지에서 이루어지는 현지실험연구가 주를 이룬다.

실험설계(experimental design or classical experimental design)는 실험의 원리를 적용하여, 독립변수와 종속변수에 영향을 미칠 가능성이 있는 다른 변수들의 영향을 통제하여, 독립변수와 종속변수의 인과관계를 확인하는 탐구방법이다(최성재, 2008). 실험설계를 하는 이유는 첫째, 특정 상황 하에서 발생하는 현상이나 개인의 행동에 대한 과학적 설명, 즉 명확한 근거를 알고자 하는 것이며, 둘째, 다른 목적 또는 문제가 되는 특정현상이나 인간행동 개선에 필요한 변화요인을 실험을 통해 밝히기 위해서이다(곽종형 외, 2013).

1) 실험설계의 요소

(1) 기본요소

① 비교

비교는 실험조치를 실시한 집단과 실시하지 않은 집단 간에 사전사후 검사를 통해 종속변수에 차이가 있는지를 알아봄으로써 두 변수가 공변관계(상관관계)가 있는가를 확인할 수 있는 요소이다. 실험설계는 이런 비교가 가능한 구조를 갖추고 있을 때 실험적 조작 이전과 이후를 비교할 수 있다.

② 조작

한 변수(독립변수)가 다른 변수(종속변수)에 영향을 미치거나 변화를 일으켜야 하며, 그 변화에는 시간상의 차이가 있어야 한다. 즉, 시간의 우선성을 위해서는 실험설계에서는 실험실 상황이든 자연상황이든 독립변수의 변화, 적용 또는 처치가 종속변수의 변화에 앞서 이루어지도록 하는 구조가 마련되어야 한다. 그러기 위해서는 독립변수를 의도적으로 도입하거나 실행시켜 종속변수의 변화를 관찰하는 조작은 반드시 필요하다.

③ 통제

독립변수와 종속변수와의 관계가 제3의 요인이 아닌 독립변수의 영향으로 이루어졌는지 확인되어야 하는 것으로 이러한 조건은 제3의 변수로 개입할 가능성이 있는 변수들을 통제함으로써 성립될 수 있다. 실험집단과 통제집단을 엄격하게 분리하여 통제함으로써 내적 타당도를 저해하는 요인을 제거할 수 있다(김진숙, 2015).

④ 일반화

조사결과를 다른 대상이나 상황에 적용하여 보편타당성이 있는 과학적 지식으로 만들어 가는 것을 일반화라고 한다. 일반화를 위한 연구표본의 대표성은 선정된 조사대상자가 얼마나 잘 전체 모집단을 대표하느냐의 정도를 의미하며 대표성을 높이는 방법은 조사대상을 확률적 표집 또는 무작위 방법으로 선정하는 것이 방법이 될 수 있다. 실험조사에 대한 반응성은 실험조사대상자들이 연구에 참여한다는 사실을 의식하는 것이 결과에 미치는 영향을 말하는 것으로 이것이 외적 타당도의 저해요인이 될 수 있으므로 조사문제나 조사상황에 대해 조사대상자가 민감하지 않도록 하는 방법이 강구되어야 한다.

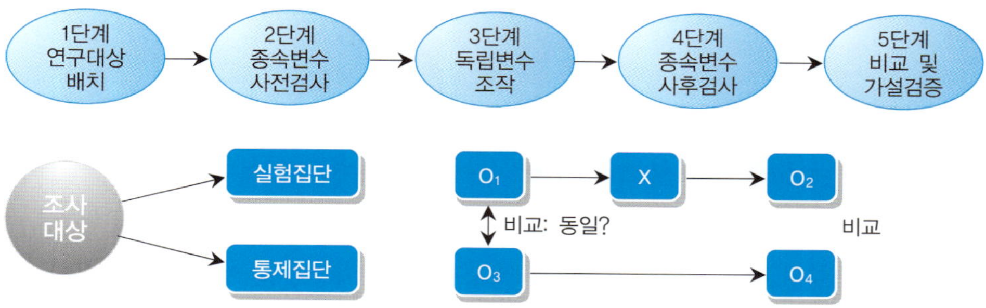

• X: 실험대상에 대한 처치(treatment)나 개입(intervention)의 조작
• O: 관찰 혹은 측정(O_1 O_3 는 사전검사, O_2 O_4 는 사후검사)

출처: 강종수(2013), p.113.

[그림 8-1] 실험설계의 원리

(2) 인과관계 성립조건

조사설계의 핵심은 조사문제에 대한 답을 얻기 위해 논리적 구조를 만드는 것이고, 논리적 구조의 기본은 내적 타당도를 확보하고 인과관계를 검증할 수 있는 구조를 만드는 것이다. 비교, 조작, 통제, 일반화를 기본요소로 하는 실험설계가 인과관계를 가지기 위해서는 공변관계, 시간적 우선성, 허위관계의 배제라는 조건을 갖추어야 한다(최성재, 2008).

① 공변성 또는 상관성

두 변수가 같이 변화함을 보여주는 것으로 한 변수가 변화할 때 그와 관련이 있다고 믿어지는 변수도 따라서 변화하는지를 보여주는 것이다. 두 변수 사이에 공변성이 있다고 하기 위해서는 한 변수가 변할 때 상대 변수도 어떤 식으로든지 변화가 있어야 한다. 사회과학에서 이 공변성을 확인하는 것은 그리 단순하지 않으며 변화가 있다고 하더라도 그 변화 또한 안정적이어야 공변성이 있다고 말할 수 있다.

② 시간적 우선성

인과관계의 규명을 위해서는 두 변수 간의 시간적인 우선성이 확인되어야 한다. 두 변수 중 무엇이 원인이고 결과인지 증명하기 위해서는 두 변수들 간에 시간적으로 무엇이 앞서고 뒤선다는 것을 보여줄 수 있어야 한다. 즉, 원인이 결과보다 시간적으로 먼저 일어나야 한다.

③ 허위관계의 배제 또는 비허위적 관계

인과관계의 확인을 위한 세 번째 요소로 두 변수들 간의 인과관계가 제3의 다른 변수(외생변수)들로 인한 것이 아닌지의 여부를 확인해 보는 것이다. 외부변수의 도입, 즉 외생변수의 영향은 최소화되어야 하며 원인과 결과로 가정되는 두 변수 외의 다른 변수에 의한 외부적 설명은 설득력이 없어야 원래의 두 변수 사이에는 인과관계가 성립된다고 할 수 있다.

2) 실험설계의 과정

실험설계 과정의 1단계는 연구대상자를 선정하여 무작위할당을 통해 실험집단과 통제집단에 배치한다. 2단계는 실험집단과 통제집단을 대상으로 종속변수에 대한 사전검사를 실시하고, 3단계는 실험집단에 대해서만 실험조치를 실시한다. 4단계는 다시 실험집단과 통제집단을 대상으로 종속변수에 대한 사후검사를 실시하고, 5단계는 사전검사와의 비교를 통해 두 집단에 의미있는 차이가 있는지를 검토하여 차이가 발견되면 인과관계를 확인하게 된다(김진숙, 2015).

2. 실험설계의 유형

실험설계는 통제집단, 무작위할당, 독립변수의 조작, 사전사후검사 등의 실험요건을 얼마나 충족했는가에 따라 분류할 수 있다. 실험설계의 기본 조건들을 극히 일부만 갖춘 설계형태인 전실험설계(pre-experimental design), 실험설계의 조건 중 무작위할당이 이루어지지 않은 것을 제외하고는 실험설계에 근접한 유형인 유사실험설계(quasi-experimental design), 실험설계의 기본조건을 모두 갖춘 유형인 순수실험설계(experimental design)가 있다. 또한 독립변수를 조작할 수 없는 이미 노출된 상태에서 변수들 간의 관계를 검증하는 사후실험설계(ex-post facto research design)가 있다.

1) 전실험설계

전실험설계(pre-experimental design)는 원시실험설계라고도 하며 비교집단이 선정되어 있지 않거나 비교집단이 선정되어 있어도 실험집단과 통제집단 간에 난선화, 즉 무작위할당에 의하여 연구대상자를 나누지 않아 두 집단 간의 동질성이 확보되어 있지 않은 설계이다. 전실험설계는 독립변수의 조작에 의한 변화의 관찰이 한두 번 정도로 제한되어 있어 대부분의 내적 그리고 외적 타당도의 근원들을 통제할 수 없기 때문에 모든 실험설계 가운데서도 가장 문제가 많은 설계이다. 이처럼 중대한 문제점을 지닌 설계임에도 불구하고 연구자가 이를 사용해야만 하는 이유에는 여러 가지가 있겠지만 무엇보다도 간편하고 비용이 적게 들기 때문이다.

[실험설계에 사용되는 기호]

- X: 실험집단에 대한 실험적 처리(experiment) 즉, 개입
- R: 대상자를 실험 및 통제집단에 배치할 때 무작위 배정(random assignment)
- O: 종속변수의 관찰(observation) 혹은 측정

(1) 일회사례연구

일회사례연구(one-shot case study)는 어떤 단일집단에 대해 실험처치를 실시하고, 그 후에 종속변수를 측정(사후검사)하는 것이다. 즉, 한 집단의 성원들에게 독립변수 개입(X)을 하고, 시간이 흐른 뒤에 그것에 의한 결과가 측정(O_1)된다. 단 한 번의 시험에 의해서 개입의 효과를 측정하기 때문에 사후검사(O_1)의 결과를 비교해 볼 만한 다른 경험적인 준거를 가지고 있지 않다.

예를 들어 연구대상자들에게 광고를 보여준 후 광고의 선호를 조사하는 경우나 사회복지 서비스를 받으러 온 대상자에게 단 1회 상담을 실시한 후 태도 변화를 사후에만 측정하는 것이다. 단일집단에 실험적 개입을 가하고 그 효과에 대한 사후조사만 실시하는 방법으로 사용이 매우 용이하다는 장점이 있으나 내적 · 외적 타당도가 모두 결여되어 있다(곽종형 외, 2013).

비교, 통제, 그리고 통제집단을 사용하지 않음으로써 실험처리의 일반화는 말할 것도 없거니와 실험처리의 효과에 대해서도 아무런 확신을 가질 수가 없다. 만약 미성년자에게 폭력영화를 관람케 한 후 이들의 행태를 측정해 보니 폭력적 행태가 발견되었다고 할 때 연구자가 측정에서 나타난 폭력적 행태를 폭력영화를 관람했기 때문이라고 확신을 가지고 말할 수 없는 것과 같은 것이다. 이 경우 측정에서 나타난 행태가 이미 실험처리 이전에 존재했었는지 또는 실험 이외의 다른 요소들의 영향 때문인지를 전혀 구별할 수가 없는 것이다(김병진 외, 2013).

	개입	사후검사
단일집단	X	O_1

(2) 단일집단 사전-사후검사 설계

단일집단 사전–사후검사 설계(one group pretest–posttest design)는 실험처치를 하기 전에 변수를 사전에 측정한 다음, 실험처치 후에 측정한 것과 비교하여 실험처치와 종속변수 간의 인과관계를 추론하는 것이다. 즉, 한 집단에 대해 먼저 종속변수를 측정(사전검사)한 다음에 개입(X)이 이루어진다. 개입이 실시된 후에 다시 종속변수를 측정(사후검사)하고, 그것을 사전검사 결과와 비교해 보는 것이다. 만약 비교했을 때 차이가 있으면 그것을 개입의 효과라고 본다.

예를 들어 해외입양 아동을 대상으로 정체감수준을 측정하고 프로그램을 실시한 후에 다시 정체감수준을 측정한 후 그 결과를 비교하는 방법이다. 이 경우 무수히 많은 내적 타당도 저해요인들인 역사요인, 성장요인, 검사요인 등을 통제할 수 없으며 다만 시간적인 우선성과 비교의 기준이 있으므로 개입으로 인한 효과를 추정하는 데 필요한 최소한의 조건을 충족시킬 수 있다. 즉, 프로그램 실시 전에 비해서 실시 후에 얼마나 변화가 있었는지(O_2–O_1)를 통해 개입의 효과가 나름대로 추정될 수 있다(강종수, 2013).

	사전검사	개입	사후검사
단일집단	O_1	X	O_2

(3) 정태적 집단비교설계

정태적 집단비교설계(static–group comparison design)는 임의로 두 개의 집단을 선정한 후, 한 집단에는 실험처치(실험집단)를 하고, 다른 한 집단(통제집단)에는 그것을 시행하지 않고 사후 점수만 비교하는 방법을 말한다. 만약 두 집단 간에 차이가 발생되었다면 실험적 처리에 의한 것인지 본래부터 두 집단에 차이가 존재했는지 알기 어렵기 때문에 실험적 처리의 효과를 정확히 측정할 수 없다. 내적 타당도가 약하나 실험의 간결성, 시간과 조사비의 절감 등으로 인해 사회과학조사에서 많이 활용되고 있다.

예를 들어 토론식 수업의 효과를 측정하기 위해 임의로 2개의 집단을 선정하여 한 집단에 토론식 수업을 실시한 결과 강의식 수업을 실시한 집단보다 성적이 월등하게 우수했다면 이러한 결과는 토론식 수업의 효과인지 원래 우수한 학생집단이었기 때문인지 확인할 수 없다는 것이다. 이것은 선정상의 요인, 즉 두 집단이 집단으로 분류될 때 무작위 할당을 하지 않아 두 집단 간의 동질성이 확보되지 않았기 때문이다(장정순, 2016).

임의적 할당		
실험집단 A	X	O_1
통제집단 B		O_2

2) 유사실험설계

유사실험설계(quasi-experimental design)는 준실험설계라고도 하며 비록 실험집단 디자인에서와 같은 엄격한 통제집단을 갖지는 못하지만 대안적인 방법을 통해 그와 같은 효과를 갖도록 해 주는 설계이다. 즉, 무작위할당에 의하여 실험집단과 통제집단의 동등화를 꾀할 수 없을 때 사용하며 무작위할당에 의한 방법 대신에 다른 방법을 통하여 실험집단과 유사한 비교집단을 구성하려고 노력하는 설계이다.

유사실험설계는 실제 상황에서 이루어지므로 다른 상황에 대한 일반화 가능성이 높고 이론의 검증이나 실제적 문제해결에 이용될 수 있으며 융통성이 있다는 장점이 있다. 반면 현장 상황에서는 대상의 무작위화와 독립변수의 조작화가 어려운 경우가 많고 실제 상황에서의 실험이므로 독립변수의 효과와 외생변수의 효과를 분리해서 파악하기 힘들다(채서일, 2011).

(1) 비동일 통제집단설계

비동일 통제집단설계(non-equivalent control group design)는 통제집단을 갖는다는 점에서는 통제집단 사전·사후검사 설계와 유사하지만 통제집단의 구성이 무작위로 할당되지 않고 임의적으로 할당된다는 점에서 다르다. 즉, 집단을 두 개로 나누어 실험집단에는 개입을 하고 통제집단에는 개입을 하지 않은 뒤 사전·사후를 비교한다. 비동일 통제집단설계에서는 통제집단의 선택이 무작위로 이루어지기 힘든 경우에 실험집단과 비슷하다고 판단되는 집단을 인위적으로 선택하는 방법을 사용한다.

통제집단은 사전검사에 의해 나타난 성적이 실험집단과 비슷하고, 실험집단과는 다른 요인들에 있어서도 비슷한 조건을 갖추고 있을 것이라는 가정에서 선발된다. 이러한 가정들은 종종 예상치 못한 많은 오류를 내포하고 있으며 이를 경험적으로 배제할 수 있는 방법도 마땅치 않으므로, 내적 타당도를 저해하는 요소가 많이 존재한다.

실험집단과 통제집단에 대한 구분이 무작위할당이 아니라 임의적으로 이루어짐으로써 두 집단이 애초에 동질적 집단이었는지에 대한 설명이 약하며, 두 집단 간의 교류 등을 통제하지 못하여 실험집단의 결과가 통제집단으로 모방되거나 확산되는 효과 등을 제거하지 못한다는 단점이 있다. 그러나 많은 연구에서 이 설계를 선택하는 것은 실천적인 환경들에 쉽게 적용될 수 있는 장점이 있기 때문이다.

임의적 할당	사전검사		사후검사
실험집단 A	O_1	X	O_2
통제집단 B	O_3		O_4

(2) 시계열 설계

시계열 설계(time-series design)는 통제집단을 따로 갖지 않고 대신에 실험 개입으로 인한 효과를 확인하기 위해 필요한 비교의 대상을 동일집단 내의 시계열 자료들에서 도출한다. 이 조사에서는 동일 간격과 동일 횟수의 측정이 필요하며, 안정된 기초선 확보를 위해서는 최소한 3회 이상의 충분한 관찰을 통하여 개입 이전에 종속변수의 일상적인 상태를 알 수 있어야 한다. 실험개입에 노출되기 전에 몇 번 이상씩(보통 3번 이상) 관찰(검사)하고 독립변수 도입 후에 몇 번 이상씩(보통 3번 이상) 관찰하여 전후의 점수 또는 경향을 비교한다. 비교적 높은 내적 타당도를 갖지만 통제집단을 사용하지 않기 때문에 시간이 흐름에 따라 자연히 변화하는 역사요인이나 빈번한 조사로 인한 검사 및 도구효과를 배제하기 어렵다(김진숙, 2015).

	반복측정	개입	
단일집단	O_1 O_2 O_3 O_4 O_5	X	O_6 O_7 O_8 O_9 O_{10}

복수시계열 조사(multiple time-series design)는 비동일 통제집단 전후비교설계를 확대한 형태로 역사적 사건을 통제할 수 없는 시계열 조사의 단점을 보완하기 위해 비슷한 특성을 지닌 두 집단, 즉 실험집단과 통제집단을 구성한 다음(비동일 통제집단 설계), 실험집단에 대해서는 시계열 조사와 같이 개입 전후에 세 번 이상씩 관찰하고(시계열조사), 통제집단에 대해서는 개입 없이 계속 관찰하여 종속변수의 변화상태를 비교하는 조사설계이다. 통제집단을 사용함으로써 전실험설계에 비하여 내적 타당도 저해요인이 크게 감소하는 장점이 있지만 무작위할당이 이루어지지 않기 때문에 실험집단과 통제집단의 동질성을 보장할 수 없는 단점이 있다.

O_1 O_2 O_3 O_4 O_5 X O_6 O_7 O_8 O_9 O_{10}

O_1 O_2 O_3 O_4 O_5 O_6 O_7 O_8 O_9 O_{10}

3) 순수실험설계

순수실험설계(true experimental design)는 실험설계의 세 가지 조건을 충실하게 갖추고 있는 설계로 엄격한 외생변수의 통제 하에 독립변수를 조작하여 인과관계를 밝힐 수 있는 설계이다. 즉, 실험대상을 선정할 때 무작위화를 거치며 독립변수의 조작, 측정의 시기 및 측정대상에 대한 통제 등이 연구자의 의도에 따라 가능한 설계이다(강종수, 2013; 채서일, 2011). 순수실험설계는 외생변수를 철저히 통제하고 대상을 무작위할당함으로써 명확한 인과관계의 검증이 쉽고 재현 가능성이 높다는 장점이 있는 반면 이같은 인위적인 조건을 만들기 어렵고 많은 수의 표본을 구하기 어렵다는 단점이 있다.

(1) 통제집단 사전·사후검사설계

통제집단 사전·사후검사설계(pretest-posttest control group design)는 무작위할당을 통해 선정된 두 집단에 대하여 실험집단에는 실험변수의 조작을 가하고 통제집단에는 독립변수의 조작을 가하지 않는 방법이다. 실험집단에는 독립변수의 노출 전·후에 각각 종속변수를 측정하고, 통제집단에는 독립변수를 가하지 않은 채 종속변수를 두 번 측정하는 방법이다.

이 경우 독립변수의 효과는 실험집단과 통제집단의 사전측정치와 사후측정치 사이의 차이를 계산하고 실험집단의 차이에서 통제집단의 차이를 계산하면 순수한 독립변수에 의한 실험효과를 구할 수 있다. 이 실험설계는 사전검사가 포함되므로 두 집단의 동질성을 검증할 수 있는 장점이 있는 반면 실험집단이나 통제집단 모두 검사요인을 통제할 수 없다거나 검사 또는 사전측정과 처리의 상호작용 효과가 발생할 수 있다는 단점이 있다.

예를 들어 청소년을 대상으로 자아존중감 향상 프로그램을 실시하였을 경우, 프로그램 참가 학생이 사전검사를 통해 이 프로그램이 자아존중감을 향상시키고자 하는 목적을 갖고 있다는 것을 알게 되었다면, 프로그램 실시 후 실제보다 자아존

증감 정도가 더 높은 방향으로 형성될 수 있다. 이러한 경우 사전검사를 생략한 통제집단 사후검사설계가 유용할 수 있다(양성관 외, 2014).

		사전검사		사후검사
실험집단 A	(*R*)	O_1	X	O_2
통제집단 B	(*R*)	O_3		O_4

(2) 통제집단 사후검사설계

통제집단 사후검사설계(pretest-only control group design)는 무작위할당에 의해서 동질적인 실험집단과 통제집단을 구성한 다음 실험집단에 대해서는 실험변수를 처리하고 통제집단에 대해서는 실험변수를 처리하지 않는 방식이다. 통제집단 사전·사후검사설계와 거의 유사하고, 다만 사전 검사가 생략되어 있다. 즉, 실험집단에 실험적 처리가 끝나면 두 집단에 각각 검사를 실시하고 검사결과를 서로 비교하는 방법으로 실험개입으로 인한 효과는 실험집단에서의 종속변수의 점수(O_1)와 통제집단에서의 종속변수의 점수(O_2)를 비교함으로써 알 수 있다. 즉, 개입효과는 O_1-O_2와 같다. 통제집단 사전사후검사설계에 비해서 간단하면서도 내적 타당도 저해요인을 통제할 수 있기 때문에 사회복지조사에서 많이 활용되고 있다.

실험집단의 경우에는 독립변수의 효과와 외생변수의 효과가 작용하고 있으며, 통제집단의 경우에는 외생변수의 효과만이 작용하므로, 두 집단의 차이를 계산하면 순수한 독립변수의 효과를 측정할 수 있다. 사전측정을 하지 않음으로써 시험효과 등 외생변수의 개입을 방지할 수 있는 반면 실험대상들의 반응에 있어서 변화과정을 파악할 수 없고 두 집단의 최초 상태가 동질적임을 보장하기 어렵다는 단점이 있다.

	개입	사후검사
실험집단 A (R)	X	O_1
통제집단 B (R)		O_2

(3) 솔로몬 4집단 설계

통제집단 사전·사후검사설계와 통제집단 사후검사설계를 합친 형태로서 가능한 모든 외생변수를 통제하기 위한 설계방법이다. 우선 실험대상자를 4집단으로 무작위할당하고, 각각의 집단은 각기 다른 실험 경로를 거치게 된다. 집단1은 사전검사를 치른 실험집단이며, 집단2는 사전검사를 치른 통제집단, 집단3은 사전검사가 없는 실험집단, 집단4는 사전검사 없는 통제집단의 성격을 갖는다. 이들 네 집단 간에는 엄격한 통제가 가해지며 각기 다른 실험 경로 이외에는 다른 모든 조건들은 동일하게 유지한다. 외적 타당도와 내적 타당도를 저해하는 요인을 대부분 제거함으로써 인과관계를 잘 설명할 수 있지만 네 개 집단을 무작위로 선정하는 것이 현실적으로 어렵고 복잡하며 비용이 많이 든다는 단점이 있다(김진숙, 2015).

예를 들어 영화 속에 투영된 여성에 대한 폭력이 여대생의 무력감에 미치는 영향을 측정한다고 하자. 집단1(O_1)에게는 사전검사를 마친 후에 '남성에 의해 여성이 폭행당하는 장면'을 보여주고 사후검사를 실시하였다. 집단2(O_3)에게는 '남성에 의한 폭력이 없는 장면'을 보여주고 집단1과 같이 사후검사를 실시하였다. 집단3(O_5)은 사전검사 없이 '여성에 의한 폭력 장면'을 보여주고 사후검사를 실시하였다. 집단4(O_6)는 사전검사 없이 '남성에 의한 폭력 장면'을 보여주고 사후검사를 실시하였다. 여기서 연구자는 사전검사가 무력감 측정에 영향을 주는지의 여부를 측정할 수 있고, '남성에 대한 폭력'이 여성의 무력감에 어떻게 영향을 미치는지를 파악할 수 있다(양성관 외, 2014).

	사전검사	개입	사후검사
집단 A (R)	O_1	X	O_2
집단 B (R)	O_3		O_4
집단 C (R)		X	O_5
집단 D (R)			O_6

(4) 플라시보 통제집단 설계

플라시보 통제집단 설계(placebo control group design)는 통제집단 전후비교 설계나 통제집단 후비교 설계에 플라시보 효과를 측정할 수 있는 한 집단을 추가로 배치하는 설계로 하나의 전형적인 실험집단과 하나의 전형적인 통제집단, 그리고 여기에 플라시보 통제집단(실제로 개입의 내용은 없으나 마치 개입을 받은 것처럼 여겨지게 하는 집단)을 추가해서 비교하는 설계이다. 이 설계에서의 실험개입의 효과측정은 종속변수인 O_1 점수에서 O_2 를 뺀 점수($O_1 - O_2$)이고, 플라시보 효과측정은 O_3 점수에서 O_2 점수를 뺀 점수($O_3 - O_2$)이다. 플라시보 효과는 위약효과라고도 하며 사람들의 심리작용에 따라 발생하는 일종의 반응성 효과에 해당하는 것으로 연구설계의 내적 타당도를 저해하는 요인이다. 이 방식은 플라시보 효과가 강하게 의심되는 실험연구들에서 많이 활용된다(강종수, 2013).

		사후검사
실험집단 (R)	X	O_1
통제집단 (R)		O_2
플라시보집단 (R)	X_P	O_3

(5) 요인설계

요인설계(factorial design)는 독립변수가 두 개 이상일 때 적용되는 설계이다. 독립변수가 2개 이상일 경우에는 이들 독립변수의 속성에 따라 할당행렬을 만들고 행렬상의 각 범주에 따라 실험 및 통제집단을 설정하여 개별독립변수와 종속변수 간의, 그리고 두 개 이상의 독립변수가 상호작용하여 종속변수와 갖게 되는 인과관계를 검증하기 위한 설계이다.

요인설계는 각 집단 간의 차이를 변량분석(ANOVA)과 같은 통계적 기법을 활용하여 통계적 유의도(significant level)를 파악할 수 있으며 두 개 이상의 독립변수가 상호작용하면서 종속변수에 미치는 영향을 파악할 수 있다. 또한 조사결과를 일반화할 수 있는 장점이 있다. 반면 독립변수가 많을 경우 그에 따라 실험집단이 많이 필요하게 되므로 시간과 비용이 많이 들게 되는 단점이 있다(장정란, 2016).

실험집단 (R)	X_1	O_1
실험집단 (R)	X_2	O_2
실험집단 (R)	X_3	O_3
실험집단 (R)	X_4	O_4

4) 사후실험설계

사후실험설계(ex-post facto research design)는 결과가 이미 발생했거나 독립변수의 조작이 불가능한 경우에 변수들 간의 관계를 검증할 때 이용되는 설계이다. 이 설계에서는 독립변수에 대한 조작이 불가능하고 외생변수의 개입 가능성도 매우 크기 때문에 직접 인과관계를 밝힐 수는 없으며 단순히 변수들 간의 상관관계 검증만이 가능하다. 따라서 중요한 변수의 발견이나 변수들 간의 관계를 밝히기 위한 가설검증이나 탐색적 연구의 목적으로 주로 사용된다. 사후실험설계가 필요한 경우는 첫째, 성별, 나이 등과 같이 연구자가 통제할 수 없는 경우, 둘째, 독립변수에 대한 통제가 윤리적·도덕적으로 바람직하지 않은 경우, 셋째, 독립변수를 통제하는 데 많은 비용과 시간이 소요되는 경우이다. 사후실험설계에 속하는 연구로 다음과 같은 방법들이 있다(강종수, 2013).

(1) 현장연구

연구자가 관심을 가지고 있는 변수들 간의 관계를 인위적이 아닌 현실상황에서 관찰하는 방법이다. 현장연구는 독립변수를 조작하는 현장실험과는 다르다. 연구자는 오로지 있는 그대로 연구대상을 관찰해야 하며 상황을 통제할 수 없다.

(2) 회고연구

결과변수의 현재 상태와 과거에 작용했을 독립변수와의 관계를 분석하는 연구이다. 지금의 어떤 현상이 과거 어떤 요소의 영향으로 인하여 발생했는가를 찾아낸다. 후향적 연구라고도 한다.

(3) 전망연구

원인이 될 수 있는 변수에 초점을 두고 미래에 나타날 종속변수의 변화에 대한

〈표 8-1〉 실험설계 비교

실험설계형태 / 인과관계조건	전실험설계	순수실험설계	유사실험설계	사후실험설계
대상의 무작위화	×	○	×	×
독립변수 조작가능성	×	○	△	×
외생변수의 통제정도	×	○	△	×
측정시기 및 측정대상 통제	×	○	○	×

×: 불가능, △: 일부가능, ○: 가능

출처: 채서일(2011), p.123.

연구이다. 어떤 결과의 원인이라고 생각되는 변수를 파악하고 일정시간이 경과한 후에 과연 예상하였던 결과가 발생하였는지를 조사한다. 전향적 연구라고도 한다.

3. 실험설계의 한계

실험설계는 다른 어떤 조사설계보다도 내적 타당도를 잘 확보할 수 있도록 되어 있으므로 독립변수와 종속변수의 인과관계, 즉 독립변수의 변화방향에 따른 종속변수의 변화방향을 잘 알 수 있다는 점에서 변수 간 관계의 방향에 대한 이해에 매우 유용하다. 즉, 연구자의 의도에 따라 변수의 조작이 가능하여 인과관계 규명이 명확하며 통제를 신뢰할 수 있고 원하는 방향으로 연구를 진행시킬 수 있다는 장점이 있다. 특히 비실험적 연구설계들이 갖는 한계성을 비추어 볼 수 있는 중요한 근거기준의 역할을 한다.

그럼에도 불구하고 실험환경이 인위적이므로 현실성 결여, 사회과학적 상황에서의 적용범위의 제한과 적용 가능성의 문제가 발생할 수 있고 비용의 문제가 있다. 특히 서비스나 프로그램의 효과성에 대한 연구에서 서비스 개입의 당위성에도 불구하고 통제집단에 대해 서비스를 제공하지 않는다는 것이 윤리적 문제나 정치적 위험성 등을 불러일으킬 수 있으며 인간을 대상으로 하는 조사연구에서 독립변수를 조작하여 그것을 실험목적으로 활용하기는 어렵다(곽종형 외, 2013).

Part

03

[조사연구의 실제]

09 단일사례연구

1. 단일사례연구의 논리와 사회복지실천

단일사례연구설계(single case study design)는 개인이나 가족 및 소집단 등을 대상으로 문제를 해결하기 위한 사회복지사업개입의 효과를 과학적으로 입증하는 조사방법이다. 단일사례실험(single case experiment), N-1 실험설계, 소집단 연구설계(small-n research design), 단일대상설계(single subject design), 또는 단일체계설계(single system design) 등으로 불리고 있으며, 1930년대에 개별 개체의 행동과 그 행동에 영향을 미치는 선행사건(antecedent) 및 후속결과(consequence) 사이의 관계를 밝히고자 했던 Skinner의 행동연구의 접근법에서 기원을 찾을 수 있다(Shaughnessy, 2014). 단일사례연구설계의 가장 큰 특징은 몇 개의 서로 다른 실험조건 하에서 이루어지는 지속적인 측정을 바탕으로 중재효과에 대한 결론을 내린다는 점과, 별도의 비교대상 없이 사례가 되는 대상자 또는 집단 자체가 통제집단의 역할을 한다는 점이다. 일반적으로 한 명 또는 소수의 피험자를 대상으로 하고, 겉으로 드러나는 명백한 행동에 대한 평가가 중심이며, 자료의 분석에 있어서 시각적 분석방법(예: 그래프의 경향분석)을 사용하지만, 최근에는 시계열에 따른 개인수준의 변화 경향성을 분석할 수 있는 통계기법을 적용하기도 한다.

사회복지에서의 대부분의 기초이론은 다른 인접 사회과학에서 빌려온 것으로서, 이러한 이론에 근거하여 문제해결을 위한 개입을 했을 때, 그러한 개입이 실제로 얼마나 효과가 있는지, 다시 말해서 사회복지 개입이 문제해결의 요인으로 작용하는지를 평가하는 것은 사회복지실천이론을 과학화시키는 중요한 과제로 볼 수 있다(최성재, 2010). 여기서 개입(intervention)은 문제가 되는 조사대상자의 표적행동을 변화시키기 위한 심리치료, 상담 등과 같은 프로그램 자극, 환경변화, 행사 등의 실험적 자극을 의미한다. 개입은 독립변수, 실험변수, 실험자극에 해당되고 조사대상의 표적행동은 종속변수 또는 결과변수에 해당한다(윤선오 외, 2017).

앞에서 본 바와 같은 실험연구 등의 연구방법에서는 주로 하나 이상의 집단의 평균수행을 조사하기 위해 설계된 집단 방법론(group methodolgoy)를 강조했음을 알 수 있는데, 단일사례연구설계는 한 개인이나 소집단 등의 연구를 강조하는 대안적 방법론의 하나라는 점에서 대규모 서베이를 통한 사회조사나 실험설계와 달리 조사절차가 상대적으로 간단하고, 실천현장에서도 사용하기가 상대적으로 쉬운 편이다(유영준, 2014; Shaughnessy, 2014). 실험설계와 같은 집단설계는 종속변수의 변화여부를 알려주지만, 어떠한 방법으로 그 변화가 생겼는지에 대한 정보를 제공하지는 못하는 한계가 있다. 더구나 보편적 연구방법으로는 개개인이 가진 다양하고 고유한 특성에 맞는 개입방법을 찾아내기 어렵다. 단일사례연구는 클라이언트에게 보다 효과적인 개입방법을 발전시킴으로써 클라이언트의 문제해결에 기여하는 의미가 있다.

단일사례연구설계는 사회복지실천 개입이 클라이언트에게 어떤 영향을 미치는가와 클라이언트의 문제해결에 얼마나 도움이 되었는가를 보여주는 것을 목적으로 한다. 이 점에서 사회복지사는 단일사례연구설계를 통하여 실천가와 연구자의 역할을 동시에 수행하며 사회복지이론과 실천을 접목할 수 있는 기회를 만들 수 있게 된다. 단일사례연구설계는 사회복지실천과 연구조사를 접목하는 효과를 가지며, 진행과정은 연구참여자와 함께 실천가의 개입목표와 전략을 수립하고 실천가의 개입이 시작되기 전 기초선 단계(baseline stage)에서 개입목표를 반복측정하는 것으로 시작한다. 만약 기초선 단계에서 측정한 값이 어느 정도 일관된 형태로 나타나게 되면 본격적인 개입을 시작하게 되는 것이다. 독립변수의 개입 이전에 종속변수를 여러 번 반복하여 측정함으로써 일정한 경향성을 발견하고, 독립변수 투입 이후에 이 경향에 변화가 있다면 이를 독립변수의 효과로 추론한다. 따라서 단일사례연구설계는 기초선 단계와 실천가의 개입을 전후로 반복적으로 측정한 종속변수 값의 변화를 시각적으로 보여주고, 개입효과를 입증하는 연구방법인 것이다.

2. 단일사례연구설계의 특징과 과정

1) 단일사례연구설계의 특징

단일사례연구설계는 그 이름이 암시하듯이 전형적으로 한 개인이나 소수 개인들의 행동변화를 조사하는 것에 초점을 맞춘다. 그러나 개인들의 단일 '집단'의 행동 또한 초점의 대상이 될 수 있다. 이 설계에서 연구자는 행동이 지속적으로 관찰되고 있는 한 개인의 치료 또는 개입조건들을 비교한다. 즉, 독립변인(보통은 어떤 치료나 개입)이 한 개인에게 체계적으로 조작된다. 이 설계는 집단 방법론에서 나온 결과를 개인 클라이언트나 내담자에게 성공적으로 적용할 수 있는지를 검증하기에 매우 적절하다(Kazdin, 2011). 이같은 집단 실험의 결과는 행동을 수정하기 위해 어떤 개입이나 치료가 '일반적으로' 효과적인지에 대한 추천을 이끌어 낼 수 있다. 하지만 그것이 집단평균에 기초해서 특정 개인에게 어떤 효과가 있을지를 말해주는 것은 가능하지 않다.

집단 실험과 대비되는 단일 사례 실험의 또 다른 이점은 임상연구에서 발생할 수 있는 치료나 개입에서 제외되는 것의 윤리적 문제와 관련된다. 다수 집단설계에서는 내적 타당도를 충족시키는 통제집단을 제공하기 위해 잠재적으로 이로운 치료를 제외시킬 수도 있지만, 단일사례연구설계에서는 같은 개인이나 소집단 내에서 개입(치료) 전 조건과 개입(치료) 후 조건을 비교하기 때문에 개입(치료) 제외라는 문제를 피할 수 있다. 또한 연구대상자들을 충분히 모집하기 어려운 상황에서 소수의 참여자만이 있을 때, 단일사례연구설계는 인과 결론을 조사하는 문제에 대한 실제적인 해결책을 제공해 줄 수 있다.

(예) 각 1시간 동안 1,000마리의 쥐를 연구하거나 또는 각 10시간 동안 100마리의 쥐를 연구하는 대신에 조사자는 한 마리를 1,000시간 동안 연구할 것 같다. 1,000시간 동안 한 마리의 쥐를 연구하는 것은 개성을 알아내는 일에 적절할 뿐만 아니다. 그것은 설비사용과 조사자의 시간과 에너지의 사용에 있어서 적어도 같은 정도로 효율적이다. 사용된 방법에서도 일관성(uniformity)과 재현성(reproducibility)에 대한 궁극적인 검증을 발견할 수는 없으니 통제를 성취하는 정도에 있어서는 행동의 실험분석이 보통은 쉽게 검증을 통과한다.

(출처: Skinner, 1966, p. 21)

단일사례연구설계는 시계열설계를 단일 대상에 적용한 것으로 볼 수 있는데, 사례조사의 과정과 실천과정을 통합할 수 있다. 사회복지와 관련하여 그 특성을 보면, 다음과 같은 몇 가지로 정리할 수 있다(유영준, 2014; 윤선오 외, 2016; 최성재, 2012).

첫째, 한 단위의 사례에 적용한다. 표본의 크기가 '1'이다. 여기서 1이라는 것은 표본단위 또는 클라이언트의 체계가 개인, 가족, 집단, 지역사회 등으로 구분할 때 추출되는 표본 수가 하나라는 의미이다. 이는 집단설계가 개인의 집합인 집단을 대상으로 하고, 집단의 평균적 특성을 개인의 특성으로 다루는 것과는 다르다.

둘째, 시계열적 반복측정을 한다. 단일사례연구설계는 경향과 변화를 알 수 있도록 반복적인 관찰을 한다. 즉, 반복되는 측정을 통해 종속변수 값의 변화를 관찰하여 개입이라는 독립변수의 효과를 파악하는 것이다.

셋째, 개입 전과 개입 후의 효과성 검증과 인과적 논리구조의 유추적용의 특성이 있다. 개입 전 문제행동의 상태를 측정하고 개입 후 개선상태의 지속 여부를 측정하여 비교할 수 있는데, 이를 통해 실험조사설계의 통제집단 후비교 설계에서와 비슷한 인과적 논리를 적용할 수 있다.

넷째, 개입효과를 관찰, 분석하여 평가에 활용한다. 단일사례연구설계의 일차적 목적은 집단대상의 설계에서처럼 가설의 검정에 있는 것이 아니라 표적행동에 대한 개입효과를 관찰하고 평가하기 위해 적용하는 기법이다. 즉, 변수 간의 관계의 규명을 위한 것이라기보다는 개입방법의 효과를 평가하려는 것이다. 여기서 표적행동은 개인이나 가족의 기능을 저해하는 문제행동을 말하며, 이를 해결하기 위해 개입하는 것이다.

다섯째, 개입방법을 변경하고 수정할 수 있다. 단일사례연구설계에서는 개입도중에 자료를 검토하여 개입의 효과를 어느 정도 판단할 수 있으므로 효과가 없는 개입은 수정하여 효과적인 방안을 마련할 수 있다. 적용중인 개입방법의 효과를 알 수 있는 과학적 판단의 근거가 될 수 있는 것이다.

2) 단일사례연구설계의 수행과정

사회복지사는 실천가이며 연구자라는 태도를 가지고 모든 개입에 단일사례연구설계를 병행한다면 자동적으로 개입의 효과를 평가하게 되고, 개입방법을 수정 또는 변경할 경우에도 신속하고 효과적으로 할 수 있게 될 것이다. 단일사례연구설계의 일반적인 수행절차와 과정은 다음 몇 가지로 구분할 수 있다. 단일사례연구설계의 일차적 목적이 가설의 검증에 있지 않다는 점에서 가설의 설정과 검증 등과 같은 과정은 포함되지 않는다.

(1) 문제의 확인과 규정

단일사례연구설계의 첫단계는 클라이언트가 지닌 문제를 먼저 확인해야 하며 그 후에는 문제를 구체적이고 명확히 규정하여야 한다. 문제를 명확히 정의하지 못하면 개입의 목표를 명확히 설정할 수 없고 문제해결의 과정이 성공적인 것으로 볼 수 없다. 여기서 문제는 이를 호소하는 당사자나 문제해결을 의뢰하는 사람으로부터 문제에 대한 구체적 정보를 수집하여 구체적으로 관찰 가능하도록 조작적으로 정의하여야 한다.

(예) 문제행동이 한두 가지로 명확한 경우(예: 욕하는 것, 남을 때리는 것)는 더 이상 명확히 정의할 필요는 없으나, 많은 경우 '학교에서 망나니 짓을 하는 것', '부모가 아동을 학대하는 것' 등과 같이 문제를 추상적으로 정의하는 경우가 많다. 문제는 이를 호소하는 당사자나 문제해결을 의뢰하는 사람으로부터 문제에 대한 구체적 정보를 수집하여 구체적으로 관찰 가능하도록 정의하여야 한다. 예를 들면, '망나니 짓'은 '친구들을 괴롭히고 선생님의 말을 듣지 않는 행동'으로 정의한다든가, '아동학대'를 '아동에게 신체적, 정서적 및 언어적으로 해를 가하는 행동'으로 정의하여야 한다.

(출처: 최성재, 2012, p. 229)

(2) 개입목표의 설정

문제가 선정되면 문제해결을 위해서 어떤 개입을 할 것이며, 개입을 통해서 알고자 하는 것이 무엇인가를 정해야 한다. 목표는 문제를 제거하거나 문제의 영향을 감소시키거나 또는 문제에 관련된 요인들을 조정하도록 하는 것이다. 목표는 장기적 궁극목표와 단기적 중간목표로 구분할 수 있는데, 문제해결의 성격상 궁극목표를 직접적으로 달성할 수 없을 경우 중간목표를 설정하고 중간목표의 달성을 통하여 궁극적 목표에 도달할 수 있다.

(예) 예를 들어 비행청소년 문제와 같이 문제의 특성상 완전한 해결이 불가능한 것도 있기 때문에 특정행동의 발생빈도나 일반인의 비행청소년에 대한 부정적 인식을 줄이는 일 등도 목표가 될 수 있다. 개입목표의 설정에서는 개입의 목표를 구체적이고 명확하게 정해서 개입 전후 표적행동 변화의 차이를 쉽게 파악할 수 있어야 한다.

(출처: 윤선오 외, 2016, p. 237)

(3) 조사설계

개입의 목표가 설정되고 나면 실제로 문제를 해결하기 위한 개입의 구체적 계획을 수립하여야 한다. 조사설계에 포함할 내용은 구체적인 설계형태(AB, ABA, ABAB,

ABCD형태 등), 관찰(측정)대상 행동, 기초선 관찰의 시기와 회수, 자료의 출처(클라이언트 자신, 개입하는 사회복지사, 클라이언트 주변의 제3자 등), 자료수집방법(행동의 직접관찰, 면접, 질문지법 등), 자료기록방법(시간간격, 빈도, 지속시간, 정도, 간헐적 점검, 영구적 생산물 등)에 관한 전략 등이 있다.

(예) 문제행동의 정의가 명확한 경우(예: 욕하는 것, 남을 때리는 것)도 있지만 그렇지 못하고 추상적인 경우는 조작적으로 정의한 것에 따라 구체적으로 관찰할 수 있는 행동의 지표(indicator)를 정해야 한다. 행동은 구체적 신체의 움직임 뿐만 아니라 어떤 생각(자살충동, 미워하는 생각 등)도 포함되며, 추상적 행동의 경우는 관찰이 가능한 구체적 지표로서 2~3개를 생각할 수 있다. 예를 들면, 문제행동이 '아동학대'라면 아동을 구타하거나 위협적 행동을 하는 것, 아동을 비난하는 말이나 욕설을 하는 것, 아동에게 용돈을 주지 않거나 모자라게 주는 것 등의 지표를 생각할 수 있는데, 그러한 두세 가지 행동을 아동학대 행동으로 정의하고 이러한 행동 중 어느 것이라도 관찰하도록 하는 것이다. 이러한 행동의 지표는 자주 일어나서 관찰하기 쉬운 것으로 정하는 것이 바람직하다.

(출처: 최재성, 2012, p. 230)

(4) 조사실시(자료수집)

설계형태에 따라서 개입하기 전과 개입 도중에 자료를 수집한다. 수집된 자료는 그래프로 표시하고 그래프에 나타난 추세를 정리한다. 조사과정에서 측정대상에 대해 측정할 때 가능한 다원측정을 행하는 것이 바람직하다. 검토결과 변화가 없는 것으로 판명되면 개입의 계획 또는 방법을 수정 또는 변경할 수 있다.

(5) 개입평가(자료분석)

자료수집이 완료되고 그에 따른 도표나 그래프가 완성되면 변화의 파동, 경향, 수준 등을 검토하여 통계기법을 활용한 개입의 효과성 평가를 할 수 있다. 단일사례연구설계에서는 개입 전, 개입중간 기간, 개입과정에서 나타난 표적행동의 변화는 그래프로 나타내는 것이 일반적이다.

3) 단일사례연구설계의 구조

단일사례연구설계의 기본 구조는 기초선 단계와 개입단계로 구성된다. 기초선 단계(baseline stage)란 연구자가 실천개입을 하기 전에 클라이언트의 문제상황을 여러 번 반복하여 측정함으로써 그 경향을 알아내는 단계로서 통제집단과 유사한 역할을 수행한다. 개입단계(intervention stage)는 개입을 실시한 이후의 단계를 의미한다.

(1) 기초선 단계

단일사례연구설계의 첫 번째 단계는 보통 관찰단계 또는 기초선 단계라고 한다. 이 단계 동안 연구자는 개입 이전의 해당 사례의 행동을 기록한다. 설계의 구조를 설명하는데 기초선을 일반적으로 'A'로 표시한다. 임상연구가들의 경우는 보통 하루나 1시간과 같은 시간 단위 내에서 목표행동의 빈도를 측정한다. 사회복지실천의 경우 기초선 측정은 클라이언트의 문제와 그 심각성을 평가하여 개입 필요성과 개입전략을 수립하는 기초가 된다. 충분히 관찰이 이루어질 때 단일사례연구의 내적 타당도가 향상된다. 최소한 3번 이상의 측정이 요구된다. 기초선이 안정적 형태를 띠고 있으면 독립변수 개입 이후 이 추세의 변화를 쉽게 파악할 수 있다.

> **(예)** 연구자는 10분의 면담 동안에 과도하게 수줍어하는 아이가 눈마주침을 하는 회수나 편두통 환자가 일주일에 겪는 두통의 수 또는 만성적인 말더듬이가 1분당 말을 더듬는 회수를 기록할지도 모른다. 기초선 기록을 사용해서 연구자들은 그들이 치료를 제공하기 전의 행동을 '기술'할 수 있다. 가장 중요한 것은 기초선 기록으로 연구자들은 치료를 받지 않을 때 미래에 행동이 어떻게 될지를 '예언'할 수 있게 된다. 물론 행동이 사실상 관찰되지 않는다면, 연구자들이 미래행동이 어떠할 지를 확실히 알 수는 없다. 그러나 기초선 측정치로 치료가 주어지지 않을 때 미래의 모습이 어떠할지를 예언할 수 있다.
>
> (출처: Shaughnessy 외, 2014, pp. 315-316)

(2) 개입단계

개입단계에서는 표적행동에 대한 개입활동이 이루어지며 표적행동의 상태변화에 대한 관찰이 병행되어야 한다. 측정회수, 기간은 기초선 단계와 같은 정도로 하는 것이 좋으며, 개입단계는 일반적으로 'B'로 표시하며, 필요한 경우 'C', 'D' 등으로 표시한다. 기초선 측정 후 개입을 시작하고 기초선 단계 동안에 사용된 것과 같은 측정을 반복하여 개인의 행동을 기록하는 것이다. 사전의 개입전략을 순서에 따라 실시한다. 개입 직후에 관찰된 행동을 기초선 수행과 비교함으로써 개입의 효과를 측정하는 것이다. 개입에 대한 평가는 다음과 같은 세 가지 측면에서 이루어질 수 있다.

① 치료적 효과성 : 클라이언트의 문제해결이라는 목표가 충분히 달성되었는가?
② 실험적 효과성 : 개입단계에서 클라이언트의 긍정적 변화를 시각적으로 판단할 수 있는가?
③ 통계적 효과성 : 기초선 단계와 개입단계의 차이가 통계적으로 유의미할 만큼 충분히 큰가?

3. 단일사례연구설계의 유형

1) AB 설계

AB 설계는 가장 단순한 단일사례연구설계의 유형이다. 하나의 기초선 단계(A)와 하나의 개입단계(B)로 구성한다. 보통, 각 단계에서 다중 혹은 다중 관찰이 이루어진다. 기본적으로 집단 사전-사후 설계로 보아야 하며 보통 내적 타당도에 대한 다수의 위협요인을 포함하고 있다. 시계열 구성 방식이라고 일컬어지는 AB 설계 내에서 다중 측정은 시간대에 걸쳐 더 훌륭한 안정성을 제공한다. AB 설계는 단하나의 기초선 단계가 있어서 서비스를 전달하는 우선순위와 갈등이 가장 적어서 연구자 또는 실천가에게 인기있는 설계이다(Rubin & Babbie, 2014). 그러나 AB 설계는 내적 타당도 저해요인을 충분히 통제할 수 없기 때문에 개입단계에서 나타나는 변화가 개입의 효과로 인한 것임을 분명하게 확신할 수 없다는 한계가 있다.

Rubin과 Babbie(2014)는 AB 설계의 예를 다음과 같이 제시하고 있다. 우선 [그림 9-1]을 살펴보면 기초선에서 표적문제에 어떤 지속적인 변화도 없는 유형에서 개입단계 시작 후 표적문제가 지속적으로 개선되는 경향의 변화를 보여준다.

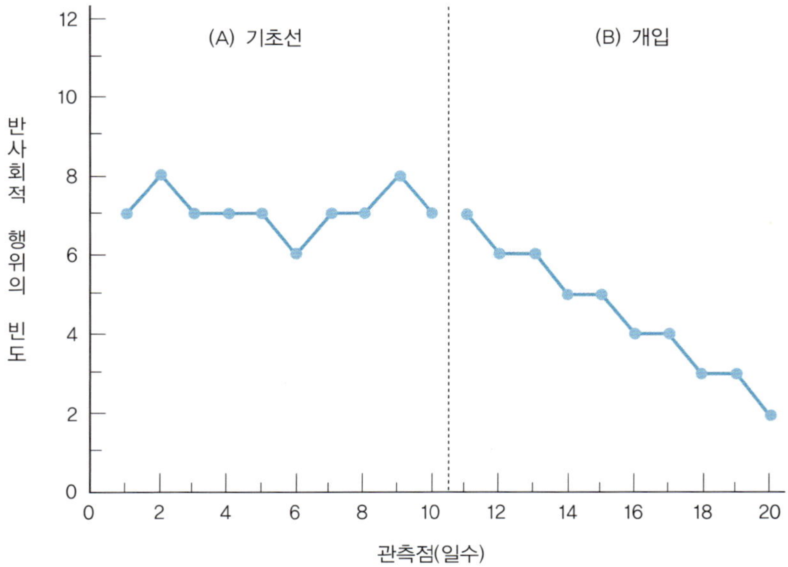

[그림 9-1] 개입의 효과성을 지지하는 가설적인 단일사례설계 도표(AB 설계)

[그림 9-2]를 살펴본다면 [그림 9-1]과 동일한 개입자료지만 표적문제가 개입기간에서 개선의 비율과 마찬가지로 기초선에서 이미 개선되고 있었다는 경향을 볼 수 있다.

이런 경우 성숙이나 단순한 시간경과와 같은 개입을 제외한 다른 요인이 개선을 야기했다고 결론을 내릴 수 있다.

다음 예는 기초선과 개입단계기간의 반복적인 측정이 내적 타당도의 위협을 통제할 수 있음을 의미하는 것으로 단지 개입 전, 후의 측정은 진행과정(성숙, 반응성, 평균을 향한 회귀)을 발견할 수 없기 때문에 실험, 통제집단을 필요로 하게 된다.

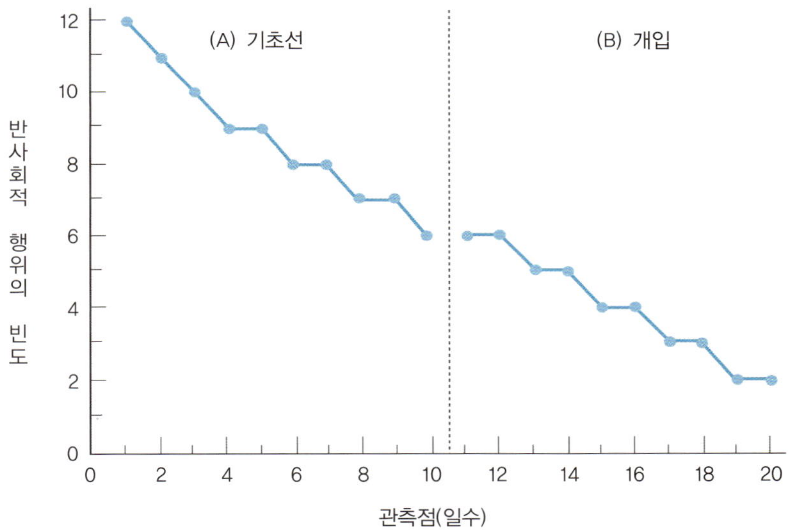

[그림 9-2] 개입의 효과성을 지지하지 않는 가설적인 단일사례설계 도표(AB 설계)

2) 반전설계(ABA 설계, ABAB 설계)

반전설계(reversal design)는 단일사례연구설계의 가장 단순한 형태인 AB 설계가 설천가의 개입으로 인한 효과성을 인과관계로 설명하는데 한계가 있기 때문에 이를 보완하기 위하여 등장하였다. 반전설계는 연구자나 실천가가 개입을 시작한 후 개입을 중단하고 다시 기초선 단계로 돌아가서 클라이언트의 상태가 어떠한가를 측정하는 설계이다. 따라서 반전설계는 기초선과 개입을 반복하여 측정함으로써 우연한 사건으로 인한 내적 타당도 저해를 줄일 수 있다. AB 설계는 개입목표의 변화를 개입에 의한 결과라고 확신할 수 없는 인과관계를 반전설계에서는 주장할 수 있게 되는 것이다(유영준, 2014).

그러나 반전설계는 개입단계와 기초선 단계를 반복함에 따라 서비스대상자가 일시적으로 서비스를 제공받지 못하는 경우가 생길 수 있기 때문에 윤리적 문제를 야기할 수 있다. 반전단계의 클라이언트 상태의 변화는 사회복지 서비스의 특성에 따라 달라질 수 있지만, 서비스를 중단하면 문제가 재발되는 상황이 생기는 것은 바람직하지 못하다. 반전설계는 기초선 단계와 개입단계를 거쳐서 완성되는 AB 설계에서 한 단계 더 나아가 다시 기초선 단계로 진입하는 과정에서 설계가 완료되는 ABA 설계와 실천가가 개입을 일시 중단한 다음 다시 개입을 시도하는 경우의 ABAB 설계로 구분할 수 있다.

ABA 설계: 기초선 단계(A) – 개입단계(B) – 개입중단 – 사후측정(A)
ABAB 설계: 기초선 단계(A) – 개입단계(B) – 개입중단(기초선 단계)(A) – 재개입(B)

*** 반전설계 예) ABAB 설계(친사회적 행동빈도의 추세)**

① 연구문제 : 또래 지도를 통한 신체표현 활동이 정신지체아동의 친사회적 행동 증가에 미치는 효과를 밝힌다.
② 친사회적 행동의 목록

1	다른 아동과 잘 어울리는 행동	다른 아동에게 먼저 말을 건다. 다른 아동과 신체적 접촉을 하며 어울려논다.
2	자기 의사를 잘 표현하는 행동	자기 생각을 다른 아동에게 전달한다. 낯선 사람이라도 자신있게 말한다.
3	자기 권리를 잘 지키는 행동	옳지 않은 일을 시킬 때 거절한다. 놀이활동에 스스로 참여한다.

출처: 유영준(2014), p. 309.

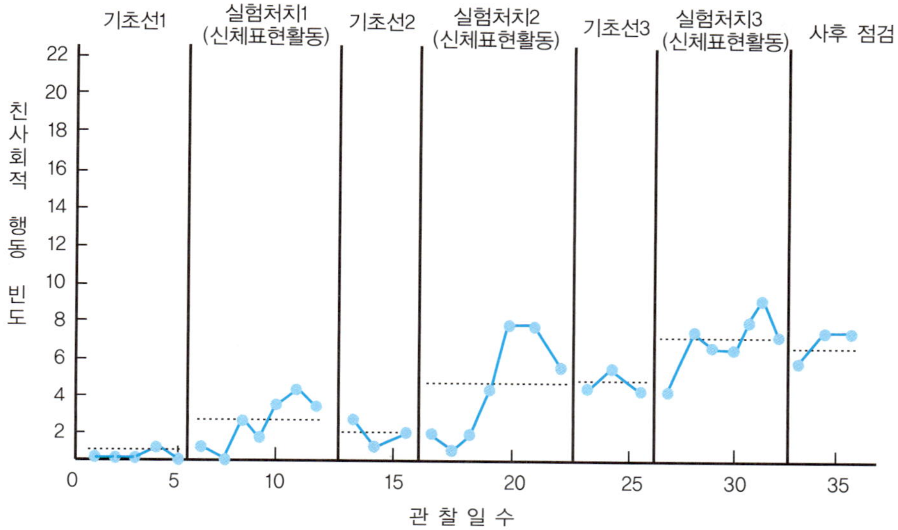

출처: 최영희(1998), p. 63; 유영준(2014), p. 309 재인용.

[그림 9-3] 관찰일수에 따른 친사회적 행동의 빈도

3) 다중기초선 설계(multiple baseline design)

다중기초선설계(복수기초선 설계)는 2개 이상의 목표행동들, 2명 이상의 클라이언트들, 두 가지 이상 서로 다른 상황들에 대해 같은 방법으로 개입할 경우 적용할 수 있으며, AB 설계를 여러 번 실시한 경우라고 볼 수 있다. 즉, 연구자가 동일한 개입방법을 사용하면서 기초선의 길이를 달리하는 방법이다. 따라서 다중기초선 설계는 동일한 클라이언트에 대해 종속변수(반응행동)별로 기초선의 길이를 다르게 적용할 수 있으며, 동일한 문제를 가진 여러 명의 클라이언트를 대상으로 개입시점을 달리하는 경우에도 활용할 수 있다.

이러한 다중기초선설계는 AB 설계가 내적 타당도를 저해하는 요인들이 발생할 수 있어서 인과관계를 명확하게 보여주지 못하지만, 반전설계 없이 AB 설계를 다수 실행함으로써 개입의 효과성을 보여줄 수 있는 것이 장점이다. ABAB 설계가 개입을 중단하고 변화를 역전시킴으로써 인과관계를 확인하고자 하는 반면 다중기초선설계는 종속변인들 모두는 아니지만 일부 경우에 나타나는 변화를 확인함으로써 인과관계를 밝히고자 한다(Sheperis, Young, & Daniels, 2014). 그러나 다중기초선설계는 단일사례를 대상으로 여러 개의 개입목표를 설정하여 개입하는 경우, 개입목표가 다를 수 있기 때문에 동일한 개입방법을 적용하는 것은 현실적이지 않을 수 있다. 따라서 여러 개의 개입목표를 설정할 때 유사한 내용으로 설정해야 하는 한계점이 발견된다. 또한, 유사한 개입목표를 갖는 다수의 연구참여자에게 개입하는 다중기초선설계의 경우, 단일사례연구설계의 장점인 개별화의 원리를 오히려 적용하기 어렵게 만드는 결과를 초래할 수 있다. 이는 사회복지 서비스가 필요한 클라이언트에게 우선적으로 개입하기보다는 연구자가 설정한 개입목표에 적합한 클라이언트를 선정해야 하는 경우가 발생할 수 있다는 것을 의미한다(유영준, 2014).

다중기초선설계에서 세 가지 다른 버전이 있는데, 첫째는 문제 간 다중기초선설계로서 동일한 개인에게서 두 개 혹은 그 이상의 종속변인에 대한 자료수집을 수반한다. 즉, 하나의 특수한 개입방법이 같은 상황에서 같은 대상자의 다른 문제해결에 효과가 있는지를 평가하기 위한 것이다. 둘째, 대상자 간 다중기초선설계가 있다. 각각 다른 대상자에 대해 동일한 반응을 확인하는 것이다. 특정 개입방법이 같은 상황에서 같은 문제를 가진 두 명 이상의 다른 대상자에게 적용될 때 개입방법의 효과를 평가하는 방법이다. 셋째, 상황 간 다중기초선설계로서 한 사람의 대상자에 대해, 그러나 각각 다른 환경에 걸쳐서 주어진 반응을 확인하는 것이다. 하나의 특수한 개입방법이 같은 대상자의 같은 문제를 두 가지 이상의 다른 상황에서 치료하는 데도 효과가 있는지를 평가하기 위한 것이다.

여기서 주된 논리적 원칙은 환경의 중요한 개선 등 어떤 외부사건이 개입을 시작한 시기와 일치해 클라이언트의 기능이 개선된다면 어떤 행위, 상황, 개인은 기초선 단계에 있다고 하더라도 각 행위, 상황, 개인의 도표가 동시에 개선을 나타내게 될 것이라는 점이다. 반면에 개입이 개선을 가져온다면 개입이 시작되는 다른 시점에서 각 도표가 개선을 나타낼 것이다.

다음 [그림 9-4]를 살펴보면, 희망이 없다고 느끼고 있는 양로원 입주자 3명에게 시행한 가설적인 다중기초선설계의 예시이다. 그림의 결과에서처럼 각 입주자의 우울수준 정도의 자기보고 점수가 개입을 도입한 후에만 안정되게 감소하기 시작하고 있어 어떤 외부사건의 영향이 있다는 가정은 정당하지 않다는 것을 보여준다.

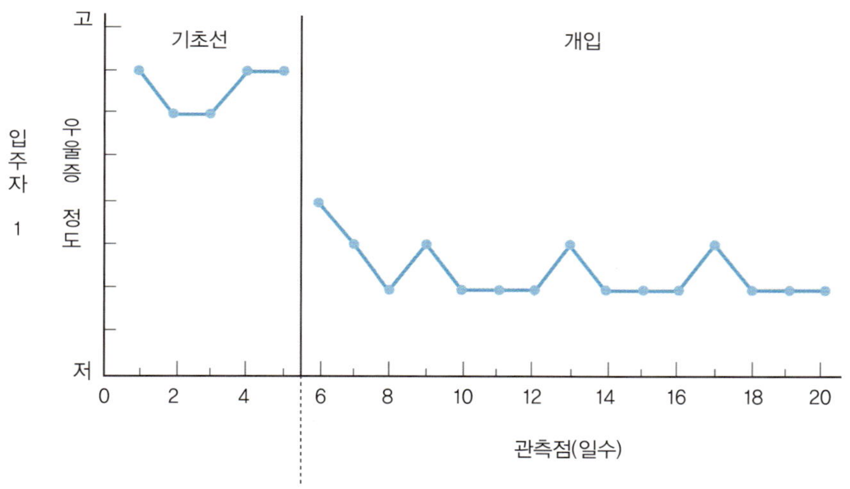

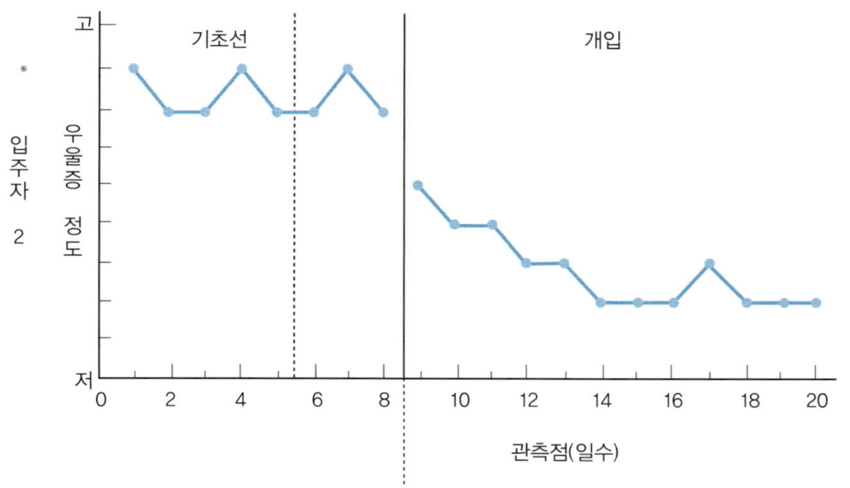

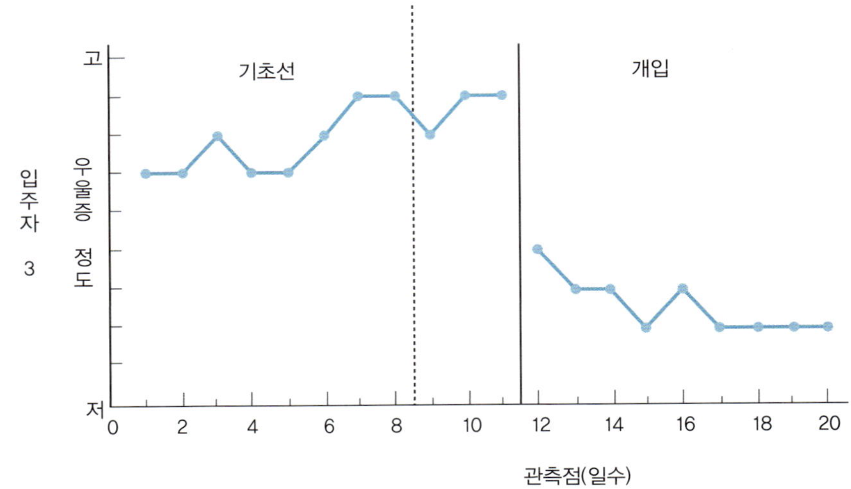

출처: Rubin & Babbie(2014), p. 351.

[그림 9-4] 다중기초선설계의 가설적 결과에 대한 도표

4) 다중개입설계

다중개입설계는 흔히 ABC 설계로 불리는데, 한 명의 연구참여자에게 서로 다른 개입방법을 적용하는 경우를 말한다. 특정한 문제를 가진 클라이언트에게 두 가지 이상의 개입전략이 필요하다. ABC 설계는 먼저 기초선 단계(A) 이후 첫 번째 개입방법(B)을 수회 실시하고 두 번째 개입방법(C)을 실시하는 경우가 해당된다. 이러한 다중개입설계는 연구자가 개입한 효과를 즉각적으로 확인하기 어려운 경우에 어떤 개입이 어떤 결과로 이어졌는지 명확하게 확인하기 어렵다.

5) 다중요소설계

개입의 변화가 미치는 영향을 분석하기 위하여 여러 설계를 사용할 수 있는데

다중요소설계(multiple-component design)는 클라이언트에게 도움이 되는 것처럼 보이지 않는 개입을 변형하고자 결정할 때, 또는 개입의 어느 요소가 표적문제의 변화를 설명하는지 결정하고자 할 때 사용한다. 그 중 하나가 강도변화설계(changing intensity design)이다. 이 설계는 여러 단계에서 동일한 개입을 수행한다. 그러나 각 단계마다 개입의 양이나 클라이언트로부터 기대하는 실행수준을 증가시킨다.

한편, Rubin과 Babbie(2014)는 가설적인 예시로서 직장생활을 유지하기 어려운 만성 정신장애인을 가정하여 [그림 9-5]와 같은 강도변화설계(changing intensity design)인 ABCD 설계를 제시하고 있다. 사례를 보면 첫 번째 단계에서 사회기술 훈련이 어떤 긍정적인 효과를 보이지 않아서 다른 개입으로 대체되었다. 클라이언트에게 더 많은 사회기술 훈련을 제공하는 대신에 클라이언트가 실제 취업면접을 수행할 때마다 또는 직장을 일주일 동안 유지할 때마다 보상을 제공하는 행동강화 개입을 제공했다. 이때 B가 사회기술 훈련단계이고 C가 강화단계인 ABC 설계이다. 아직까지 개선되지 않았기 때문에 사례옹호단계를 시작하여 정신질환으로 구직기술이나 직장에서의 행동을 방해받는 사람들을 고용하거나, 이들을 더 인내할 수

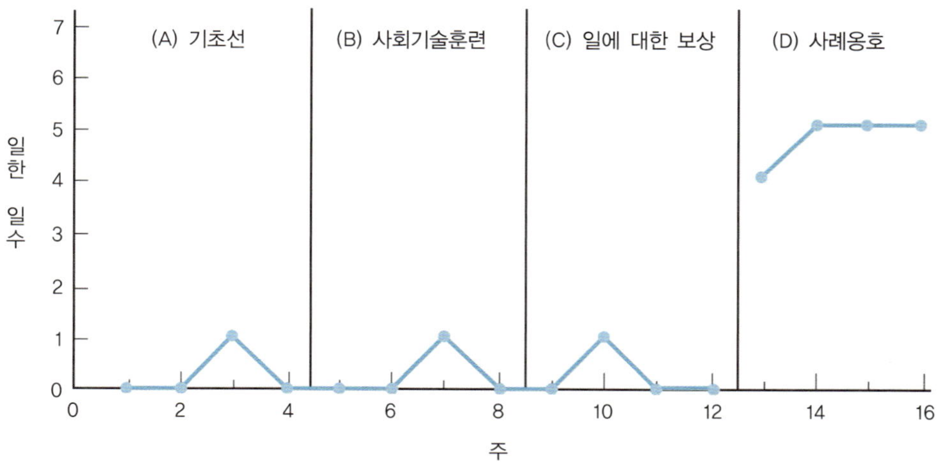

출처: Rubin & Babbie(2014), p.354.

[그림 9-5] 다중요소설계

있도록 고용주를 납득시킬 필요가 있는지를 조사했다고 가정해 보자. 그러면 사례옹호단계는 기존 설계에 4번째 요소를 더하여 ABCD 설계가 될 것이다.

4. 단일사례연구설계에서의 자료기록방법

단일사례연구설계는 체계적인 자료의 수집과 분석으로 마무리된다. 자료는 개입의 전, 도중, 후에 있어서 표적행동의 변화를 비교할 수 있도록 계량화되어 기록된 정보를 말한다.

1) 자료기록의 준비

(1) 행동관찰 규정준비

피험자의 행동은 표준화된 양식, 즉 행동관찰 규정에 의해 관찰되고 기록되어야 한다. 행동관찰 규정이란 표적행동에 관한 구체적인 판단기준과 자료기록에 관한 규정으로 표적행동에 대한 조작적 정의, 기록원칙, 기록의 예 등이 포함되는데 조사가 시작되기 전에 준비되어야 한다.

(2) 관찰기록자의 선정

실천현장에서 활동하는 사람들이나 연구자가 관찰하고 기록하는 것이 바람직하다. 표적행동의 직접적인 관찰에 의해서 기록되어야 한다. 관찰기록자는 개입상황에서 자연적으로 관찰이 가능한 자, 개입의 자연적 환경에 속하지 않는 외부인, 조사연구자, 조사연구 또는 개입의 대상자는 될 수 없다.

2) 자료 관찰 및 기록방법

단일사례연구설계에서 개입의 평가는 체계적인 기록과 기록자료들의 분석에 의하여 이루어진다. 이러한 자료관찰 및 기록방법에는 시간간격기록(interval recording), 빈도기록(frequency recording), 지속시간기록(duration recording), 정도기록(magnitude recording), 간헐점검기록 또는 순간체크기록(spot-check recording), 그리고 영구적 생산물 기록(permanent product recording) 등이 있다.

〈표 9-1〉 단일사례연구설계의 측정 및 기록방법

기록준거	방법	행동유형	정교성
간격 (interval)	• 일정기간 동안 같은 간격으로 표적행동을 직접 관찰 기록하는 방식 • 시간이 짧을수록 더 정확히 관찰된다.	빈번히 나타나고 변화가 많은 행동	정교
빈도 (frequency)	• 정해진 관찰기간 동안에 일어난 표적행동의 회수를 기록하는 방식 • 관찰기간을 길게 할 수 있는 특징	고빈도 혹은 저빈도 행동	정교하지 못함
지속시간 (duration)	• 관찰기간 동안에 일어난 모든 단위행동의 지속시간을 관찰하여 기록하는 방식 • 문제행동의 지속시간이 관심대상이 될 때 사용하며, 주로 빈도와 같이 관찰됨	존속기간이 측정 가능한 행동	정교하지 못함
강도 (magnitude)	• 표적행동의 양, 수준 혹은 정도를 미리 설정된 척도에 의해 판단하여 정도를 나타내는 수치를 기록	다양한 양상으로 나타나는 행동	비교적 정교
시점 체크 (spot-check)	• 구체적인 시간 간격마다 간헐적으로 특정한 관찰시간을 정하여 표적행동을 관찰하는 방식 • 사회적 상호작용, 놀이, 일 등 오래 지속되는 행동이나 빈도높은 행동 관찰에 적합	유지존속되는 행동	조악
영구 생산물 (permanent product)	• 표적행동에 의해 만들어진 결과물을 관찰하여 표적행동이 일어났음을 확인하는 방식 • 환경을 변화시키는 행동이나 기록이 남는 행위 등의 관찰에 적합 • 반드시 직접관찰을 필요로 하지 않음	지속적 효과가 외부적으로 확인되는 행동	조악-보통

출처: 강종수(2016), pp. 125-126에서 보완.

5. 단일사례연구설계의 유의성 평가와 장단점

1) 단일사례연구설계 개입의 유의성 평가

단일사례연구설계의 개입결과에 대한 평가는 크게 다음과 같은 몇 가지로 할 수 있다. 하나는 기초선부터 개입까지 관찰된 표적행동의 변화에 대한 자료를 나타낸 그래프의 형태를 시각적으로 평가하는 방법이 있고, 다음으로는 그래프에 나타난 자료의 분표를 통계적으로 분석하는 것이 있다. 그 밖에 임상적 판단에서 평가하는 실질적 유의성 분석이 있다.

(1) 시각적 유의성 - 그래프에 의한 시각적 평가

개입이 도입되거나 중단된 후에만 표적행동의 수준과 경향의 변화가 그래프에서 시각적으로 나타나 있는가를 분석한다. 기초선의 수준과 개입선의 변화들을 시각적으로 분석하는 것이다. 여기에는 변화의 파동, 변화의 경향, 변화의 수준 등의 세 가지 측면을 고려하여 판단하는 것이 포함된다.

개입평가를 위해 고려해야 할 준거틀로서의 변화의 파동(variability)은 관찰된 표적행동의 특성이 시간의 경과에 따라 파동을 일으키며 변화하는 정도를 의미한다. 파동이 심한 경우 관찰의 회수가 많아야 일정한 유형을 판단할 수 있고, 파동이 적은 경우 관찰회수를 어떤 안정적인 유형이 나타날 때까지 증가시키는 것이 바람직하다(윤선오 외, 2016). 또한 변화의 경향(trend)은 기초선 변화의 경향을 개입기간 변화의 경향과 연결시켜 검토하는 준거틀이다. 기초선 기간과 개입기간 동안 경향의 방향이 일치되면 개입영향을 판단하기 어렵고 상반되면 개입영향 판단이 쉽다. 변화의 수준(level)은 관찰된 행동 특성의 점수의 위치를 말하는 것으로 기초선 단계의 수준과 개입단계의 수준 사이에 차이가 클수록 개입의 효과에 대한 확신이 높아진다(윤선오 외, 2016).

(2) 통계적 유의성 - 통계학적 분석

통계학적 분석은 시각적 분석을 보완하기 위한 것으로 자료들에서 나타나는 변화들이 통계학적으로 의미있는 것인지를 분석하는 방법이다. 개입단계 동안 관찰된 자료가 기초선을 연장하고 개입을 도입하지 않아도 일어날 것이라고 예상되는 파동과 어떻게 다른가를 통계적으로 분석한다. 평균비교(기초선 단계와 개입단계의 평균 비교)와 경향성 접근(기초선 단계에서 자연스럽게 진행될 것으로 예상되는 선) 등을 분석하거나 비율–빈도 방법 등이 있다.

첫째, 평균비교의 경우는 기초선 단계에서 나타나는 관찰값들의 평균과 평균값을 비교하는 방법이다. 기초선을 기준으로 개입선의 평균이 기초선의 평균보다 어느 정도 벗어나 있으면, 통계학적으로 유의미하다고 본다. 보통 표준편차가 +2 또는 -2의 범위에서 벗어나 있으면 평균이 서로 달라 유의미하다고 본다. 둘째, 경향성 접근은 기초선의 관찰점을 전반부와 후반부로 반씩 나누어 전반부의 평균(7.3)과 후반부의 평균(6.5)을 구해 두 점을 잇는 직선을 그어 개입부분까지 연장하는 경향선(celeration line)을 긋는다. 만일 개입단계에서의 관찰점이 모두 경향선 아래에 있으면 그 개입은 효과적이라고 할 수 있다. 기초선이 불안정해 경사진 경우 사용한다. 평균비교는 기초선의 변화폭만 고려하지만, 경향선은 경향, 즉 기울기까지 고려하는 점이 특징이다. 셋째, 비율–빈도 방법은 바람직한 행동을 하느냐를 따져 바람직한 행동을 한 비율을 계산하여 바람직한 행동을 한 비율과 빈도로 개입효과를 통계적으로 판단하는 방법이다. 자료의 기록이 '예'와 '아니오'로 2분화된 경우에 활용하는 것이 적합한 기법이라 할 수 있다. 경향선 분석의 통계기법과도 비슷한 점이 있지만, 다른 것은 경향선을 긋는 대신에 '예'와 '아니오'의 두 값을 가르는 가로선을 긋는 것이다(최성재, 2012).

(3) 실질적 유의성 - 임상적 분석

개입으로 인한 표적행동의 변화 양이 실질적일 때 임상적 관점에서 판단하여 실천적 의미를 분석한다. 개입 이후에 변화가 발생하였다면, 그러한 변화들이 과연 실질적인 문제에서 얼마만한 비중을 갖는 변화인지를 판단하는 방법이다. 시각적으로나 통계학적으로 의미있는 변화라고 해서 그것이 곧 변화의 크기에 대한 실질적인 중요성을 의미하지는 않는다. 가령 가출 청소년에 대한 개입에서 가출회수가 7회에서 3회로 줄었다면 시각적으로나 통계적 분석에서 의미가 있지만, 제대로 개입의 서비스가 제공되었는지, 비용—효과성의 문제는 없는지 등을 실질적으로 분석해야 할 필요가 있는 것이다(강종수, 2016).

2) 단일사례연구설계의 장단점

단일사례연구설계는 조사연구의 과정이 실천과정과 분리되지 않고 통합될 수 있다는 것이 중요한 특징이다. 설계기법적 측면에서는 유사실험설계에 속하는 시계열설계를 단일 대상에 적용한 것이라고 볼 수 있다. 단일사례연구설계는 ① 사회복지실천과 연구조사의 결합, ② 실험연구나 설문조사에 비해 비용과 노력이 크게 절감되는 점, ③ 과학적 연구방법을 도입함으로써 사회복지실천기술 향상에 기여하는 점, 그리고 ④ 과학적 지식의 축적과 이론의 발전에 기여한다는 것 등을 그 유용성으로 볼 수 있을 것이다. 실제로 단일사례설계를 사회복지실천에 적용하는 데에는 ① 시간변화에 따른 사건과 사람변화를 점검하고 사례 상황을 사정하기 위해서, ② 표적 사건에 긍정적 혹은 부정적 변화가 일어났는지를 평가하기 위해서, ③ 실천가의 개입이 변화의 원인이 되었는지를 평가하기 위해서, 그리고 ④ 실천가들의 개입 간의 효과를 비교하기 위해서 등의 4가지 목적을 갖는다(Bloom & Fisher, 1995; 강종수, 2016 재인용).

그러나 단일사례연구설계가 갖는 유용성과 사회복지실천에서의 목적에도 불구하고 다음과 같은 몇 가지 한계점을 갖는 것으로 평가된다. 우선, Shaughnessy 외(2014)는 기초선 기록상의 문제와 외적 타당도의 문제를 지적하고 있다. 기초선 단계에서 과도한 변산성이나 행동상에 증가하거나 감소하는 경향을 보인다면 개입 또는 치료효과를 해석하는 것이 어려울 수 있다는 점과 낮은 외적 타당도의 문제는 소집단의 개인들을 검사함으로써 감소될 수 있다고 본다. 아울러, 단일사례연구설계에서 ① 기초선 측정을 위한 개입의 지연은 사회복지윤리에 어긋날 수 있다. 내적 타당도를 높이기 위한 반전설계도 윤리적으로 바람직하지 못할 때가 있으며, 복잡한 설계방법은 많은 시간을 필요로 한다는 것도 한계로 볼 수 있다. ② 단일사례연구설계만으로 인과관계를 확신하기는 어렵기 때문에 개입결과를 일반화하는 데 무리가 많으며, ③ 하나의 사례만 관찰하기 때문에 연구자의 편견이 개입될 여지가 많다는 것 등도 한계점으로 지적되고 있다(유영준, 2014).

10

욕 구 조 사

1. 욕구의 개념과 이론

1) 욕구의 개념

욕구란 일반적으로 인간 또는 프로그램 이용자와 클라이언트들의 생존이나 성장 발전에 있어서 무엇인가의 결핍상태이며, 이로 인하여 불만족 또는 불편함, 고통을 겪는 경우를 뜻한다(우수명, 2004). 욕구와 비슷한 단어로서 선호(want) 또는 '원함'이 있는데, 이는 당사자가 절실히 필요로 하는 어떤 것이지만 그것은 개인의 인지 또는 정서상태로서 제3자의 판단과정을 거쳐 확인된 것이 아니다. 결핍된 어떤 것의 해결을 위한 구체적인 수단이나 방법에 대하여 바라는 정도에서 주관적인 개념이 강한 것은 선호(want)이며 이에 비하여 보다 객관적인 개념이 욕구(need)이다. 선호나 원함(wants)은 갈망(선호)이나 좋아하는 것의 의미에서 인간이 갖기를 소망하는 것, 좋아하는 것, 선호하는 것에 관련된 개념으로 당사자인 프로그램 이용자 개인적 차원에 관련되지만, 욕구(needs)는 좀 더 기본적인 사고, 복지 또는 좋은 삶이라는 것에 대해서나 인간은 무엇인가라는 질문에 대한 생각들과 연관이 있다.

다시 말하면, 욕구란 개인이 느끼고 있는 무엇인가의 결핍상태를 충족시키기 위하여 필요로 하거나 원하는 상태나 상황을 말하며, 이러한 점은 현재의 상태(what is)와 바라는 상태(what should be) 사이에 존재하는 격차 또는 차이로 정의될 수도 있는 것이다(한국청소년개발원, 1997). 이를 도식화하면 [그림 10-1]과 같다.

바라는 상태 (what should be)	−	현재의 상태 (what is)	=	욕구 (need)
개인 또는 집단에 있어서 바라고 요구하는 수준		바라는 상태에서 비교되는, 개인 또는 집단의 현재 수준		둘 사이에 존재하는 격차(차이)

출처: 한국청소년개발원(1997), p.73.

[그림 10-1] **욕구의 개념화**

한편, 프로그램 개발 영역에서 욕구의 개념은 개인, 집단, 조직, 사회 등에 의해 발현한 다양한 욕구와 필요를 교육적 행위를 통해 충족이 가능한 것을 말한다. 욕구는 한 개인의 내적인 바람과 동기는 물론이고 집단적, 사회적 필요의 의미를 포함하는 것으로 예를 들어 청소년활동에서는 욕구가 프로그램 개발이나 실행의 가치기준이 되는 것이다. 또한 필요란 개념은 청소년이 반드시 터득해야 할 내용과 청소년이 도달해야 할 일정한 수준을 청소년 개인이 자발적으로 인식하여 표출하는 것이 아니라, 사회체제 등 외부에 의해 청소년에게 규정되는 것을 말한다. 따라서 욕구는 청소년 스스로 발현한 것이라면, 외부전문가에 의해 발현된 것을 필요라 할 수 있다. 프로그램 개발 영역에서 욕구와 필요가 혼용되고 있는 것도 이러한 점에서 이해할 수 있을 것이다(유진이 · 윤혜순, 2013).

2) 욕구의 특성

욕구의 특성은 세 가지로 살펴볼 수 있다. 첫째, 욕구는 탄력적이고 상대적이다. 시간과 여건의 변화에 따라 크기와 내용이 달라질 수 있으며 동일한 욕구를 가지고 있는 집단 내에서도 개인별로 그 욕구의 크기와 내용이 다를 수 있다. 둘째, 욕구는 정치·사회적 환경변화에 따라 달라질 수 있다. 예를 들어 여성의 사회참여 증가, 양성평등에 대한 사회적 인식확대 등이 발전하면서 보육서비스에 대한 욕구를 가진 사람들이 달라졌다. 즉, 과거 1970년에는 가정경제를 위한 목적으로 일부 빈곤계층의 여성과 가정의 욕구로 이해되다가 지금은 거의 모든 여성과 가정의 욕구로 변화하였다. 셋째, 욕구는 자원의 정도나 기술발전에 따라 변화한다. 사회적 개념의 욕구는 그것을 충족할 현존하는 사회적 자원이 동원될 수 있을 때에 성립한다.

3) 욕구의 유형과 이론

욕구의 유형은 크게 인간욕구(human needs)와 사회적 욕구(social needs)로 구분할 수 있으며 전자에는 Maslow의 욕구위계론과 Alderfer의 ERG이론이 있으며, 후자에는 Bradshow의 욕구유형론을 들 수 있다. 인간욕구는 이상적이고 보편적인 인간형을 전제로 하여 인간이 어떠한 목적을 위하여 필요하거나 필수적인 것이 결핍될 때 갖게 되는 공통적인 모든 욕구를 말한다. 주로 심리학적, 생물학적 욕구를 포함하는 것으로 이해한다. 사회적 욕구는 모든 사람들이 생존, 성장, 충족을 위하여 필요한 기본 요건들을 말한다. 적절한 주거, 영양, 보건, 지식, 소득, 사회참여, 개인의 자유 같은 것을 포함한다. 개인의 욕구가 다수의 욕구로 확대되면 사회적 욕구로 나타나는 것이다(정무성, 2010).

(1) 매슬로(Abraham Maslow)의 욕구위계론

Maslow(1954)의 욕구위계론(needs hierarchy)은 크게 ① 제 1의 형태 : 기본적 욕구 혹은 결핍성의 욕구로 음식, 물, 쾌적한 온도, 신체의 안전, 애정, 존경 등의 욕구와 ② 제 2의 형태 : 성장욕구 혹은 자기실현 욕구로 잠재능력, 기능, 재능을 발휘하려는 욕구로 볼 수 있다. 이를 다시 5가지로 구분하면, 의식주에 대한 기본적 욕구를 비롯하여 성적 욕구와 고통을 피하려는 생리적/신체적(physiological) 욕구, 신체적 안정상태의 유지와 환경으로부터의 위험에서 자신을 보호 받으려는 안전(safety)의 욕구, 다른 사람과 사랑을 주고받으며 인정을 받고 싶어 하는 사회적 또는 애정 및 소속(belongingness and love)의 욕구, 자신을 스스로 존중하고자 하는 욕구로 타인으로부터 존경을 받으려는 자기존중(self-esteem)의 욕구, 자아발견, 탐구, 창의성 등을 추구하는 자아실현(self-actualization)의 욕구로 나누어진다.

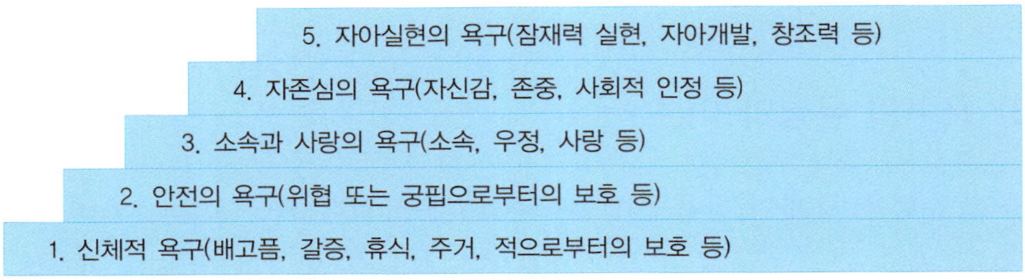

[그림 10-2] **매슬로우의 욕구단계이론**

그러나 Maslow는 자기실현에 관한 후기연구에서 종래의 욕구계층 모델에서 한계를 발견하고 자기실현의 욕구도 인간의 최상의 욕구가 아니며, 인간은 자기실현에서도 만족할 수가 없고, 이를 뛰어 넘는 자기초월을 구하려는 욕구, 즉 자기초월의 욕구(transpersonal needs)가 존재하고 있다는 생각을 하게 된다. Maslow가 말하는 자아초월적 욕구는 이기적이고, 자기중심적인 것이 아니라 이타적인 것, 즉 자기보다 더 높은 목적을 위해 자신을 헌신함을 의미하는 고차원적 수준이다. 그리고 이러한 자기초월은 극히 일부의 탁월한 인물들에게서만 볼 수 있다고 한다. 하지만, 우리들도 강렬한 애정, 고양된 열정, 깊은 몰입 등을 통해 자기초월적인 인식과 경험에 눈 뜰 수 있으며, 통찰로써 제한적인 자기 경계를 소멸시킬 수 있다고 본다.

한편, 일부 사람들은 Maslow의 개념적 틀에 들어맞지 않는 경우가 있는데, Maslow의 모델은 대부분의 상황에서 대부분의 사람들에 대한 비교적 투박한 일반화를 제공해 줄 수 있지만 인간의 동기를 설명하는 데는 적절치 않다는 지적이 있다(Hayes, 1994). 최근 후대의 학자들은 기존의 5가지 욕구에 인지적 욕구와 심미적 욕구를 추가해서 설명하는데, 여기서 인지적 욕구(cognitive needs)는 알고 이해하고 탐구하려는 노력을 말하며, 심미적 욕구(aesthetic needs)는 균형, 질서, 미에 대한 욕구를 말한다.

Maslow(1954)의 욕구유형은 사회복지 프로그램 개발과 관련하여 클라이언트 집단의 파악된 다양한 욕구 간에 우선순위를 정하는 데 도움을 주고, 개별욕구에 따른 사회복지 프로그램과 서비스를 구체화하는 데 도움을 주었다는 두 가지 중요한 의미를 가진다.

(2) Alderfer의 ERG이론

Alderfer는 Maslow와 마찬가지로 욕구의 범주를 구분하는 것과 저차원 욕구와 고차원 욕구 간의 기본적 구별은 필요한 것으로 보면서 Maslow의 5단계를 핵심적 3가지 범주로 요약하였다. 인간욕구를 존재욕구(E), 관계욕구(R), 성장욕구(G)로 구분하여 설명하면서 Maslow의 욕구위계론과는 달리 상향 또는 하향으로 쌍방향적인 특성을 갖는 것으로 설명하였다. 즉, 하위욕구 충족시에 다음 상위욕구로 진행된다는 Maslow와는 달리 상위욕구가 충족되지 않거나 좌절될 때 그보다 낮은 하위욕구의 중요성이 커진다고 보아 보다 복합적인 욕구개념을 제시하였다.

ERG의 작동원리는 4가지로 설명할 수 있다. 첫째, 존재욕구가 충족되지 않을 때 존재욕구의 강도가 더 커지는 경우가 있다. 둘째, 관계욕구가 충족되지 않을 때 존재욕구가 동기를 유발하게 하는 경우가 있다. 셋째, 존재욕구가 만족되었을 때, 관계욕구가 지배하게 된다. 넷째, 관계욕구나 성장욕구가 충족됨으로써 성장을 위한 욕구가 증가하는 경우가 있다. 여기에서, 존재욕구(existence needs)는 생리적, 물질적 욕구로서 Maslow의 생리적 욕구와 안전욕구에 상응한다. 관계욕구(relatedness needs)는 가족구성원, 감독자, 공동작업자, 친구 같은 타인과의 관계와 관련되는 욕구들을 말한다. Maslow의 안전욕구와 소속 및 애정의 욕구에 해당한다. 성장욕구(growth needs)는 한 개인이 자기능력을 최대한으로 이용하거나 새로운 능력개발을 필요로 하는 일에 종사함으로써 충족되는 것이다. Maslow의 자기존중의 욕구와 자아실현의 욕구에 해당하는 것으로 볼 수 있다.

(3) Bradshow의 욕구론

Bradshaw(1977)는 사회적 욕구를 정의하는데 기준설정의 주체(누가 욕구의 기준을 정하는가?)에 따라서 욕구주체가 달라질 수 있다고 보고 욕구 구분을 ① 규범적 욕구, ② 인지적 욕구, ③ 표현적 욕구, ④ 상대적 욕구로 구분하고 이 네 가지 욕구유형은 욕구에 대한 인식을 어떻게 하는가에 초점을 두고 있으며, 동시에 욕구측정에 대한 방향성을 제공한다.

① 규범적 욕구(normative need)

규범적 욕구는 전문가에 의해서 욕구가 있다고 규정되는 사회적 조건과 상황으로 흔히 사회적 지표를 기준으로 규정한다(예: 빈곤선, 최저생계비, 시설생활자와 종사자의 비율, 최저임금 등). 규범적 욕구는 객관적 목표설정과 계량화가 쉽고 구체적인 변화목표 설정이 용이한 반면에 욕구기준이 전문가에 따라서 달리 규정될 수 있고, 욕구가 지식, 기술, 가치관, 시간변화에 따라 변할 수 있는 탄력성에 부응하기 어렵다는 한계가 있다.

② 인지적 욕구(perceived need) 혹은 느껴진 욕구(felt need)

인지적 욕구는 당사자 개인이 지각하는 욕구로서 사회조사(면접, 전화인터뷰, 우편조사 등)를 통해 개개인 응답자에게 그들이 필요로 하는 것을 물어보는 방식으로 파악된다. 이 경우 응답자의 응답이 과장되거나 무엇이 욕구인지조차 모른 상태에서 대답하는 경우를 배제할 수 없다. 따라서 조사결과가 실제 욕구의 정도보다 높거나 낮을 우려가 있다. 일부의 당사자에게는 가장 정확한 욕구의사 표현인 반면에 응답자별로 다양한 욕구수준을 일정 수준으로 평균화하기 어렵다는 단점이 있다. (욕구수준의 대표성, 불확실성) 또한 환경변화에 따라 개인의 욕구가 수시로 변화할 수 있고,(욕구수준 불안정성) 따라서 인지적 욕구만을 기준으로 프로그램을 만들 경우 참석의도를 밝힌 사람과 실제 참석자 숫자에 차이가 발생할 수 있다.

③ 표현적 욕구(expressed need 혹은 나타난 욕구)

표현적 욕구는 욕구를 가지고 있는 당사자가 실제로 욕구충족의 행위를 표현하여 드러난 욕구로 서비스 수요에 기초할 수 있는 욕구이다. 서비스 제공의 수준을 정하는데 있어서 전문가보다는 당사자가 실제로 그 서비스를 얻기 위해 어디에 관심을 두는지 또 서비스를 받기 위해 어떤 노력(시도)을 했는지의 여부에 중점을 둔다. 이 요구를 파악하기 위하여 대기자 명단과 현재 참여자의 수를 계산한다. 이것은 사회복지 서비스에서 가장 많이 사용되고 있는데, 욕구의 정도를 비교적 정확히 파악할 수 있다는 데 반해 표현이 불가능한 경우, 즉 자격미달, 접근성제한, 서비스 정보에 무지한 경우는 수요대상자에서 제외될 수 있다는 한계가 있다.

④ 비교적 욕구(comparative need) 혹은 상대적 욕구(relative need)

비교적 욕구 혹은 상대적 욕구는 욕구를 갖는 당사자(또는 지역사회, 집단)가 자신과 유사한 입장의 사람(지역사회, 집단)을 비교하면서 발생되는 욕구이다. 이 욕구는 충족되지 않은 욕구를 고려하는 것이 아니라, 유사한 입장의 두 대상 간에 존재하는 서비스의 수준 간의 차이를 말한다. 집단 간(두 대상 간)의 비교를 통해 욕구의 수준을 용이하게 정할 수 있는 반면에 비교대상 집단들의 욕구가 실제로 동일한 수준인지의 여부는 정확하지 않을 수 있는 단점이 있다. 이런 경우 집단 간의 특성을 고려해서 비교하지 않으면 실제로 프로그램이 개설될 때 서비스의 이용자가 턱없이 부족할 수도 있다.

Bradshow 이론에서 욕구 유무의 판단은 당사자 또는 전문가 등으로 다양하다. Bradshow 이론은 욕구를 규정하는 주체가 바로 문제나 욕구의 정도를 결정하는 진단을 하므로 욕구충족을 위한 대응책(처방)을 모색하기 용이하며, 복합적인 욕구가 있을 때 욕구주체별로 문제의 유형을 감별하는데 유익하다는 데에서 실천적 함의를 가진다. 규범적 욕구는 전문가의 판단에 의해 규정된 욕구이며, 인지적 욕구는 개개인이 느끼는 욕구, 표현적 욕구는 서비스의 수요에 기초한 욕구, 그리고 비교적 욕구는 다른 사람이나 타 지역과 비교해서 정해지는 욕구로 볼 수 있다.

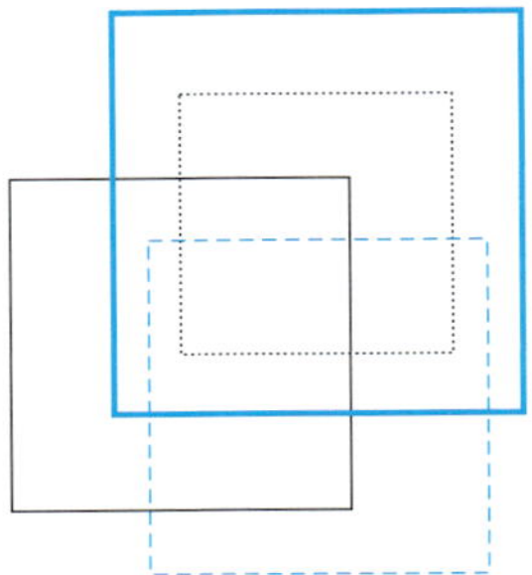

[그림 10-3] 4가지 욕구정의의 상관관계

〈표 10-1〉 욕구의 상황들에 대한 비교설명

상황	욕 구 유 형				설 명
	규범적 욕구	인지적 욕구	표현적 욕구	비교적 욕구	
1	○	○	○	○	모두가 욕구로 지정/ 논란의 여지없음. 해결 가능성이 높음.
2	○	○	×	○	욕구가 표현 안 됨 / 서비스에 대한 접근성의 결여 가능성이 큼.
3	○	○	×	×	서비스의 공급 결여 가능성이 큼
4	×	○	○	○	욕구가 표현/ 서비스 있음 / 전문가들은 필수문제로 간주하지 않음. (예 : 성형수술)
5	○	○	○	×	모두가 욕구를 지정 / 서비스 공급은 안 됨 / 새로운 서비스 수립에 최적 조건
6	○	×	×	○	전문가에 의해 욕구로 인식 / 서비스도 제공 / 당사자들은 못 느끼고 표현도 안함 / 서비스를 하기에 가장 어려운 것. (예 : 보호관찰, 예방적 서비스)

상황	욕구유형				설 명
	규범적 욕구	인지적 욕구	표현적 욕구	비교적 욕구	
7	○	×	×	×	예방적 개입이 좋은 예
8	×	×	×	○	필요하지 않음에도 서비스가 제공되는 경우 / 보통 받는 자보다는 주는 자에게 혜택이 가도록 설계됨
9	×	○	×	×	욕구라기보다는 원함(want)에 가까운 것

출처: Reginald York(1982), p.60.

2. 욕구조사분석의 개념과 절차

1) 욕구조사분석의 개념과 필요성

욕구는 프로그램의 개발을 특징짓는 용어이다. 그러므로 욕구를 조사하고 분석하는 일은 프로그램의 성패를 좌우할 수도 있다. 또한 욕구는 정보수집의 중요한 대상이면서 프로그램 개발에 필수적인 요소 중의 하나라고 할 수 있다. 제대로 된 욕구사정은 프로그램 개발의 가능성과 어떤 프로그램을 어떤 방식으로 수행할 것인지도 결정해 줄 수 있기 때문에 매우 중요할 수 있다(우수명, 2004).

따라서 욕구조사분석은 특정 지역사회 또는 특정 집단의 문제를 해소하기 위한 서비스의 개발이나 기존 서비스의 보완을 위한 작업에 앞서 대상 집단의 욕구를 정확히 파악하기 위해 실시하는 조사분석을 말한다(양정하 외, 2011). 달리 말하면 프로그램 이용자 또는 클라이언트들이 당면한 문제나 필요한 욕구, 낮은 수준에 처해 있는 삶의 질, 또는 전문가적 필요 등에 대하여 정확하게 사정하는 것을 말한다. 관심의 초점인 프로그램 참가 대상자 또는 클라이언트 집단의 충족되지 않고 있는 욕구의 범위와 수준을 파악하고 그 수요를 추정하는 과정으로 볼 수 있다(정무성, 2010). 제대로 된 욕구조사분석은 프로그램 개발의 가능성과 어떤 프로그램을 어떤 방식으로 수행할 것인지를 결정해 줄 수 있기 때문에 매우 중요하다고 볼 수 있다.

이러한 욕구조사와 분석은 프로그램 실행과 성과의 준거, 기획의 방향과 기존 프로그램 방향의 재설정, 잠재적 클라이언트의 지리적 분포와 특성 파악, 타 기관의 프로그램 조사와 서비스 활용의 장애요인 파악이라는 점에서 필요성이 제시되어진다. 김학주(2008)는 욕구조사의 필요성을 ① 클라이언트와 관련 지역사회에 대한 정보 획득, ② 프로그램 홍보 및 지역사회 교육, ③ 새로운 프로그램 개발의 기초자료로서의 활용, ④ 지역사회에 필요한 서비스의 수요 측정, ⑤ 기존의 프로그램 수정 또는 보완, ⑥ 객관적이며 효과적인 평가도구 개발로 제시하였으며(김학주, 2008) Royse와 동료학자들(2001)은 ① 프로그램 실행과 성과의 준거, ② 기획의 방향과 기존 프로그램 방향 재설정, ③ 잠재적 클라이언트의 지리적 분포와 특성 파악, ④ 타 기관의 프로그램 조사와 서비스 활용의 장애요인 파악이라고 제시하였다(양점도 외, 2012 재인용).

양정하 외(2011)는 다음과 같은 7가지로 욕구조사의 필요성을 제시하고 있다. 첫째, 기관 중심적이고 기관 편의적인 프로그램이나 정책의 운영에서 벗어나, 수혜대상자의 욕구를 바탕으로 한 수혜자 중심적이고 수혜자 친화적인 프로그램이나 정책을 운영하기 위해 욕구조사를 수행할 필요가 있다. 둘째, 기관운영을 체계적이고, 전문적으로 수행하기 위해 욕구조사가 필요하다. 셋째, 기관자원을 효율적으로 운영하고, 체계적인 조직화를 이룩하기 위해 욕구조사가 필요하다. 넷째, 역동적인 환경변화에 적극 대응하기 위해 욕구조사가 필요하다. 다섯째, 프로그램이나 정책대안 간의 연계성을 향상시키고, 관련 기관과의 협력체제를 구축하기 위해 욕구조사 결과 나타난 유익한 정보를 공유할 필요가 있다. 여섯째, 프로그램이나 정책대안의 필요성을 적극적으로 옹호할 필요가 있다. 끝으로, 기관의 정체성을 확립하고 존립근거를 마련해야 할 필요성이 있다.

한편, 청소년프로그램 욕구분석의 필요성에 대해 예를 들자면, 유진이와 윤혜순(2013)은 정보획득, 객관성의 확보, 실증적 방법, 청소년중심의 비전 및 프로그램 개발, 책임성에 대한 평가와 발전의 기초, 정보의 공유와 네트워크로서의 기능, 홍보와 참여의 기회제공, 그리고 그 밖의 외적인 요인 등의 8가지로 구분하여 설명하고 있다. 청소년 프로그램의 요구분석을 하는 목적은 분석하고자 하는 청소년 개인이나 집단, 사회의 특성에 따라 프로그램의 계획을 세우는 데 필요한 정보를 획득하기 위함이라는 것이다.

2) 욕구조사분석의 목적과 내용

프로그램을 개발할 때에는 어떤 프로그램 참가자가 어떤 서비스를 필요로 하는지를 정확히 파악하는 것이 중요하다. 왜냐하면 집단의 욕구를 올바로 파악해야 프로그램의 목적과 목표를 바람직하게 설정할 수 있기 때문이다. 다시 말하면, 욕구조사분석을 통해 필요로 하는 각종 서비스 또는 프로그램을 식별하여 우선순위를 정할 수 있고, 프로그램 운영에 필요한 예산할당 기준을 마련할 수 있다. 또한 현재 수행 중인 사업의 평가에 필요한 보조 자료로 활용할 수 있으며 프로그램을 수행하는 지역사회 내에 기관들 간의 상호의존 및 협동상황을 파악할 수 있는 것이다.

보다 구체적으로 욕구조사의 목적을 일곱 가지로 살펴볼 수 있다.

첫째, 자원의 할당이다. 욕구의 규모는 한정된 자원을 할당할 때 유용한 근거로 사용되어진다.

둘째, 프로그램 계획 및 개발이다. 욕구조사는 클라이언트 중심의 효과적이고 효율적인 프로그램 개발이 가능하게 하는 자료를 제공한다.

셋째, 서비스 전달구조 및 체계이다. 클라이언트의 욕구를 파악하고 이를 해결하기 위한 지역사회의 기능적 연대를 위해 정보를 공개함으로써 정보의 공유와 네트워크로서의 기능을 하여 서로 협력하는 지역사회 공동체를 만드는 서비스 전달체계를 수립한다.

넷째, 기금 모금이다. 욕구조사는 사회복지기관의 운영규정에 명시된 법률적 강제(사회복지사업법 제 19조, 제 20조)를 가지고 있고, 사회복지공동기금 모금회의 사업비 신청 등 외부의 기금 마련을 위한 사업계획에 더욱 효과적이다.

다섯째, 입법이다. 욕구조사의 결과를 지역사회의 객관적이고 과학적이며 대표성 있는 자료로서 정확하게 제시함으로써 입법의 근거 자료로 활용한다.

여섯째, 지역사회 욕구 데이터 구축이다. 욕구조사와 평가결과와의 실질적인 상관관계성을 찾아내는 작업을 통하여 지역사회의 요구 데이터를 구축한다.

일곱째, 지역사회교육이다. 욕구조사를 하는 조사원의 활동을 통해 지역주민에게 좋은 이미지를 남기고 사업 참여를 위한 정보를 제공한다.

욕구조사의 내용은 개인의 교육적 요구, 조직의 요구, 지역사회의 요구 등을 고려하여 구성할 필요가 있다(이무근, 1994).

첫째, 개인의 교육적 요구란 한 개인이 조직, 사회를 위해 학습해야 하는 일로서, 그가 갖고 있는 현재의 능력수준과 조직체 및 사회의 규정에 의한 요구, 즉 조직체 및 사회가 기대하는 기대능력 수준 간의 학습간극상태를 의미한다. 둘째, 조직이나 기관의 요구는 보다 효율적인 운영과 임무 완수를 위해 교육을 통하여 조직원들 사이에서 변화를 가져오게 하는 것을 의미한다. 셋째, 지역사회의 요구는 프로그램 개발을 위해 조사하는 것이 너무도 당연한 일이다. 이는 일반적으로 지역사회 조사를 통해 파악할 수 있는데, 단순한 문헌연구로부터 면담이나 질문지에 의한 조사에 이르기까지 다양하다. 인적자원, 물적자원, 제도 및 조직 등이 포괄적으로 조사되어야 하고 특히 조사목적에 따라 특정 영역이 구체적으로 조사되어야 한다.

특히, 욕구조사의 내용은 조사목적과 조사대상에 따라 다를 수 있다. 예를 들어, 초등학생이나 고등학생을 대상으로 하여 욕구조사를 할 경우에 똑같은 내용을 조사해서는 각 집단의 욕구를 제대로 파악할 수 없을 것이다. 또한 문제에 노출된 인구의 규모를 측정하고자 할 때와 문제해결을 위한 대안(서비스)을 탐색하고자 할 때의 조사내용이 같을 수 없다.

그러므로 조사대상과 조사목적에 적합하게 조사할 질문을 따로 구성해야 한다. 이처럼 조사할 내용에 관한 목록이 작성된 표가 "조사표" 혹은 "욕구조사표"이다.

이 조사표 작성이 매우 중요하다. 조사표가 연구자들이 알고자 하는 내용을 담지 못한다면 욕구조사는 정확한 정보를 제공할 수 없고 시간과 자원의 낭비를 초래한다. 조사표는 조사할 내용을 큰 항목으로 범주화하는 "구분"과 이에 대하여 조사할 비교적 세분화된 "조사항목" 그리고 조사항목에 따라 실제로 조사해야 할 내용인 "조사내용"의 세 가지 형태를 사용한다.

일반적으로 청소년을 대상으로 하는 프로그램 욕구조사표에는 청소년들이 당면하고 있는 어려움과 심각성 정도, 필요한 서비스나 프로그램의 종류, 프로그램 개설시의 참여의향, 참여하지 않는 경우의 이유, 진로 및 문제 상담 프로그램 개설시의 참여의향, 참여하지 않는 경우의 이유, 청소년캠프 프로그램 개설시의 참여의향과 참여하지 않는 이유 등의 다양한 내용을 포함할 수 있을 것이다.

3) 욕구조사분석의 과정과 절차

일반적으로 욕구조사와 욕구분석은 일종의 사회조사의 형태를 띠고 있기 때문에 사회조사의 절차와 조사방법이 그대로 적용될 수 있다. 정무성(2010)은 욕구조사의 과정을 ① 무엇이 욕구인가를 명확하게 규정해 가는 문제인식 단계, ② 욕구를 어떻게 정확하게 측정할 수 있는지를 살펴보는 욕구측정의 단계, ③ 무엇을 측정할 것인가에 관한 이론을 기반으로 조사될 영역에 대한 구체적인 설계안이 제시되는 과정으로 설명하였다. 황성철(2013)은 지역사회 사회복지기관의 차원에서 욕구조사를 시행할 경우 취할 수 있는 보편적 절차에 관해 다음과 같이 다섯 단계로 나누어 설명한다.

첫 번째 단계는 욕구조사의 목적 및 자원 확인이다. 욕구조사를 실시하기 전 조사자나 프로그램 개발자는 우선 욕구조사의 목적을 분명히 할 필요가 있다. 그리고 욕구조사에 투입될 수 있는 예산, 인력, 시간을 자원의 관점에서 확인해야 한다.

두 번째 단계는 구체적 정보나 자료의 확인이다. 욕구조사를 시행하기 전 표적집단을 분명히 하고 표적집단의 분포도와 문제의 심각성에 관한 어떤 정보나 자료가 필요한지에 관한 목록이 작성될 필요가 있다.

세 번째 단계는 조사설계의 단계로서 욕구조사를 설계하는 사람은 타당한 조사방법을 선택해야 하는데, 우선 연구목적에 따라 문제나 욕구를 조작적으로 정의하고 각종 조사방법에 관한 지식을 기초로 조사방법을 결정해야 한다.

네 번째 단계는 자료수집과 분석의 단계이다. 적절한 조사설계에 따라 측정도구들이 선정되면 실제조사에 들어가서 자료를 수집하게 된다.

마지막 다섯 번째 단계는 조사보고서 작성의 단계이다. 욕구조사의 결과가 분석되면 욕구조사 보고서를 작성해야 하는데 이때 내용은 욕구조사의 목적, 조사의 배경, 조사팀의 구성과 역할, 조사대상자, 조사설계 및 자료수집 방법, 조사결과, 조사결과의 함의와 논의, 결론 등으로 구성된다.

〈표 10-2〉 욕구조사분석의 절차

단계	단계별 작업 내용	
1단계	조사목적 및 자원 확인	욕구조사의 목적 확인, 투입 인력, 예산, 시간 확인
2단계	구체적 정보, 자료 확인	표적집단 선정, 표적집단의 특성에 관한 정보 확인, 질적 또는 계량적 자료의 구분
3단계	조사 설계	연구모형의 결정, 조사도구의 신뢰도 및 타당도 검토
4단계	자료수집과 분석	조사방법(직접/간접)의 결정, 통계원리와 기법 숙지
5단계	조사보고서 작성	조사보고서 체제의 구성, 보고서의 검토와 수정, 보완

송병국(2008)은 욕구조사분석의 절차를 문제 또는 상황에 대한 인지, 목적 확인, 정보의 출처확인, 요구조사 도구선정과 자료수집 방법의 선택, 요구분석 계획, 요구분석 실행, 결과 분석 및 보고 등의 7가지로 구분하여 설명하고 있다.

첫째는 요구조사분석이 필요한 상황을 이해하고 요구분석에 필요한 정보를 분석해 내는 일이다.

둘째는 요구분석을 해야 하는 상황에 대한 분석이 이루어지면 이를 통해 어떤 정보를 파악할 것인지의 요구분석 목적을 결정해야 한다. 일반적으로 요구분석을 통해 찾아내고자 하는 정보의 유형으로는 최적(optimal), 실제(actuals), 느낌(feelings), 원인(causes), 해결방안(solutions) 등 다섯 가지로 구분한다. 여기에서 '최적'은 업무 수행의 바람직한 상태 또는 최적의 상태를 말하는 것으로 요구분석이 바람직한 상태와 현재 상태 간의 격차를 찾아내는 과정이므로 바람직한 상태에 대한 정보가 이에 해당한다. '실제'는 현재 수행하고 있는 직무의 상태나 담당자가 알고 있는 것과 할 수 있는 것에 대한 정보이다. '느낌'은 문제나 업무 또는 이와 관련한 능력에 대한 관련자들의 의견을 탐색하는 것이다. '원인'은 무엇이 문제를 야기하는가에 대한 정보이다. '해결방안'은 궁극적으로 요구분석을 통해 얻고자 하는 최종적인 정보이다.

셋째는 누구로부터 필요한 정보를 얻을 것인지의 요구분석 대상자를 선정하는 것이다.

넷째는 요구분석 상황과 목적이 결정되고 그 대상자가 선정되고 나면, 어떤 방법을 사용할 것인지를 결정해야 한다. 방법의 선정은 요구분석 대상자들의 특성을 고려하여 적합한 방법을 선정하는 것이 중요하다.

다섯째는 요구분석 실행계획을 작성하는 것이다. 일정한 형식이 있는 것은 아니지만, 욕구조사 분석의 이유와 목적, 구체적인 일정과 절차를 담고 있어야 한다.

여섯째는 요구분석 계획서가 작성되고 나면 계획된 일정과 단계에 따라 자료를 수집한다.

일곱째는 자료를 분석하고 요구조사와 분석의 목적에 맞게 자료를 정리하고 해결방안과 대안을 제시하면서 의사결정에 도움이 될 수 있는 정보를 제공하는 것이다.

3. 욕구조사분석의 주요 방법

1) 욕구조사의 접근방법

욕구조사는 그것을 행하는 사회복지기관의 형태나 프로그램의 형태에 따라 클라이언트 중심(client-oriented)의 욕구조사, 서비스 중심(service oriented)의 욕구조사, 그리고 지역사회 중심(community oriented)의 욕구조사로 나눌 수 있다(Gates, 1980).

(1) 클라이언트 중심 욕구조사

특정 인구집단(아동, 노인, 장애자 등)을 위하여 서비스나 프로그램을 제공하는 기관에 의하여 행해지는 조사이다. 이 조사에서는 먼저 특정 인구집단을 규정하고 그 집단 내에서 빈번히 나타나고 있는 문제를 확인한 후 이러한 문제를 해결하기 위하여 필요한 서비스의 수준을 정할 수 있다. 예를 들면, 지역 청소년회관에서 청소년 인구를 대상으로, 장애인복지관에서 장애인 인구를 대상으로 그들의 문제와 서비스의 수준을 조사하는 것 등이다.

(2) 서비스 중심의 욕구조사

특수한 서비스를 제공하고 있는 기관에 의하여 행해지는 조사이다. 이 조사에서는 먼저 특정한 문제를 해결할 수 있는 서비스 기술(의료기술, 노인 기능회복 기술 등)이 있는 것을 전제로 하여 그러한 문제가 빈번히 발생할 가능성이 있는 표적인구집단을 설정하고 이들에게 필요한 서비스의 수준을 정한다.

(3) 지역사회 중심의 욕구조사

클라이언트 중심의 욕구조사와 서비스 중심의 욕구조사는 서비스 간 및 기관 간 서비스의 중복과 결여 현상 등을 개선하는 체계적이고 통합, 조정된 서비스를 계획하고 수행하는 데는 큰 도움이 되지 못하기 때문에 이와 같은 문제점을 개선하기 위한 것이 지역사회 중심의 욕구조사이다. 지역사회 중심의 욕구조사는 클라이언트 중심의 욕구조사와 서비스 중심의 욕구조사를 통합한 것으로 지역사회 전반의 문제를 확인하여 문제해결의 우선순위, 적절한 개입대상 인구 및 적절한 서비스 수준 등을 파악하는 것이다. 이와 같은 조사는 주민 전체를 대상으로 하여 포괄적이고 많은 정보를 얻을 수 있지만 실행하는 데 어려움이 큰 것이 문제이다.

2) 욕구조사분석의 구분

욕구조사의 방법과 기법들은 구체적인 자료들의 확보와 그로부터 욕구를 산출해내는 고도의 기술적인 능력을 요구한다. 따라서 욕구사정을 진행하는 전문가는 자료의 수집과 분석에 관한 기술적인 지식들을 갖추어야 한다. 어떠한 방법과 기법을 선택하는가에 대한 결정은 단순히 기계적인 과정이 아니다. 욕구사정의 목적, 욕구사정이 수행되는 기관의 성격, 특정 자료들의 가용성, 측정의 정교화가 요구되는 정도 등을 복합적으로 고려하여 선택해야 한다.

이상적으로는 하나 이상의 다양한 기법들을 복합적으로 사용하여 비교를 통해 욕구사정의 정확성을 높이는 방법이다. 하나의 기법이 갖고 있는 장단점을 보완해줄 수 있도록 다른 기법들을 추가해서 사용하게 될 때 욕구사정에 대한 신빙성은 급격하게 증가할 수 있다. 비록 제한된 비용이라는 현실을 고려하더라도 동일한 비용으로 하나의 기법에 투자하기 보다는 둘 이상의 기법 활용이 가능한지를 미리 확인해 보는 것이 필요하다.

〈표 10-3〉 **욕구조사분석의 구분**

구 분	욕구조사분석방법	특 징
직접적 방법	1. 지역주민 · 표적집단 서베이	설문 또는 면접(인터뷰)조사, 광범위한 지역주민의 의견과 욕구수렴

구 분	욕구조사분석방법	특 징
	2. 초점집단기법	초점이 모인 동질적 집단의 욕구파악
	3. 지역공청회 · 포럼 개최	광범위한 지역주민의 의견과 욕구수렴
간접적 방법	1. 2차 자료분석	사회지표와 기관의 서비스 및 통계자료를 활용
	2. 서비스 제공자 · 주요정보제공자 조사	서베이나 면접으로 파악(규범적 욕구조사)
	3. 델파이(Delphi) 기법	반복되는 설문조사. 민주적 의사결정의 장점 전문가의 합의에 의한 욕구파악

3) 욕구조사분석의 주요 방법

(1) 직접적 방법

① 일반집단서베이(general population survey)

일반집단(지역주민)서베이는 지역사회 욕구조사에서 가장 중요하게 사용되는 욕구측정기법이다. 이 방법은 전체 주민들 중에 무차별적으로 표본을 뽑아 추후 통계작업으로 하위집단을 나누고 그들의 욕구를 측정하는 방법이다. 즉, 전체 주민 중 표본을 뽑아 설문조사를 실시하는 방법인데, 크게 표본에 포함된 조사대상자들의 욕구와 특성, 또 그와 관련된 서비스 이용도, 기타 여러 관심 문제들을 파악할 수 있게 한다.

② 표적집단서베이(target population survey)

전체 주민 중 이미 직접 관심 있는 것으로 파악된 표적집단을 대상으로 설문조사를 실시, 욕구를 파악하는 방법이다. 여기에서 표적집단이라 함은 일반집단 중, 서비스의 자격 요건의 변수나 서비스의 이용수준, 혹은 지리적 변수로 층화해 나눈 집단을 말한다. 경우에 따라서는 일반집단서베이와 표적집단서베이 방법을 한 설문지에 넣어 동시에 함께 할 수도 있다. 즉, 전체 주민을 대상으로 일반변수에 대한 의견을 물어보는 것과 동시에 특정 변수들은 각 하위집단별로 의견을 파악할 수도 있다.

③ 초점집단기법(focus group technique = FGT)

초점집단이란 주제가 분명하고 좁게 초점(focus)이 맞추어져 있다는 의미에서 사용된 용어로서 일련의 토론집단의 과정에서 동질성을 가진 8~10명 정도의 사람들이 해당 주제에 대하여 토론을 통해 자료를 수집하는 방식이다. 참여자는 훈련된 진행자와 보조자의 도움에 의해 토론을 진행하면서 그들의 의견을 개진하게 된다. 이 기법은 욕구당사자나 클라이언트 집단을 대상으로 서베이를 통해서 얻을 수 없는 그들의 심층적이고 인지적, 표현적 욕구를 파악하고, 현재 제공되지는 않지만 앞으로 제공할 필요가 있는 서비스를 알아내고자 할 때 사용하는 질적 조사기법이다.

④ 지역사회 공청회 또는 포럼 개최

이것은 지역사회주민의 다양한 계층의 주민을 대상으로 공개적 토론회를 통해 의견을 수집하는 방식이다. 참여자의 성향에 따라 의견이 편중될 수 있기 때문에 대표성이 상대적으로 낮을 수 있는 한계점이 있다. 따라서 차후의 세밀한 서베이 등을 위한 사전조사 또는 기초조사로 활용할 수 있다. 광범위하고 자유로운 욕구나 문제의 확인이 가능하여 비용과 시간의 효율성이 있다는 장점이 있는 반면에 참여자의 대표성의 문제와 특정 이슈의 부각, 토론회 진행의 어려움이 수반된다는 단점이 있다.

(2) 간접적 방법

① 이차적 자료분석(secondary data analysis)

이차적 자료란 보통 사회지표를 이용, 광범위한 영역에 걸쳐 주민생활의 각 조건을 측정해 놓은 자료이다. 이 분석방법은 그 같은 자료를 이용하여, 특정 집단 혹은 지역의 욕구나 문제를 찾아내는 방법이다. 이차적 자료의 대표적인 예는 인구센서스 자료이다. 조사자는 이 같은 자료들을 이용하여 해당지역, 혹은 집단의 특성과 욕구, 서비스 이용실태 등을 분석하는 것이다. 이러한 방법은 각 통계의 출처가 다양한 만큼 많은 정보를 얻을 수 있고 조사도 비교적 쉬운 장점이 있으나 해당지역의 사정에 알맞은 자료가 드물기 때문에 분석에 제한과 어려움이 있다.

② 서비스 제공자와 주요정보제공자 조사

서비스 제공자 조사는 특정 클라이언트 집단에게 서비스를 제공하거나 프로그램을 직접 운영하는 사람을 대상으로 서베이, 면접 등의 방법으로 규범적 욕구를 간접적으로 파악하는 방법이다. 전문가적 관점에서 다양한 정보를 수집할 수 있다는 장점이 있는 반면 전문가의 가치판단과 편견이 가미된 의견이 강조될 수 있다는 한계가 있다.

주요정보제공자(key informant) 조사란 프로그램의 운영이나 서비스 전달에 직접 관여하지는 않지만 특정 지역사회의 문제나 집단적 욕구를 잘 알고 요긴한 정보를 제공해 줄 수 있는 공무원, 지역유지, 통반장, 정신과 의사 등의 사람을 대상으로 서베이나 면접 또는 초점집단기법을 활용하여 규범적 욕구를 파악하는 방법이다. 비용이 적게 들고, 표본을 쉽게 선정할 수 있고, 지역의 전반적인 문제를 쉽게 파악할 수 있으나 의도적인 선정으로 표본의 편이(bias)현상이 나타날 수 있어 주민들의 실제적인 많은 문제가 제외될 가능성이 있고 따라서 실제적 문제나 욕구가 잘 밝혀지지 않을 수도 있다.

③ 델파이 조사방법

일단의 전문가를 대상으로 익명 처리된 설문조사를 수차례 반복함으로써 지역사회의 문제나 욕구를 파악하여 다양한 욕구나 문제들 가운데 합의점을 도출하는 방법이다. 델파이(Delphi)라는 말에는 미래를 통찰하는 지혜로운 의사결정의 의미가 내포되어 있다. 대면적 집단의사결정과정에서 발생될 수 있는 후광효과와 편승효과를 방지할 수 있고, 많은 전문가의 합의에 의해 의사결정을 도출할 수 있다는 장점에 반하여 반복되는 과정에서 시간이 많이 걸리어 비효율적일 수 있으며, 전문가적 판단이 당사자의 실제적 욕구와 일치하는지에 관한 증거를 확보할 수 없다는 한계가 있다.

4) 욕구조사분석 방법의 선택과 적용

프로그램 개발자는 제각기 다른 욕구조사와 결과분석의 방법들이 갖는 장점과 단점에 대한 충분한 이해를 토대로 각기 다른 자료수집과 분석의 능력을 갖추어야 할 것이다. 다양한 욕구조사의 방법은 상호배타적이지 않으며 상호보완적 관계에 있다. 그래서 예를 들어 청소년 프로그램을 기획하는 프로그램 개발자는 욕구조사의 목적, 기관의 특성과 여건, 기존자료의 활용 가능성, 자료분석과 처리의 능력, 조사에 주어진 시간 등 욕구조사를 수행하는 데 있어서 영향을 주는 제반여건과 요인을 복합적으로 고려하여 몇 가지 욕구조사의 방법을 선택해야 할 것이다(황성철, 2008).

〈표 10-4〉 주요 자료수집방법의 비교

	자료원	장점	약점
1	이차적자료-인구조사, 전국보건조사, 경제기획원 서베이 등 일반목적을 위해 수집된 자료	• 표적집단의 확인 • 다른 집단 · 변수비교 • 기초선자료 • 비용 저렴	• 다문제 가족 파악 곤란 • 부적합한 자료형태(관심사항에 딱맞는 자료 찾기가 어려움) • 자료 안정성-어느 한 시점에서 수집
2	전문가 판단-문제확인을 위해 알려진 전문가의 사용	• 원인의 확인 • 비용처럼	• 전문적 판단(견해의 협소, 편향가능성)
3	서비스 통계-서비스가 필요하거나 이용한 클라이언트에 관한 기록으로부터 자료 추출	• 저렴한 비용과 접근용이 • 종단적 자료 • 서비스 활용형태 확인	• 수요만 측정 • 미해결 욕구에 대한 정보 부적합
4	자원조사(resource inventories)-기존의 지역사회 자원 및 인적 자원의 의견조사	• 지역사회의 능력확인 • 서비스 중복 · 차이 확인 • 주요 정보제공자의 전문적 의견은 문제 본질과 다문제 가정에 대한 이해 증진	• 정의의 표준화 • 미해결 욕구에 관한 정보 부적합(불충분한 지표) • 문화적 편견과 프로그램의 근시안성

	자료원	장점	약점
5	공청회(forum)－문제의 본질과 대책에 대한 관심인들의 증언	• 관심집단의 포함을 통해 지역사회 지지 확보 • 지역사회 우선순위와 소비자들의 인지적 욕구 확인 가능	• 실제로 다른 자료원과 이익집단에 의해 확인된 정보 이외의 욕구사정 불가능(대표성의 문제, 이익집단들에 지배될 가능성)
6	사회조사－프로그램 계획 목적상 필요한 구체적인 욕구정보를 수집코자 설계한 일반 또는 표적집단 조사	• 미해결 욕구의 확인 • 정돈된 정보 • 기존서비스의 이용을 저해하는 장애요인 확인	• 고비용 • 장시간 소요 • 방법적 문제－표집, 척도 설계 등 고도의 사회조사 능력 요구됨

출처: York(1988). pp.72-73에서 수정 인용.

4. 욕구조사분석의 한계점

1) 점검사항

욕구 측정 시에는 특정 프로그램이 역점을 두고 해결하고자 하는 문제는 무엇인가?, 그 프로그램이 서비스를 제공하려는 표적집단은 누구인가?, 프로그램에 의해서 서비스를 받는 집단의 지리적인 경계가 있는가?, 그 지역에 표적집단이 산재되어 있는 정도를 말해주는 공신력있는 자료가 있는가?, 프로그램에 참여하는 직원들간에 문제의 원인과 결과의 관계, 욕구의 범주에 대한 이해에 합의가 이루어져 있는가?, 규범적 욕구를 측정하기 위한 기준은 마련되어 있는가?, 인지적 욕구는 측정하고 있는가?, 서비스를 받기 원하는 사람들 가운데 몇 %가 현재 서비스를 이용하고 있는가?를 점검해야 한다.

2) 주의사항

첫째, 욕구조사는 지역사회 실태조사나 클라이언트 만족도조사와는 구별되어야 한다. 욕구조사는 욕구의 범위와 수준을 파악하여 프로그램을 개발 또는 개선하거나 서비스 수요 예측을 하기 위해 실시하는 만큼 지역사회 실태조사식의 욕구조사는 지양되어야 한다. 욕구개념에 따른 충족되어야 할 욕구종류 및 수준, 서비스 제공 우선순위, 추가되어야 할 욕구 등이 조사내용에 포함되어야 한다.

둘째, 적절한 욕구조사 기법의 활용이 필요하다. 청소년단체나 기관, 지역사회복지관, 지방자치단체, 또는 연구기관에 실시되고 있는 선행 욕구조사 대부분이 설문지 조사만을 고집하고 있는 실정이다. 현존하는 클라이언트 집단의 요구들을 정확하게 파악하기 위해서는 조사내용이나 조사유형에 적합한 욕구조사 기법들을 적절히 혼용하여 사용함으로써 지역 내 다양한 욕구에 대한 정보를 제공할 수 있다.

셋째, 욕구조사에 이용될 적절한 지표가 선택되어야 한다. 서비스에 대한 욕구수준이 높은 지역사회일수록 건전한 사회 내 순기능을 자체적으로 수행하는 데 다양한 문제를 안고 있는 경우가 많다. 이러한 경우, 클라이언트의 순기능과 역기능에 대한 정보에 대한 자료의 원천을 구하기 어렵기 때문에 클라이언트의 역기능의 정도를 파악한다는 것은 쉽지 않다. 그러므로 지역사회 구성원 전체의 욕구충족을 위해서는 클라이언트 역기능에 대한 지표 측정이 필요하다. 예를 들면, 학교 중퇴율이나 범죄율 같은 청소년과 관련한 지역사회 내 기능장애의 부정적 영향을 간접적으로 보여주는 공공 통계수치를 추적하는 방법이 있다.

3) 욕구조사 분석의 한계

욕구조사를 통해 프로그램 개발자는 대상집단의 인구학적 특성, 욕구의 심각성(수준, 범위와 유형), 대상집단들이 프로그램을 얼마나 이용하기를 원하며(이용 선호도), 어느 정도 참여하기를 원하는가(잠재적 참여 가능성)를 파악하게 된다. 그러나 인간의 욕구가 무한하고 다양한 만큼 욕구조사도 그 범위와 효용성에 있어 한계를 지닐 수밖에 없다.

먼저 욕구의 범위에 있어 클라이언트의 기초적인 욕구만 충족시켜 주면 되는지 아니면 상대적 욕구까지 충족시켜 주어야 하는지의 문제에 고심하게 된다. 절대적 욕구만 충족시켜 준다면 그것이 진정한 욕구충족의 수준인지 의문을 제기할 수 있고 상대적 욕구까지 충족시켜 준다고 한다면 그 범위는 어디까지인지가 문제이다. 또한 욕구는 광의적인 욕구와 합의적인 욕구의 형태로 분류될 수 있는데, 실질적 조사를 위해서는 광의보다는 조작적으로 정의될 수 있는 협의적 차원의 욕구 측정이 필요할 것이다. 물론, 욕구조사가 전체적인 프로그램의 개발 및 평가과정에서 어떤 위치를 갖는지를 생각하는 것도 중요한 일이 될 것이다.

11

평 가 조 사

1. 평가조사의 개념과 목적

1) 평가조사의 개념

평가조사(evaluation research)는 개입의 기술과 프로그램의 효과성을 측정하기 위한 것으로 일반적 사회조사방법론을 적용하는 응용조사이다. 즉, 평가조사는 어떤 개입기술이나 프로그램의 개선 또는 계속적인 수행의 여부를 결정짓기 위하여 개별적 개입기술이나 프로그램이 그 목표하는 바를 어느 정도 달성하였는지 측정하는 조사이다.

평가의 대상에는 개인, 집단, 프로그램, 조직체 등이 다 포함될 수 있다. 개인 또는 집단에 대한 개입의 효과를 평가하는 조사를 단일사례연구조사(single-subject study)라 부르는 것이 일반적이고 프로그램이나 조직체의 효과를 평가하는 조사를 프로그램(사업)평가조사(program evaluation)라고 부른다.

평가조사는 기본조사와 방법론상에서 크게 다르지 않지만 다음 몇 가지 점에서 차이가 있다.

〈표 11-1〉 기본조사와 평가조사의 차이점

	기본조사	평가조사
목적	이론적 지식을 산출하는데 주된 목적	이론적 지식을 사회적, 정치적 또는 행정적으로 응용하려는 것이 주된 목적
조사문제 설정	조사자 자신의 관심에 의해 조사문제 설정	클라이언트나 행정가가 프로그램이 의도하는 목표를 달성하였는가를 알아보기 위해 조사문제 설정
관점	사실(what is)을 발견하는 데 관심	사실과 기준(what ought to be)을 비교하여 판단하는 데 관심
조사절차 통제유무	조사자가 조사절차를 통제할 수 있고 이로 인하여 변수 간의 인과관계를 검증할 수 있음	조사자가 평가목적을 위해 프로그램과 조사절차를 통제하기 어려워 평가조사 결과의 인과적 관계가 불투명하게 될 수 있는 가능성 있음
결과	결과는 공개적으로 발표되는 것이 일반적	결과는 공개적으로 발표되지 않는 것이 일반적, 그러나 점차 평가결과도 공개되는 경향을 띔

2) 평가조사의 목적

사업평가의 목적은 다음과 같이 크게 3가지로 볼 수 있다.

(1) 프로그램의 계획이나 운영과정에 필요한 환류적 정보 제공

평가는 프로그램의 중단, 축소, 유지, 확대 여부를 결정하는 데 필요한 정보를 제공하고, 프로그램의 내용을 수정하거나 보다 효율적인 운영에 필요한 정보도 제공해 준다. 이에 근거한 프로그램 평가는 프로그램의 효과성을 평가함으로써 효과성이 어느 정도인지를 파악해서 효과성이 낮으면 중단하거나 축소할 수 있고, 효과성이 높으면 유지 또는 확대할 수 있는 근거가 되는 것이다. 그리고 프로그램의 능률성과 효과성을 동시에 고려하여 좀 더 바람직한 목표를 수정하여 설정할 수 있는 것이다.

(2) 책임성의 이행

오늘날의 복지활동은 개인이나 단체에 의한 자선적 활동이 아니라 사회적 또는 국가적 차원에서 제도화된 활동이 되고 있다. 사회복지가 사회의 제도적 활동이 되고 있다고 하는 것은 사회복지조직체가 사회로부터 사회복지활동을 할 수 있도록 인가(sanction)를 받았고 인가를 받은 사회복지조직체는 사회에 대하여 책임을 져야 하는 것을 의미한다. 즉, 복지비용의 제한적 공급 때문에 효율성과 효과성을 기반으로 하는 책임성이 더욱 강조되고 있는 추세에 있는 것이다. 프로그램평가는 사회복지자료가 되며 이러한 평가는 프로그램 담당자로 하여금 더욱더 책임성을 다하도록 하는 자극제가 되는 것이다.

(3) 이론형성에 기여

프로그램평가는 프로그램 운영방법에서부터 프로그램 결과에 이르는 인과경로를 검토, 확인, 검증하는 것이다. 검증결과 타당성이 있는 것으로 확인된 가설들은 이론으로 발전되고 그렇지 못한 경우는 이론을 수정하는 데 기여하게 된다.

2. 사업평가의 종류 및 내용

1) 사업평가의 종류

(1) 형성평가와 총괄평가

사업평가는 사용목적에 따라 형성평가(formative evaluation)와 총괄평가(summative evaluation)로 구분될 수 있다.

- 형성평가: 프로그램 운영 도중에 이루어지는 조사로서 계속되는 프로그램을

수정, 보완하기 위하여 이루어지는 조사이다. 양적 조사, 질적 조사 또는 양적 및 질적 조사의 결합 형태로 이루어질 수 있다.

- 총괄평가: 프로그램 운영이 끝날 때 행해지는 평가로서 프로그램 시행의 효과나 영향을 평가하여 프로그램의 유지, 확대, 취소 등에 대한 행정적 결정의 근거로 삼고 또한 긍정적 결과를 성질이 비슷한 다른 프로그램, 상황, 대상에 대하여 일반화시키려는 데 목적을 둔다.

(2) 양적평가와 질적평가

- 양적평가: 결과와 성과에 평가의 강조점을 두며 연역적인 논리추구 방법을 지향한다. 양적평가의 자료의 성격은 경성자료(harddata)이며, 구조화된 설문지, 질문지 등의 자료수집방법을 가진다. 조사방법으로는 실험조사, 준실험조사, 단일설계사례가 있고 조사대상자는 집단객관성을 강조한다.
- 질적평가: 평가조사의 과정에 강조점을 두고 귀납적인 논리추구방법을 지향한다. 질적평가의 자료는 연성자료(softdata)이며, 자료수집방법은 비구조화된 면접, 관찰 등이다. 조사방법으로는 민속학적조사, 현장조사, 사례조사가 있고 조사대상자는 개인주관성을 강조한다.

(3) 적합성평가와 메타평가

- 적합성평가: 적합성이란 프로그램이 추구하는 수단이나 전략보다는 프로그램이 추구하는 목표가 궁극적으로 사회적 가치에 부합하는지를 가리키는 개념이다. 적합성 평가는 개별 프로그램의 평가가 이루어지기 전에 프로그램의 가치를 따져보는 데 의미를 둔다.
- 메타평가: 이미 이루어진 프로그램 평가를 후에 종합적으로 검토해보는 평가로 평가에 대한 평가이다. 이미 완성된 평가를 최종보고서로 발간하기 이전에 평가방법의 적정성, 자료수집의 오류여부, 평가결과 해석의 타당성을 종합적

으로 검토한다. 기존 평가연구를 통합정리 하는 평가방법이다.

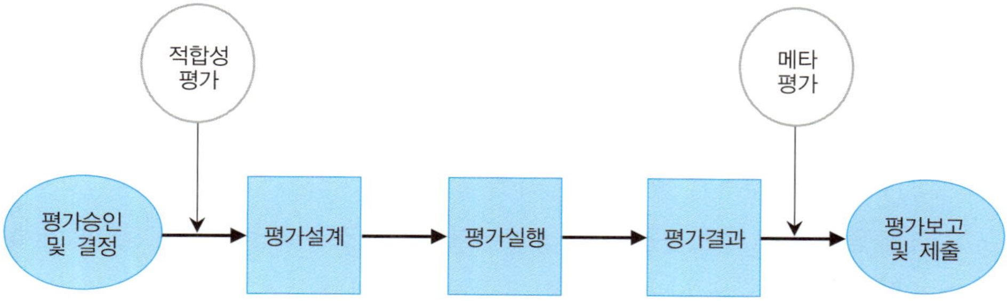

[그림 11-1] **적합성평가와 메타평가의 발생시점**

(4) 프로그램평가와 기관평가

- 프로그램평가: 프로그램을 평가대상으로 하여 프로그램의 효과성, 효율성, 영향, 질, 이용자 만족도에 초점을 두어 평가하는 것이다.
- 기관평가: 기관을 평가대상으로 하여 조직, 시설관리, 재정관리, 인력관리, 지역사회관계를 평가하는 것으로 자연히 프로그램평가도 포함되어진다. 매 3년마다 실시하는 기관평가실시, 기관평가인증제 등이 있다.

(5) 내부평가와 외부평가

사업평가는 또한 평가주체에 따라 내부평가(inside-evaluation)와 외부평가(outside-evaluation)로 구분될 수 있다.

- 내부평가: 프로그램의 결정, 집행을 담당하는 사람들 또는 같은 조직체 내의 다른 구성원이 행하는 평가
- 외부평가: 프로그램을 수행하는 조직체가 아닌 대학의 전문분야 교수, 조사연구 기관 등의 제3자가 행하는 평가

2) 사업평가의 내용

사업평가 내용에 대한 여러 가지 기준이 있지만 중요한 것을 정리해보면 ① 노력, ② 결과, ③ 비용-효과분석, ④ 비용-편익분석으로 요약할 수 있다.

- 노력: 계획된 목표의 달성을 위하여 투입된 프로그램 활동의 양과 종류를 말하는데 투입시간, 금전적 및 물질적 자원의 배분 및 사용, 클라이언트의 참여, 프로그램 담당자의 제반활동 등이 포함된다. 많은 경우 노력평가는 과정(process) 평가 또는 수행(performance)평가를 포함하기도 한다.

- 결과: 효과(effectiveness) 또는 영향(impact)과 같은 의미로 사용되고 프로그램의 목표가 실제로 달성된 정도를 말한다. 그리고 결과평가는 프로그램을 시작하였을 때 기대된 것에 비해서 프로그램 실시 후 실제로 나타난 바가 어느 정도였는가를 비교하여 달성정도를 판단하는 것이다. 사업평가조사에서 가장 핵심적인 것이 바로 결과평가이다.

- 비용-효과분석: 프로그램 수행에 투입된 비용을 프로그램의 효과와 비교하는 분석이다. 다시 말해서 프로그램에 투입된 물질적 및 비물질적인 것을 화폐가치로 환산, 이것을 프로그램 시행결과로 나타난 총 단위로 나눈 값으로 계산된다. 투입만 화폐가치로 환산하는 것이어서 환산하는 작업이 상대적으로 쉬운 편이며, 프로그램 시행의 단기적 결과는 프로그램 시행 후에 즉시 측정할 수 있기 때문에 프로그램 평가에서는 비용-효과분석이 더 많이 활용되고 있다.

- 비용-편익분석: 프로그램의 궁극적 효과를 현재의 화폐가치로 환산한 것(이득)과 프로그램 시행에 투입한 비용(비용)을 비교하는 것이다. 장래에 나타날 일을 미리 예측하기도 어려울 뿐만 아니라 미래의 어떤 사회적 사건이나 현상을 화폐가치로 환산하는 것은 어려운 일이며 비용을 비교하는 것은 미래의 가치를 현재로 할인하여 계산하는 것이기에 대단히 어려운 작업이다. 비화폐적인 것을 화폐적 가치로 환산하는 데는 입장에 따라 여러 가지로 다른 기준이 적용

될 수 있기 때문에 논란의 대상이 되는 경우가 많다.

3. 평가의 기준

평가 기준(criterion)이란 판단의 근거에 관한 것이다. 예를 들어, 어떤 사람이 한 일을 평가할 때, '얼마나 열심히 노력했는지'나 '성과가 좋았는지'로 물을 수 있다. 하나는 노력을 다른 하나는 결과로써 평가하려는 것이다. 노력과 결과의 기준이 반드시 일치하는 것은 아니다. 그래서 평가에서는 어떤 기준을 채택하는지가 대단히 중요하다.

평가의 기준으로는 노력성, 효과성, 효율성, 서비스의 질, 영향, 클라이언트 만족도 등이 주로 사용된다. 평가의 목적이나 수행주체에 따라 평가 기준이 달라지지만, 일반적으로 사회서비스 실천 프로그램들의 평가에서는 노력과 효과성, 효율성 기준이 많이 쓰인다. 정책이나 기획 차원의 프로그램 평가에서는 영향이나 공평성 기준에 대한 관심도 중요하게 다룬다. 더하여 평가 기준의 선정과 과련하여 학자들에 따라서 다양한 견해를 보이고 있는데, 정리하면 아래 표와 같다.

1) 노력성(effort)

노력성이란 프로그램 활동의 양으로 프로그램의 투입요소와 이에 따른 전환과정이다. 평가방법으로는 전문인력의 수와 투입시간, 프로그램 예산과 자원, 프로그램 기간 등이 있다.

노력의 기준은 '얼마나 열심히 했는지'를 보는 것이다. 노력 기준의 평가는 보통 프로그램 활동에 관한 정보를 도출한다. 프로그램 참여도, 수행된 활동들의 양이나 질, 투입된 자원의 정도 등이 프로그램의 노력정보에 해당한다. 일반적으로 다음 자료들이 노력 기준의 평가에서 중요시 된다.

〈표 11-2〉 **학자별 평가 기준의 비교**

suchman (1967)	Patti (1987)	Paul (1986)	Sudman (1982)	Bennett & Weisinger (1977)	Tripodi (1983)	York (1982)	성규탁 (1994)	김영종 (2005)	황성동 (2012)
노력성 성과 적정성 효과성 효율성 과정	이용자 만족도 서비스의 질	노력성 효과성 과정	노력성 효과성 효율성 과정 적합성	노력성 효과성 효율성 서비스의 질	노력성 효과성 효율성	노력성 효과성 효율성 영향 질 과정 공평성	노력 수행 적절성 효율성 과정	노력성 효과성 효율성 영향 질 과정 공평성	노력성 효과성 효율성 서비스 질 만족도정 관정

- **클라이언트** : 수, 나이, 성별, 소득수준, 가족구성 등
- **표적인구의 서비스 활용 정도** : 적용범위, % 등
- **클라이언트의 서비스 경험** : 서비스 접촉의 수와 빈도, 서비스 요청과 최초 접촉 사이의 소요시간(예 : 응급구조시간), 중도탈락 사례 수 등
- **서비스 담당자의 활동** : 케이스부담률, 서비스 제공 단위(예 : 상담시간), 서비스 유형(예 : 진단, 치료, 출장, 의뢰), 서비스 방법(예 : 개인, 집단, 가족 등)
- **지출과 자원 활용** : 예산 항목의 지출, 물품 사용, 공간과 시설의 적합성 등
- **서비스 비용** : 서비스 단위 생산에 따른 실질적 비용

프로그램 모니터링에 필요한 대부분의 정보들은 이러한 노력 기준의 평가에서 도출될 수 있다. 효과성이나 효율성 평가를 위해서도 노력 기준의 평가 정보가 기초 자료로서 필요하다.

2) 효과성(effectiveness)

효과성이란 제공된 서비스와 성취된 결과 간의 관계를 평가하는 것으로, 프로그램 목표의 달성 정도로 목표 달성과 프로그램 노력 간의 인과관계이다. 평가방법으로는 프로그램 참여자의 인지적 · 정서적 변화, 프로그램 참여자의 행동변화, 프

로그램 참여 집단의 사회적 변화 등이 있다.

효과성 기준의 정보들은 '목표들이 성취되었는지, 그것이 프로그램 활동으로 인한 결과인지'를 알려준다. 이를 위해서는 노력 기준의 정보에 성과 측정에 관한 정보가 가미되어야 한다.

프로그램의 성과 정보는 직접/간접 자료 측정을 통해 도출될 수 있다.

- **직접자료** : 클라이언트에 대한 의도된 성과를 직접적으로 측정한 자료
  예) 생활수준 향상, 가족기준 증진 등
- **간접자료** : 간접적인 지표로 측정해서 성과를 추정하는 자료
  예) '노인 여가 선용'의 성과를 추정하기 위한 '서비스 만족도' 자료

성과 기준의 평가에서는 목표의 성취 정도를 확인하는 자료 측정이 기본적으로 필요하다. 그럼에도 무형의 장기적 목표를 성과로 두는 경우가 많은 휴먼서비스 프로그램들에서는 이러한 효과성 관련 정보를 직접 획득하는 것이 늘 힘든 문제가 되어 왔다. 대안으로 클라이언트 서비스 만족도나 참여도 등의 간접 지표 자료들을 활용하는 경우가 많은 것도 이 때문이다.

3) 효율성(efficiency)

효율성은 산출대비 비용 정도로 서비스 단위의 산출당 소요비용을 평가한다. 평가방법으로는 프로그램의 투입 비용, 산출을 화폐가치로 환산한 프로그램 결과의 비용 등이 있다.

효율성의 기준은 프로그램의 자원 활용에 따른 정당성 여부에 주로 관심을 둔다. 프로그램에 주어진 자원들(인력, 자산, 공간 등)을 경제적, 효율적인 방법으로 적절히 활용했는지, 서비스의 편익은 과연 비용에 견주어서 합당한지, 동일한 목적을 위해 더 경제적으로 수행할 수 있는 방법들은 없었는지 등을 확인하는데 효율성 기준의

평가 정보가 활용된다.

효율성 평가를 위해서는 다음과 같은 비용관련 자료들의 생산이 필요하다.

- 프로그램 산출물의 단위와 관련한 비용
  예) 한 아이의 입양에 드는 비용
- 프로그램 목표들을 성취하는 데 부과된 비용
  예) 인력, 재료, 장비 등
- 다른 프로그램들과 비교를 통해 나타나는 상대적 비용
  예) 기회비용
- 프로그램 비용과 편익의 화폐 가치 환산

이러한 비용 자료들을 기초로 해서, 투입 대비 산출 혹은 투입 대비 성과라는 두 가지 유형의 효율성 평가가 가능하다.

4) 서비스의 질(quality)

서비스의 질은 프로그램 전문성으로 프로그램 제공자의 전문성을 평가한다. 평가 방법으로는 서비스 인력의 자격증, 프로그램에 활용된 지식과 기술수준 등이 있다. 일반적으로 서비스의 '질(quality)'이라는 용어는 효과성을 나타내는 기준으로도 폭넓게 사용된다. 보다 좁은 의미로 사용하자면, 서비스 질이란 그 프로그램에서 '전문적인 기준이 채용되는 정도'를 가리키는 것이다. 이 경우에 서비스 질의 전형적인 지표로 프로그램 수행 인력은 어느 정도의 전문적인 교육수준과 경험 정도를 갖추었는지를 보는 것이다.

실제 평가들에서 서비스 질 기준은 노력 기준 다음으로 많이 쓰이는 것이다. 효과성 기준에 대한 직접 측정이 어려운 상황에서도, 프로그램 자체 평가의 기준을 단순히 노력 정도가 아닌 질의 차원으로 높이는 것은 언제나 바람직하기 때문이다. 물론 이때의 가정은 서비스 질과 효과성 기준이 같이 움직인다고 전제하는 것이다.

- 사회복지사 1급이 사회복지사 2급보다는 가족치료를 더 잘할 것이라고 가정한다.
- 직원들의 평균 학력이 높은 기관이 낮은 기관보다 서비스의 효과성이 높을 것이라고 가정한다.
- 전문의가 있는 병원이 일반의가 있는 병원보다 치료를 더 잘할 것이라고 가정한다.
- 특급호텔 주방장 출신이 요리하는 식당의 음식이 동네 중국집 주방장 출신의 식당 음식보다 더 맛있을 거라고 가정한다.

전문 평가자들은 서비스 질 기준의 평가를 그다지 선호하지 않는다. 이유는 서비스 질 기준의 평가가 효과성 평가를 직접 대체할 수 있는 근거가 없다는 점 때문이다. 예를 들어, 학력이 높은 서비스 인력이 반드시 높은 서비스 효과를 초래하지 않는다는 것이다.

그럼에도 불구하고, 실제 프로그램 평가에서는 서비스 질 기준이 널리 사용되고 있다. 적어도 서비스의 현재 상태에 관한 많은 것들을 시사해 줄 수는 있기 때문이다. 그 결과, 평가에 관여하는 많은 사람들에게 서비스 질 기준은 특정 프로그램을 쉽게 평가해 볼 수 있는 방법으로 널리 사용된다.

5) 영향(impact)

영향은 사회문제나 이용자의 욕구변화에 미친 영향으로 프로그램과 사회적 지표 간의 관계이다. 평가방법에는 위험집단과 표적집단의 변화 정도, 지역사회 지표의 변화 등이 있다.

영향 기준은 프로그램의 개별적 목표 성과의 기준들과는 다르다. 주로 거시적 기획 차원에서 검토되는 것으로, 어떤 프로그램이 주어진 목표에 대해 특정한 성과를 나타내고 있는지에 더해서 그로 인해 원래 의도했던 사회문제의 해결에는 어느 정도의 영향을 미쳤는지를 파악하는 것이다. 영향 평가에는 보통 복잡한 추론 과정이 필요하다. 하나의 프로그램 성과에 의해 판단될 수 있는 영역을 벗어나 있기 때문이다.

프로그램의 영향 평가는 예를 들어, 청소년비행률이나 실업률과 같은 사회문제의 지표를 감소시키려는 목적에서 다수의 지역사회 프로그램, 정책, 기타 제반 활동과 노력들이 있었다면, 이 프로그램은 거기에 몇 퍼센트 정도의 기여를 했는지를 확인하려는 것과 같다. 이것은 개별 프로그램 내에서 설정한 목표들에 대해 효과성 기준의 성취를 확인하는 것과는 명백히 구분된다.

6) 클라이언트 만족도(client satisfaction)

클라이언트 만족도는 서비스의 주체가 클라이언트라는 관점에서 서비스의 질을 측정한 것으로 효과성, 효율성과 함께 프로그램 평가기준의 3대 기준으로 그 중요성을 인정받고 있다. 클라이언트 만족도는 이용자의 만족 정도로 프로그램 이용자의 만족 정도를 수치화한다. 평가방법에는 프로그램 참가 후의 목표한 만족 정도 등이 있다.

클라이언트 만족도는 단순히 이용자의 서비스에 대한 만족 여부만 묻는 것이 아니라 불만 및 고충이 무엇이었는지, 그에 대한 해결이 얼마나 잘 되었는지, 어떤 욕구를 가지고 있었는지에 대한 것까지 포함한다(정성적인 특성). 클라이언트 만족도는 주로 서비스 선호도에 대한 조사과정에 많이 이용되는데 이는 조사비용이 저렴하고 활용이 쉽기 때문이다. 하지만 이때 클라이언트는 좋은 쪽으로 응답하는 경우가 많고 개인마다 편차가 크기 때문에 신뢰도와 타당도는 낮다. 그러므로 평가자는 클라이언트 만족도를 다른 평가 지표와 함께 병행하여 사용해야 한다.

많은 사회복지기관에서 클라이언트의 만족도를 측정하기 위하여 설문지 양식의 표준화된 측정도구를 많이 사용한다. 이는 직접 물어보거나 특별한 지표를 개발하는 것보다 비용이 저렴하고 이용이 쉽기 때문이다.

어떠한 방법을 사용하든지 클라이언트 만족도를 평가할 때는 다음과 같은 점을 유념해야 한다. 먼저, 신뢰성 있는 척도 또는 지표를 사용해야 한다. 이는 개인이나 기관의 새로운 기준이 아닌 외부에서 신뢰성을 인정하고 다른 프로그램에서도 사용된 적이 있는 측정도구를 선호하는 것을 뜻한다. 다음으로 반복적인 측정이 행해져야 한다. 이는 타당도의 문제로 여러 번 측정하여 같은 결과가 나올수록 타당도는 높다고 할 수 있다. 이때 주의할 점은 여러 번의 측정에서 항상 같은 도구를 사용해야 한다는 것이다. 마지막으로 질문을 구성할 때는 반드시 개방형 질문을 넣어야 한다. 개방형 질문이란 서술의 형태로 대답하도록 하는 것으로서 응답자가 자신의 의견을 자유롭게 표현할 수 있어 평가자가 미처 생각지 못했던 부분을 알 수도 있다.

7) 과정성(process)

과정 기준의 평가는 프로그램 실행과정에 관한 정보를 도출하는 데 쓰인다. 이는 프로그램의 성공이나 실패 결과에 대한 이유를 설명하는 근거로 사용된다. 과정 기준의 정보는 프로그램의 속성이나 서비스 상황 등을 나타내는 자료들로 구성된다.

■ 프로그램 구성요소

프로그램의 구성요소를 접근성, 수행방법, 수행 인력, 기타 속성 등으로 나누어 분석한다. 프로그램의 결과 특성이나 문제들이 과연 어떤 속성 요소들과 관련되어 있는지를 판단하는 데 사용된다.

■ 서비스 인구

서비스 인구집단의 특성을 차별적으로 분석한다. 프로그램이 각기 다른 서비스 인구집단에 대해 어떤 다른 효과를 내는지를 파악하는데 쓰인다. 예를 들어, 프로그램이 남성보다 여성 이용자들에게 더 잘 작동했는지, 젊은 세대와 노인 세대 간 효과의 차이는 어떠한지 등을 밝히는 데 쓰일 수 있다.

■ 환경조건

프로그램이 제공되는 환경조건을 분석하는 것이다. 계절별 여건의 차이, 주변 경쟁 프로그램들의 상태, 프로그램이 소속된 모기관의 영향 등을 평가의 대상으로 한다. 이런 정보 역시 프로그램의 성공과 실패를 분석, 설명하는 데 쓰인다.

■ 효과의 본질

프로그램이 성취한 효과의 유형과 본질을 나누는 분석이다. 예를 들어, 프로그램의 효과가 인지나 태도, 행동 중 어느 측면에 속하는 것인지 등을 나누어 본다. 효과의 지속성이나 영향 등도 분석할 수 있다. 이들은 모두 평가의 결과를 충실하게 설명해 주는 근거가 된다.

과정 기준의 평가 정보들은 프로그램 개선 방향을 결정하거나 다른 환경에 프로그램을 이식, 복제할 가능성이 있는지 등을 확인하는 데 필수적으로 쓰인다. 대부분의 프로그램 평가에서 과정 기준의 정보 역시 노력이나 질 기준 정보들과 함께 공통적으로 수집, 활용된다.

8) 공평성(equity)

서비스나 그로 인한 편익이 인구 집단에 공평하게 배분되었는지를 평가하는 기준이다. 이 기준은 정부 정책이나 기획 차원의 평가에서 주로 검토되는데, 합리적 이유보다는 정치적 고려에 의해 채택되는 경우가 많다.

프로그램이 자원배분이나 절차에서 공평했는지에 대한 판단 기준은 대개 '일관성'을 근거로 한다. '욕구에 따른 공평한 분배'가 보다 합리적이겠지만, 그러한 근거를 현실적으로 적용해서 측정하기란 쉽지 않다. 그래서 주로 '모든 사람에게 똑같이'라는 일관성 근거를 채택하는 경향이 있다. 비록 공평성 기준이 정치인이나 행정관료들의 입장에서는 쉽게 선호될 수 있지만, 전문직 인력에게는 비합리적인 것으로 받아들여지기 쉽다.

9) 접근성

접근성은 서비스 대상자가 기관으로부터 서비스를 얼마나 용이하게 받을 수 있는지에 대한 평가기준이다. 이때의 접근성이란 지리적 접근성과 함께 심리적 접근성도 포함한다. 프로그램이 아무리 좋아도 홍보 미숙 등의 이유로 이용자가 부담을 느낀다면 그것은 심리적 접근성이 낮은 경우라고 할 수 있다. 또한 프로그램을 제공하는 장소가 클라이언트에게 지리적 제한요인으로 작용하는 경우가 많다. 장애인이나 노인이 이용하지 못하거나 경제적인 이유로 인하여 이용하지 못하는 대상자가 있다면 프로그램 평가 시 좋은 평가를 받을 수 없게 된다.

접근성은 지역주민의 사회복지관인지 여부, 시설의 위치, 장애자 편의시설의 설치여부, 시설 개방이나 복지관 홍보의 정도를 가지고 측정할 수 있다.

4. 평가의 모델

사회복지평가는 조직이론적 측면에서 대표적으로 목표달성모델과 체계모델로부터 영향을 받는다고 해도 지나치지 않다. 프로그램을 평가하는 데에 사용되는 모델로는 목표달성 평가모델, CIPP평가모델, 판단지향 평가모델, 제4세대 평가모델, 논리모델 등이 있다.

1) 목표달성 평가모델(obgective-oriented evaluation model)

가장 고전적 평가모형으로 설정된 프로그램 목표와 참여자들의 실제 성취수준을 비교하는 데 초점을 두는 평가모형이다. 참여자들이 목표를 실제로 얼마만큼 성취했느냐에 따라 프로그램의 효과성을 판단하며, 성취하지 못한 목표는 프로그램의 부적합성을 나타내는 기준이 된다. 또한 평가는 평가 그 자체를 위해 존재하는 것이 아니라 프로그램 전체 과정에 대한 합리적 판단을 하기 위해 존재하는 것이다.

〈표 11-3〉 **평가의 기준과 평가요소**

기준	정의	평가요소(방법)
노력성(effort)	프로그램 활동의 양	**프로그램의 투입요소와 이에 따른 전환과정** –단위활동의 수 –이용자의 수 –전문지식과 기술의 소유와 활용 정도 (전문인력의 수) –프로그램 예산 및 자원 –프로그램 기간 및 하위활동들의 단위 기간 –프로그램 활동에 대한 전문인력의 투입시간 등
효과성 (effectiveness)	프로그램 목표의 달성 정도	**목표 달성과 프로그램 노력과의 인과관계** –이용자의 인지적/감정적 변화 –이용자의 행동상의 변화 –이용자집단(client)의 사회적 변화 등
효율성 (efficiency)	산출대비 비용 정도	**서비스 단위 산출당 소용비용** –프로그램 노력(위의 요소들)에 대한 비용 –프로그램 결과에 대한 비용 등
서비스의 질 (quality)	프로그램의 전문성	**프로그램 제공자의 전문성** –서비스 인력의 전문자격 소유 여부와 정도 –프로그램에서 활동하고 있는 전문지식과 기술의 발전상태 등
영향 (impact)	사회문제나 이용자욕구 변화에 미친 영향	**프로그램 노력과 사회적 지표 변화 간의 관계** –위기집단과 표적집단 내에서의 변화 정도 –사회지표상의 변화에 대한 실증적 기대 정도 등
클라이언트 만족도 (client satisfaction)	이용자의 만족 정도	**프로그램 이용자의 만족 정도를 수치화** –프로그램 참가 후의 목표한 만족 정도
과정성 (process)	프로그램 결과의 경로	**프로그램 운영상의 매개체** –세부목표(수단적 목표)들의 달성 정도와 연계성 –세부목표와 프로그램 결과 사이의 영향 정도의 차이 등

기준	정의	평가요소(방법)
공평성 (equity)	프로그램 배분의 공평성	**프로그램의 접근성** −대상집단에게 동일한 접근기회가 주어지는지의 여부와 그 정도 −프로그램활동이 지역 내에 균등하게 배분되는 정도 등

2) CIPP평가모델

이 모형에서 가장 중요한 것은 의사결정자의 의사결정을 돕는 것이며, 목표달성 평가모형과 여러 가지 면에서 비슷하나 평가자가 프로그램의 가치에 대해 개인적 평가를 하지 않는다는 점에서 차이가 있다. CIPP는 상황평가(context), 투입평가(input evaluation), 과정평가(process evaluation), 산출평가(product evaluation)의 머리글자를 딴 것이다. 즉, CIPP는 목표를 결정하는 합리적인 상황적 토대나 이론적 근거를 제공하는 상황평가(Context evaluation), 목표를 성취하기 위해 동원해야 할 자원과 절차에 관한 정보를 제공하는 투입평가(Input evaluation), 프로그램의 목표를 달성하기 위해 실천되고 있는 제반 수행활동의 효율성에 관한 정보를 수집하여 이를 의사결정자에게 제공하는 과정평가(Process evaluation), 프로그램에 의해 성취된 결과를 측정하여 해석하는 산출평가(Product evaluation)를 뜻한다.

3) 판단평가모델

전문적 판단에 주된 관심을 두는 평가모형인 판단지향 평가모형에서는 평가의 성질과 평가 그 자체의 적절성에 대한 평가전문가의 판단을 강조한다. 따라서 보다 전문적 판단을 위해서는 판단의 준거인 내재적 준거와 외재적 준거 중 외재적 준거에 초점을 두어야 하고, 평가의 유형은 형성평가와 총괄평가로 구분되며, 이는 진행 중인 프로그램의 개선에도 중점을 두어야 함을 강조한다는 것을 고려해야 한다. 또한 여러 가지 프로그램이나 목표 중 어떤 것이 우수하고 어떤 장점과 효과를 가지고 있는지 등을 비교, 분석하기 위한 비교평가를 활용해야 한다. 평가는 목표 설정이 제대로 되어 있다는 전제하에 평가하는 목표의거평가와 여러 증거 가운데 평가의 목표와 가치를 찾아보고 성취 여부를 판단하는 탈목표평가로 구분된다. 평가란 단순한 목표의 성취수준이나 질만 판단하는 것이 아니라 목표 그 자체의 가치까지도 판단하는 것임을 잊지 말아야 한다.

4) 4세대 평가모델

4세대 평가모델은 기존의 과학적 패러다임에 입각하여 이루어지는 전통적 평가 모형들을 대체할 만한 새로운 평가모형을 총칭하는 말이다. 제 1세대 평가모형은 측정 중심의 평가방법으로 목표의 달성 정도에 초점을 둔 것이고, 제 2세대 평가모형은 개인에 대한 측정부터 프로그램 전체까지를 평가대상으로 삼고, 이를 바탕으로 프로그램을 개선하는 평가의 형성적 기능까지 포함하는 평가방법이다. 제 3세대 평가모형은 프로그램에 관한 기술을 바탕으로 평가대상에 대한 보다 체계적 기술과 판단이 강조되는 평가방법이며, 제 4세대 평가모형은 제 1, 2, 3세대 평가모형의 문제점들을 해결하기 위한 대안으로 제시된 것으로 반응적 구성주의 평가모형이다. 반응적 구성주의 평가모형이란 '반응적 평가모형'과 '구성주의 평가모형'을 결합한 것으로 목표중심의 평가방법과는 달리 평가 의뢰자의 협상을 통해 평가근거와 영역을 정하는 일과 평가수행 시 특정 방법을 미리 정하는 것이 아니라 적절한 방법을 융통성 있게 구성하는 방법이다.

5) 논리모형

프로그램 논리모델은 목표와 결과 사이의 관계를 설명하는 도식이다. 즉, 사회복지프로그램 개발과정에서 체계이론의 개념을 적용하여 프로그램의 투입 → 전환 →

산출→성과의 각 단계 간의 관계를 논리적으로 설명하는 도식을 활용함으로써 프로그램의 성과를 체계적으로 측정, 평가하는 모델이다. 논리모델은 프로그램이 특정한 환경과 상황에서 확인된 문제의 해결을 위해 어떻게 작용할 것인지를 밝히기 위해 적절한 모델이다. 프로그램 성과목표에 대한 설득력 있는 논리구조와 문제해결에 적합한 방법들을 이해당사자들이 납득할 수 있도록 하며, 프로그램의 주요요소와 성과 측정을 위한 평가항목의 구체화 등 평가와 성과측정의 틀을 마련하는데 유용하다.

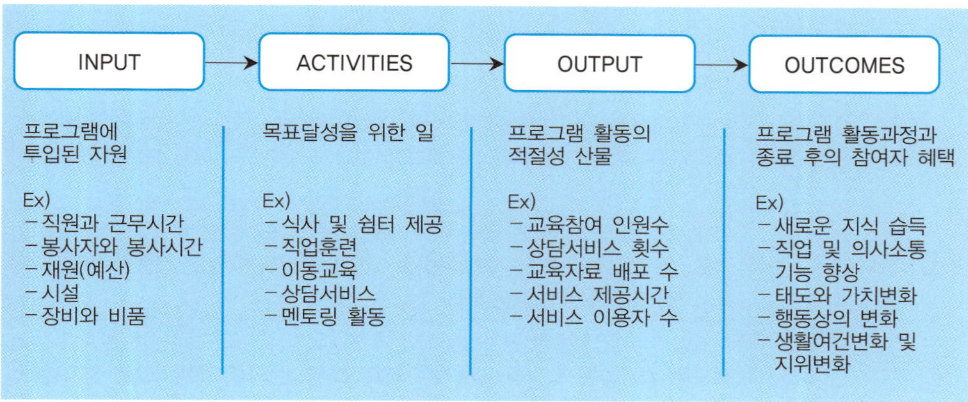

[그림 11-2] **논리모형의 도식**

이와 함께 논리모델은 평가와 성과측정을 위한 평가를 구성함에 있어, 평가문항의 이유와 어떤 측정방법이 성과측정을 위해 가장 중요한 요소인지를 확인할 수 있도록 한다. 또한 평가보고서의 틀을 작성하는데 도움을 주어 평가와 측정으로부터 확인된 결과물로 과정을 설명할 수 있도록 할 뿐 아니라 그 결과가 프로그램의 발전에 기여할 뿐 아니라 개발과정에서 프로그램 담당자와 프로그램에 참여하는 다른 사람들 간의 상호이해와 경험을 공유할 수 있도록 한다. 그리고 프로그램에 투입된 인적·물적 자원을 명확하게 해주고 목표를 분명히 설정하는데 도움을 주고, 프로그램 수행과정을 차트로 보여주는 시각적 장치를 사용하여 프로그램 개발자나 평가자가 모니터링할 수 있도록 도와준다. 논리모델은 프로그램의 성과평가에 강조점을 두어 어떻게 논리적 성과가 나타났는지를 측정하고 설명해주는 평가 모형이다.

〈표 11-4〉 프로그램 평가의 이론적 모델

평가모델	주요내용
목표달성 평가모델	고전적 모델로서 설정된 프로그램의 목표와 실제 성취된 결과를 비교하여 그 성공 여부를 판단한다. 평가는 그 자체가 목적이 아니라 프로그램을 합리적으로 판단하기 위한 수단이다. 목표치 대비 성과로 평가하기 때문에 달성 가능한 목표를 수립하는 것이 매우 중요하다.
CIPP평가모델	상황평가(context), 투입평가(input evaluation), 과정평가(process evaluation), 산출평가(product evaluation)로 구성된다.
판단지향 평가모델	전문가의 전문적인 판단에 의존하는 평가모델이다. 의도된 효과는 물론 의도하지 않은 효과도 평가하고, 프로그램 결과와 질뿐만이 아닌 프로그램의 가치까지 판단한다.
제4세대 평가모델	목표 중심의 평가방법과 달리 평가 의뢰자와의 협상을 통해 평가의 근거와 영역을 결정하고(반응적), 평가방법을 사전에 특정하지 않고 적절한 방법을 융통성 있게 구성한다.(구성주의)
논리모델	시스템 이론을 적용한 평가모델이다. 투입-과정-산출-피드백 간의 관계를 논리적으로 설명하는 도식을 이용하여 프로그램의 성과를 체계적으로 평가한다.

5. 사업평가조사의 절차

1) 평가목적 및 평가대상의 결정

일단 사업평가를 하기로 결정했다면 무슨 목적으로 어떤 프로그램을 평가할 것인지 그리고 어떤 내용을 위주로 평가할 것인지 등을 결정해야 한다. 이러한 결정을 하는 데는 평가를 위한 비용, 인원, 시간 그리고 평가결과의 실제 이용자 등이 고려되어야 할 것이다.

2) 프로그램의 책임자 및 담당자의 이해와 협조요청

프로그램의 평가는 그 프로그램의 운영을 책임지는 사람과 프로그램을 실제적으로 수행하는 담당자가 평가의 목적, 방법 등을 잘 이해하고 협조를 해줌으로써 가능하다. 프로그램을 평가한다는 사실은 예상치 못한 결과나 부정적 결과가 나올지 모른다는 불안감과 두려움을 프로그램 담당자에게 일으킬 수 있다. 그러므로 먼저 이들이 평가의 목적과 방법, 내용, 범위 등에 대해서 이해할 수 있도록 협의와 토의가 이루어져야 하고 조사계획과 시행과정을 통하여 긴밀히 협조해 줄 수 있도록 프로그램 관련자와 평가자 사이에 협의가 이루어져야 한다. 특히 외부인에 의한 평가 시 이러한 점에 유의할 필요가 있다.

3) 프로그램의 목표 확인

프로그램 평가의 핵심은 프로그램의 목표에 대한 실제 달성 정도를 측정하는 것이므로 프로그램의 목표를 명확히 확인하는 일은 무엇보다도 중요하다. 프로그램의 목표는 명확하고, 구체적이고 측정 가능하도록 설정되어야 한다. Tripodi는 목표가 명확하고 구체적이고 측정 가능하기 위해서는 다음과 같은 요건을 갖추어서 설정되어야 한다고 주장한다. 즉, "누가(who), 무엇을(what), 누구(whom)에게(를 위해서, 와 함께) 어느 정도의 기대되는 변화(what expected change or changes)를 가져올 것이다"라는 내용으로 서술되어야 한다는 것이다.

여기서 '누가'는 클라이언트에게 직접적으로 서비스를 제공하는 사람의 수, 자격 및 개인적 특성을 의미한다. '무엇'은 클라이언트와의 접촉의 내용, 장소, 빈도, 시간 등을 의미한다. '누구에게'는 개입의 대상이 되는 표적인구, 즉 클라이언트를 말한다. 서비스를 받기 위해서 클라이언트는 어떤 일정한 자격요건을 갖추어야 한다. '기대되는 변화'는 변화의 내용, 변화의 정도, 변화 발생시기 및 지속시간 등을 의미한다.

목표가 불분명할 경우 프로그램 관련자들끼리 또는 프로그램 관련자와 평가자가 같이 목표를 재검토하여 설정하는 경우 다음과 같은 점에 유의하는 것이 바람직하다.

첫째, 애매모호하거나 불확실한 말로 서술된 목표가 있을 경우 구체적 사항 하나로 압축하여 서술하도록 노력할 필요가 있다. 그러나 목표로 서술된 말이 너무 추상적이거나 범위가 너무 넓어선 안 된다.

둘째, 목표는 종속변수에 해당되므로 프로그램에서 변화대상자(클라이언트)에게 적용한 개입사항(독립변수)과 논리적으로 연결이 되도록 설정되어야 한다.

셋째, 목표는 확실히 하나로 나타낼 수 있는 것이 아니면 복수로 설정하는 것도 바람직하다. 경우에 따라서는 프로그램 기획 시 설정된 것 외에 이론적으로 연결하여 나타날 수 있는 것이면 몇 개를 더 추가하는 것이 좋다.

넷째, 목표는 경우에 따라 단기적인 것이 될 수도 있고 장기적인 것이 될 수도 있기 때문에 장기적 목표는 이와 연결되는 매개변수적 역할을 하는 가까운 목표를 설정하는 것이 바람직하다.

4) 조사대상자의 변수선정

결과평가 또는 효과성 평가는 개입의 구체적 과정 및 기술 그리고 그 과정을 통하여 실제적으로 클라이언트에게 나타난 변화가 프로그램에서 예상되었던 평균적 변화(목표)에 비하여 어느 정도였는지를 평가하는 것이다. 다시 말해서 개입 자체 및 이에 관련된 사항 그리고 클라이언트의 특성 등의 영향에 의하여 클라이언트의 태도, 지식, 행동, 기술, 조건 등에 변화가 생길 것으로 가설을 설정하고 이러한 가설을 검증하기 위한 경험적 조사를 실시하는 것이 평가조사의 핵심이다. 이러한 의미에서 평가조사에는 독립변수, 매개변수 그리고 종속변수가 있게 된다.

• 독립변수는 변화에 영향을 미치는 변수로서 사회복지기관 또는 프로그램의 원

칙, 방법 및 기술, 관계직원에 관한 특성, 클라이언트의 성별, 연령, 사회경제적 지위 등과 같은 투입변수이다.

- 매개변수는 실제의 변화를 촉진 또는 저해하는 요인을 말하는 것으로 프로그램 운영변수와 연결변수가 있다. 프로그램 운영변수는 프로그램을 어떻게 운영하느냐에 관계있는 변수로서 서비스 전달자의 계속성 여부, 클라이언트의 참여 빈도, 서비스 간의 협조 정도, 클라이언트 동료들에 의한 인정 정도 등이 이에 해당된다. 연결변수는 실제적 개입활동과 개입의 결과 사이에서 인과적 연결의 작용을 하는 변수를 의미한다. 즉, 연결변수는 개입활동에서 개입의 목표 사이에 중간 목표로 설정될 수 있는 것을 의미하며 이론상 인과적 연결을 갖는 변수이다.

- 종속변수는 실제적 개입의 결과, 즉 변화의 정도를 나타내는 것인데 개입대상의 태도, 가치, 지식, 행동, 생산성, 상태 등이 이에 해당된다.

평가조사의 제 4단계에서는 이상에 설명한 바와 같은 독립변수, 매개변수 및 종속변수를 확인하고 사업평가의 목적 및 내용과 관련하여 어떤 변수를 선정할 것인지 결정해야 한다.

5) 이용 가능한 자료 및 측정도구의 결정

선정된 변수에 따라 그것들을 측정하기 위하여 어떤 자료들이 이용 가능한지 그리고 특정 변수를 측정하기 위하여 기존의 측정도구가 있다면 이를 이용할 수 있는지 등을 검토하여 결정하여야 한다.

6) 측정도구의 개발

선정된 변수를 측정하기 위하여 기존의 측정도구를 이용할 수 없다면 기존의 측정도구를 일부 변경시키거나 또는 새로운 측정도구를 개발하여야 한다. 특히 신뢰도와 타당도가 높은 측정도구가 될 수 있도록 노력해야 할 것이다.

7) 적절한 조사설계 형태의 결정

조사설계는 표본추출과 직결되므로 조사설계에 부합하는 방법으로 적절한 대상자를 선정하여 조사를 실시할 준비를 갖추어야 한다.

8) 조사수행

앞의 7단계까지는 조사계획을 수립하는 것이라 할 수 있고, 8단계는 이 계획에 따라 실제로 자료를 수집하는 조사활동을 수행하는 것이다.

9) 결과의 분석 및 해석

실제 조사활동을 통하여 자료가 수집되면 이를 편집하여 적절한 통계절차를 이용하여 분석하고 통계적 결과가 무엇을 의미하는지 명확히 해석해야 한다.

10) 결과의 보고 및 실제적 이용

조사의 결과는 조사 및 통계를 모르는 사람도 이해할 수 있을 정도로 서술하여 보고해야 한다. 그리고 보고서에는 프로그램 평가와 관련한 건의사항 등이 반드시 포함되어야 한다. 보고서를 실제적으로 어떻게 이용하느냐는 조사의 목적과 관련되어 있으므로 조사평가 의뢰자의 의도에 따라 사용해야 할 것이다.

6. 결과(종속변수)의 측정

다른 변수(독립변수, 매개변수)의 측정에 관한 사항은 일반조사에서의 측정원칙과 크게 다른 바가 없어 이에 대한 설명은 생략하고 종속변수인 결과의 측정에 관한 유의점만 간략히 설명하기로 하겠다.

1) 결과 측정대상

사회복지 프로그램의 결과는 크게 프로그램에 참여한 개인의 변화와 서비스 전달체계의 운영에서의 변화 두 가지로 나누어 볼 수 있다.

(1) 프로그램에 참여한 개인의 변화

① 프로그램 참여자의 인지적 또는 감정적(정서적) 상태의 변화의 정도: 지능검사와 태도측정의 도구들이 이용

② 프로그램 참여자의 행동 또는 건강상태에 있어 변화의 정도: 직접 관찰 또는 여러 가지 진단절차 등을 이용하여 측정

③ 지역사회 내에서 서비스를 받은 개인들 전체의 변화 정도: 예를 들면 실업률의 변화, 사망률 및 이환율의 변화 등 사회지표를 이용하여 측정

(2) 서비스 전달체계 운영에서의 변화

서비스의 접근, 계속성, 서비스의 단편성, 서비스 이용자에 대한 책임성에 관련되는 사항의 변화를 측정하는 것인데, 이는 직접관찰, 서비스 기관의 기록 분석,

서비스 이용자들의 주관적 느낌, 욕구조사의 결과 등으로 측정될 수 있다.

2) 결과 측정기준

결과를 측정하는 데는 그 결과를 비교해 볼 수 있는 어떤 기준이 있어야 한다. 결과를 측정하여 비교하는 기준으로 가장 일반적이고 중요한 것으로서 절대적 기준과 상대적 기준이 있다.

〈표 11-5〉 결과 측정기준

기준	내용
절대적 기준	규범적인 것으로서 미리 정해 놓은 일정한 수준의 결과를 말한다. 프로그램에서 미리 예견해 놓은 결과는 목표가 된다. 그러므로 절대적 기준은 프로그램의 목표가 된다. 프로그램의 목표는 가장 많이 이용되는 절대적 기준이 되고 있다.
상대적 기준	평가대상 프로그램과 비슷한 기관 내의 다른 프로그램 또는 기관 외의 다른 프로그램의 결과가 된다. 즉, 평가대상 프로그램의 결과를 특성이 비슷한 다른 프로그램의 결과와 비교해서 상대적으로 평가하는 것이다.

3) 측정자료의 출처

프로그램 평가조사에서 핵심이 되는 종속변수인 결과를 측정할 수 있는 여러 자료출처와 그러한 자료출처에 관련된 유의점이 무엇인지 살펴보기로 하겠다. 자료의 출처는 클라이언트, 프로그램 실천가, 클라이언트 주위의 사람, 기록된 자료, 판정자 등이다.

(1) 클라이언트

클라이언트는 거의 대부분의 프로그램 평가조사에서 자료의 궁극적 출처이고 가장 중심적 출처이다. 클라이언트에 대한 직접 관찰, 질문지, 면담 등에 의해 클라이언트로부터 자료가 직접적으로 얻어지는 것이다. 자료가 클라이언트의 기억이나 판단에 의존해 있는 경우 왜곡되거나 편견이 개입될 가능성이 상당히 있다는 점을 유의해야 한다.

(2) 프로그램 실천가

프로그램 실천가는 프로그램에서 실제로 개입활동을 하는 사람을 말한다. 실천가는 클라이언트의 변화에 관련된 지식을 일차적으로 갖고 있는 사람이므로 클라이언트 대신에 클라이언트의 변화에 개입한 실천가로부터 자료를 수집할 수 있다. 실천가로부터의 자료수집은 질문지, 면담, 사전에 규정된 기록표, 케이스레코드 등을 통하여 이루어질 수 있다. 제한점은 객관성을 유지하기 힘들고 따라서 자기의 개입결과를 긍정적 방향으로 평가하려는 경향이 있다는 것이다.

(3) 클라이언트 주위사람

결과에 관한 자료는 클라이언트의 개입에 관련이 있는 주위 사람들, 즉 가족, 친척, 교사, 친구 등으로부터 수집될 수도 있다. 이들은 클라이언트의 문제해결과 관련성은 있어도 그 개입의 정도가 약하므로 어느 정도 객관적 입장에서 변화의 상황을 판단할 수 있다.

(4) 기록된 자료

클라이언트와의 개입에 직접 관여하지 않는 사람들로부터의 자료도 클라이언트의 변화를 판단할 수 있는 주요한 자료가 될 수 있다. 경찰관과의 접촉, 병원 또는 시설에 입원 또는 퇴원, 복지 서비스 이용 빈도 등의 기록은 객관적으로 클라이언트 행동변화에 관련된 자료를 제공할 수 있는 것이다. 이러한 자료들을 이용하는데 있어서는 충분한 검토가 있어야 한다.

(5) 판정자

판정자는 자료에 대한 상당히 복잡한 판정을 하도록 요청된 자를 말한다. 판정자는 클라이언트, 실천가, 기록된 자료, 클라이언트 주위사람 등으로부터 수집된 자료에 의해서 종합적 판단을 할 수 있는 사람이므로 판정자는 일정한 자격을 갖춘 사람이어야 한다.

Part

04

[질적연구방법]

12 질적연구의 특성과 연구전통

1. 질적연구방법과 패러다임 논쟁

질적연구방법은 '연구자가 연구에 앞서 가설을 설정하고 그 가설을 검증하여 일반화 하는 것을 목적'으로 하는 양적연구방법과는 매우 다른 문제인식과 연구과정을 필요로 한다. 질적연구방법의 이러한 특징은 질적연구방법이 양적인 자료에 의존하는 연구가 계속적으로 발전함에 따라 그러한 연구는 기계적이라는 비판이 제기되면서 출현하게 되었다는 것으로도 뒷받침된다. 이는 앞서 제2장의 '사회과학과 사회복지조사'에서 고찰한 제2절의 '사회과학의 패러다임'과 방법론과 관련한 내용 중의 패러다임의 전환(paradigm shift)과 관련되는 것으로 실증주의에 근거한 양적연구방법에 대한 비판은 대체로 다음과 같은 몇 가지로 정리할 수 있다(서대진 · 장형유 · 김명희, 2016; 성태제 · 시기자, 2006).

첫째, 연구가 이론에 구속된다. 양적연구는 가설을 설정하여 연구를 진행하는데, 이 가설을 설정할 때부터 이미 어떤 특정 이론에 의존하는 것이다.

둘째, 객관성과 가치중립성을 유지하기 힘들다. 연구자는 어떤 이론에 대해 연구자 스스로가 추구하는 방향으로 결론을 내리는 경향이 있을 뿐만 아니라 과학적 지식의 패러다임이 내포하고 있는 가치와 주관에 영향을 받는다는 것이다.

셋째, 연구주제가 제한되어 있다. 양적연구는 관찰이나 질문 등을 통해 자료수집이 가능한 것만 연구주제로 선택하기 때문에 주제가 제한된다는 것이다.

넷째, 연구결과를 일반화하는 데 문제가 있다. 즉, 연구대상으로부터 얻은 결과를 다른 집단에 적용하여 일반화하는 것은 무리가 있다는 것이다.

다섯째, 사회현상연구를 위해서는 다양한 연구방법이 동원되어야 한다. 사회현상은 자연현상과는 구별되며, 복잡하게 얽혀있으므로 사회현상의 특성을 파악하기 위해서는 연구방법이 다양해야 한다는 것이다.

이와 같은 양적연구에 대한 비판은 질적연구로 연결되면서 질적연구에 대한 관심은 1970년대 중반 이후 더욱 활발하게 나타나기 시작했다. 실증주의와 가치중립적인 과학적 탐구에 대해 의문을 제기하면서 다분히 자기반영 성향이 짙은 비판적 패러다임이 질적연구 분야 내에서 대두되기 시작한 것이다. 이러한 새로운 관점은 보다 설득력있는 설명모형이나 패러다임에 의해 합리성을 상실하게 된 기존의 과학적 이론은 갑작스럽게 소멸한다는 Kuhn(1970)의 주장과 잘 부합하였던 것이다.

사회과학과 연구방법론의 발전을 살펴보면, 학자들이 질적연구 진영과 양적연구 진영으로 분리되었고, 최근 50년 동안에 데이터 수집과 분석에 대한 양적 접근법과 질적 접근법에 관한 논란이 뜨거웠던 것을 알 수 있다. 이런 논란의 가장 큰 이유는 연구자마다 세계관이 다르고 사회현상 연구방법에 대한 관점이 다르기 때문이다. 예를 들자면, 양적 사회연구방법은 자연과학의 양적연구방법과 함께 발전했는데, ① 세계는 물리적 실체이고, ② 발생하는 모든 현상은 측정 가능하며, ③ 이러한 실험측정 결과는 언제 반복되든 동일하다는 관점 등으로 그 입장을 정리할 수 있다. 이러한 사회연구 전략은 일부 사회과학(특히 심리학과 사회학의 일부)에서 성공적으로 도입되었다(천정웅, 2017).

이와 함께 다른 분야(특히 인류학)에서는 연구자가 사회구성원들과 밀접한 관계를 가지며, 연구대상과 한동안 부대끼는 형태의 사회연구방법이 발전했다. 연구자는 사람들이 속해 있는 맥락 안에서 이들을 관찰하고 이들의 이야기를 들으며, 자연적으로 발생하는 사태에서 직접 데이터를 도출한다. 이런 접근법의 초기 사례는 1955년에 처음으로 완성된 Whyte(1993)의 '길모퉁이 사회: 이탈리아 빈민가의 사회적 구조(Street Corner Society: Social Structure of an Italian Slum)'이다. 이러한 사회 연구전략은 소위 질적(qualitative) 데이터 수집 · 처리 전략으로 발전했고, 이에 따라 연구자들은 자신이 직접 참여해 데이터를 수집하고 연구하게 되었다(Matthews & Ross, 2010).

20세기 후반에는 양적 접근법(컴퓨터의 활용과 통계 분석 기법)과 질적 접근법(여성주의 연구, 새로운 데이터 수집·분석 기법, 그리고 컴퓨터 분석 프로그램) 모두가 발전했다.

특히, 질적연구에 대한 방법론이 모호했던 20세기 중엽, 1985년에 Linclon과 Guba는 자연주의적 탐구(natualistic inquiry)라는 문헌을 통해 연구에 있어서 연구대상에 대한 인위적인 통제를 하지 않고 연구에 임하는 접근법에 대하여 소개하였다. 즉, 인위적 연구의 거부를 통해 초기 질적연구의 접근에 대한 사고의 원형을 도출하면서 실증주의적 세계관의 변화를 언급하고 이에 동조하는 학문공동체의 형성을 주장한 바 있으며, 이로써 지난 수십 년간 두 진영의 학자들 간 전투를 치르게 된다. 이러한 것은 곧 실증주의(경험주의) vs. 구성주의(현상학적 접근), 양적방법(quantitative) vs. 질적방법(qualitative), 그리고 '실재의 본질', '인과연계(causal linkages)의 가능성' 등에 대한 기존의 탐구전통에 크나큰 논쟁을 제기한 레슬러/전사(wrestler/warrior)로서 평가되고 있다. 이러한 논쟁은 기존의 양적연구에 대한 질적연구자의 저항으로 받아들여지면서 이른바 연구의 패러다임 논쟁을 불러일으키는 계기가 되었다.

Guba와 Lincoln은 이러한 두 개의 주요 패러다임을 실증주의(경험주의)와 구성주의(현상학적 접근)라고 하였는데 실증주의 패러다임의 근저에 높여있는 것은 소위 양적방법이라고 하는 것이며 반면에 구성주의 패러다임 아래 놓여 있는 것은 질적연구방법이라고 한다.

영미의 일부 학자는 대체적으로 질적연구가 다소 우수하다는 결론을 내리며 오늘날은 질적연구를 많이 채택하는 경향이며 이러한 관점에서 질적연구에 대한 지나친 편향은 오히려 연구의 비능률과 낭비를 초래한다는 경제적 관점에서, 그리고 실용주의적 관점에서 양적, 질적 연구의 장점을 적절히 융합한 혼합 방법론(mixed methodology)이 나타나기도 한다.

양적연구와 질적연구는 분명한 패러다임의 차이를 가진다. 그 중에서도 질적연구냐 양적연구냐 하는 구분은 연구방법론(research methodology)의 문제라고 말한다. 이는 연구 논리(research logic)와 연구 기법(research technic)의 두 측면을 모두 포함한다(조용환, 2000). 연구 논리는 연구자가 기조로 삼고 있는 연구의 배경이 되는 철학적 인식론을 일컬으며, 연구자가 연구대상에 대해 어떠한 시각을 가지고 어떻게 접근해야 할 것인가를 결정하는 기제이다. 흔히 양적연구는 실증주의적 인식론의 바탕을 둔 반면, 질적연구는 현상학적 인식론에 바탕을 둔 것이라고 구분한다. 양적연구 논리는 사물의 실체가 인간의 인식밖에 객관적으로 존재한다고 가정하고, 가설의 수립과 검증을 통해 '사실'을 입증할 수 있다는 것이다. 반면에 질적연구 논리에서는 객관적인 진리란 존재할 수 없다고 생각하며, 연구자가 대상과 상호교류하면서 대상을 이해, 해석해야 한다고 보고 있다.

〈표 12-1〉 **양적, 질적 연구 패러다임 비교**

연구의 전제		양적 패러다임	질적 패러다임
존재론적 전제	실재란 존재하는가?	객관적 실재/ 단일 실재 존재	주관적 실재/ 다양한 실재 존재
인식론적 전제	연구자와 연구대상 사이의 관계는 어떠한가?	연구자는 연구대상으로부터 독립적	연구자와 연구대상 사이의 상호작용
가치론적 전제	연구과정에서 연구자의 가치는 어떠한 역할을 하는가?	가치중립적/객관적	가치개입/주관적
수사학적 전제	연구에서 사용되는 언어는 어떠한 성격을 가지는가?	공적언어/정의에 입각/ 수량적 단어	비공식적 언어/ 맥락에 따른 언어
방법론적 전제	연구방법론에서 중시되는 논점은 무엇인가?	연역적 방법 원인과 결과 일반화 중시	귀납적 맥락에 입각 이행과정 중시
대표적 연구방법		조사방법/실험법	인터뷰/참여관찰법

존재론과 인식론에서 상이한 패러다임을 가진 질적 연구와 양적 연구 사이에는 분명한 경계가 존재한다. 그러나 양자의 논리가 다르지만, 모든 사물이 양과 질의 속성을 다 가지고 있듯이, 어떠한 연구든지 양적 측면과 질적 측면을 함께 포함하

고 있으며 또한 필요로 한다. 이 둘을 단순한 연구기법의 차이로 구분하는 것은 생각해 볼 부분이 있으며, 상호 보완성이 아예 불가능한 것은 아니다. 질적연구가 양적연구에 유용한 기초자료를 제공하거나 양적연구가 질적연구를 통해 제기된 가설을 검증하거나 질적연구의 결과를 양적연구가 일반화하는 과정에서도 양자의 상호 보완성을 발견할 수 있다(조용환, 2000).

2. 질적연구와 양적연구의 비교적 특징

양적연구방법은 구조화되고 수치로 나타낼 수 있는 데이터를 수집·처리하는데 일차적인 관심을 둔다. 앞에서 살펴본 바와 같이, 대체로 실증주의적 인식론을 수용하고 통계적으로 분석될 수 있는 데이터가 수집될 때, 양적 데이터가 확보된다. 양적연구자는 연구에 앞서 가설을 설정하고, 그 가설을 검증하기 위해서 자료를 수집하고 분석한다. 양적연구방법에서는 선행연구의 이용, 연구문제와 가설 설정, 연구대상, 변수의 처리, 연구결과 분석 등을 포함한다. 다른 한편, 질적연구방법은 주관적인 판단, 감정, 의견, 믿음이 포함되는 스토리와 이야기에 초점을 둔다. 질적연구의 목적은 의미와 이해이다. 질적연구방법은 연구대상으로 선정된 사람들이 자신의 사회세계와 행위에 대하여 어떤 의미를 부여하고, 상황을 정의하고, 그에 따라서 행위하는지를 그들의 관점에서 이해하려는 것이다(천정웅, 2017).

그리고 양적, 질적 연구방법 모두 타당도, 신뢰도, 일반화 가능성, 연구대상에 대한 깊은 이해 등의 영역에서 완벽할 수는 없다. 따라서 최근에 연구자들 사이에 양적연구와 질적연구의 약점은 보완하고, 장점은 살리기 위하여 양자를 혼합한 연구방법론을 개발하거나 혼합방법을 이용한 연구 설계를 하고자 하는 제 3의 패러다임 움직임이 나타나고 있다. 제3의 패러다임의 새로운 접근법은 혼합모형설계(models of combined designs)라 하는데, 양적연구와 질적연구를 연구단계 속에서 교대로 사용하는 방법을 말한다. 혼합 연구방법은 질적연구방법과 양적연구방법이 특정한 연구 프로젝트에 가장 적합한 방식으로 혼합된 것으로 간주하면 가장 적절하다.

〈표 12-2〉 양적 접근과 질적 접근의 특징

양적 접근	질적 접근
실증주의적 존재론과 인식론 (사회는 실체라는 입장이다.)	해석주의적 존재론과 인식론 (실체는 사회에 대한 관념이라는 입장이다.)
연구 질문을 검증 가능한 가설로 구성할 수 있다.	부수적인 질문을 활용해 연구 질문을 도출할 수 있다.
대상을 계산하고 통계 분석을 실시하면, 연구 질문에 답할 수 있다.(혹은 가설을 검증할 수 있다.)	사태를 기술·설명하고 연구대상자들의 이해, 믿음, 경험을 확보하면 연구 질문에 답할 수 있다.
연구자는 자신이 무엇을 찾고 있는지 대체로 알고 있다.	연구자는 자신이 무엇을 찾고 있는지에 대해 대략적인 생각만 할 뿐이다.
데이터를 수집하기 전에 연구 설계/전략이 확정되는 경우가 대부분이다.	연구 설계/전략은 유동적이고 시간이 흐름에 따라 달라질 수 있다.
객관적이다.(연구자가 대상에 관여하지 않는다.)	주관적이다.(연구자가 하나의 사회적 존재로서 대상에 관여한다.)
도구(조사, 질문지 등)를 활용해 데이터를 수집하는 경우가 많다.	대개는 도구를 사용하지 않는다. 연구자 자신이 데이터 수집 도구라고 볼 수 있다.
데이터를 숫자나 코드로 나타내는 경우가 많다.	데이터의 형식이 자유롭다.
데이터를 일반화할 가능성이 있다.	데이터를 일반화할 수 있는 경우는 거의 없다.

출처: Matthews & Ross(2010), p.143.

한편, 데이터 수집·분석의 측면에서, 양적연구와 질적연구의 가장 결정적인 차이는 수집된 데이터가 구조화되는 방식과 이러한 작업을 수행하는 주체이다. 우선, 양적연구가 수집·처리하는 데이터는 다음과 같다. 즉, ① 구조화–범주화 또는 부호화되어서 계산될 수 있는 데이터, ② 연구자가 구조화한 데이터–연구자가 질문항목과 답변 유형(주로 객관식)을 모두 결정한다. 한편, 질적연구가 수집·처리하는 데이터는 다음과 같다. ① 연구 참가자가 직접 구성한 데이터, ② 연구자가 분석과정에서 해석하고 구조화한 데이터 등이다.

질적연구의 초점은 총체적(holistic)이다. 연구가 추구하는 것은 어떤 현상의 전체성이나 완전한 모습을 추구한다. 질적연구는 수집된 자료로부터 진화한다. 양적연구가 연역적(deductive) 방법으로 먼저 가설을 설정하고 이를 검증하는 것과는 달리 질적연구는 귀납적(inductive) 방법으로 이론과 가설이 수집된 자료로부터 진화하여 발견을 추구한다. 이러한 이론과 가설은 움직이며 변화(working hypothesis)하다가 어느 순간에 발견에 도달하게 된다. 질적연구 자료는 양적연구의 자료처럼 객관적이거나 양화(quantification)된 것이 아니라 주어진 환경으로부터 사람들이 지각한 것이다.

그러므로 인터뷰나 일기, 관찰기록 등이 광범위하게 사용된다. 도구는 주로 인간이다. 연구대상인 인간뿐 아니라 심지어는 연구자 자신이 도구가 된다. 왜냐하면 연구자는 다른 사람의 해석을 모아 재해석하거나 혹은 다른 사람의 해석을 그대로 번역하는 작업을 하기 때문이다. 연구는 실험실과 같이 통제된 조건이 아닌 자연스러운(naturalistic) 상황에서 이루어진다. 연구가 타당한 결과를 얻는 것은 실질적이며 풍부하고 심도 있는 자료를 얻기 위한 연구 설계와 과정이 얼마나 잘 되어 있느냐에 달려 있다.

Hatch(2008)는 질적연구의 특성을 다음과 같은 몇 가지로 제시하고 있다.

첫째, 자연스러운 상황이다. 질적연구에서는 사람들의 경험이 연구의 대상이 된다. 질적연구의 의도는 자연스러운 사건 맥락에서 인간의 행동을 탐구하는 것이다.

둘째, 참여자 관점이다. 질적연구는 특정한 사회적 상황에서 개인이 자신의 행동을 위한 근거로 삼는 관점을 포착하고자 노력한다.

셋째, 자료수집 도구로서의 질적 연구자다. 질적연구의 주요 자료는 스스로에 의해 직접적으로 수집된다.

넷째, 의미의 핵심이다. 사회적 사실들을 확인하려는 노력보다 오히려 개개인이 그들 주변의 사회환경을 이해하는 데 사용했던 의미를 기술하는 것에 더 관심이 있다.

다섯째, 전체성과 복잡성이다. 질적 방식은 사회적 맥락을 고립적이고 불완전하며 단절된 변인으로 분류하지 않고 전체로서 체계적으로 고찰될 수 있는 수단으로 제공한다.

여섯째, 주관성이다. 질적연구는 외형적인 표현뿐 아니라 내면적인 상태에 관심이 있다.

일곱째, 드러나는 설계다. 질적연구의 목표는 특정한 사회적 상황의 현상 속으로 들어가는 것이므로 대부분의 질적연구자는 연구 설계의 연구 질문, 방법 그리고 다른 요소들이 연구가 전개됨에 따라 변경된다는 것에 동의할 것이다(Jacob, 1988).

여덟째, 귀납적 자료 분석이다. 질적연구자는 이미 알고 있는 그림으로 퍼즐을 맞추지 않는다. 조각들을 모으고 검토하면서 그림의 형태를 찾는 방식이다(Bogdan & Biklen, 1992).

아홉째, 반영성이다. 연구자는 자신이 연구하는 세계의 일부이므로 앎의 주체와 대상을 분리할 수 없다.

한편, 이러한 특성은 질적연구방법론의 구체적인 접근법과 장르에 따라서 적용의 정도가 달라질 수 있다. 그러나 질적연구의 접근법의 종류에 관계없이 질적연구는 개인이 구성하는 의미의 이해에 초점을 두는 귀납적 분석과정이라는 공통점을 갖는다. 참여자 관점에 대한 존중과 연구의 도구 및 일부로서의 연구자에 대해 관심을 가지며, 다양한 경험 재료의 수집을 통해 연구가 이루어진다고 할 수 있다.

3. 질적연구의 설계와 표집

1) 질적연구의 설계원리

질적연구에서도 연구설계의 개념이 필요하다. 그러나 검증될 가설을 설정하고 자료수집 도구, 가설과 관련된 자료들을 의도적으로 확보하고, 사전에 확정된 분석의 절차 등과 같은 개념을 중심으로 설계하는 양적연구와는 다르다. 질적연구에서의 설계는 보다 포괄적이고 여유로운 자세로 연구문제에 대한 기본 관점, 이론적 방법론적 엄격성, 그리고 연구를 진행하는 동안 이러한 상황들과 어떻게 상호작용할 것인가를 체계적으로 고려하는 것을 중심으로 한다(Becker et al., 1961). 질적연구의 설계는 질적연구의 전통적 연구방법론 중에서 어떤 접근법을 선택할 것인가의 문제와 연구계획서부터 최종 보고서에 이르기까지 어떤 글쓰기를 할 것인가의 문제를 결정하는 것도 포함한다.

Creswell(2007)은 질적연구 설계원리로서 다음과 같은 몇 가지를 제시한 바 있다.

첫째, 질적연구를 진행할 때 대체로 과학적 연구과정 안에 들어가는 것을 발견해야 한다는 것이다. 질적연구자들은 특정한 이슈나 문제를 갖고 시작하며, 연구문제와 관련한 다양한 문헌들을 검토하고 연구질문을 제기하며, 자료를 수집하며 분석하고, 보고서를 쓴다.

둘째, 질적연구계획의 몇 가지 측면들은 연구자가 발전시킨 세부사항들의 분량에 따라 달라진다. 문헌활용의 경우 문헌에 대한 태도가 다양해지면 선험적 이론 활용에 대한 태도가 달라진다. 문헌들은 충분히 검토되고 실제로 제시된 질문들을 알기위해 사용될 수도 있고 연구과정에서 나중에 검토될 수도 있으며, 연구문제의 중요성을 기록하는 데만 사용할 수도 있다. 또한 이론의 활용도 매우 다양하다. 예를 들어 문화이론은 좋은 질적문화기술지의 기본적인 구조물을 형성하며, 근거이론에서는 이론이 연구과정 전반을 통해 개발되거나 생성된다.

셋째, 질적연구에서 고려해야 할 또 다른 사항은 질적연구계획을 위한 글쓰기 양식이다. 이는 과학이 지향하는 접근방식, 서사방식, 연극이나 시와 같은 수행방법 등에 따라 매우 다양하다. 분명한 것은 질적연구에서 전형적으로 발견되는 하나의 기준이나 널리 인정되고 수용되는 구조는 정해진 것이 없다는 점이다.

넷째, 질적연구에서는 방법을 가지고 시작하는 것이 아니라 그 연구의 중심적인 광범위한 가정들, 그 가정들과 일치하는 세계관, 그리고 연구를 형성하는 이론적 관점을 가지고 시작한다.

다섯째, 질적연구의 과정에서 연구자는 연구참여자들을 탐색하고 그들의 말을 경청한 뒤 질문을 형성하면서 개방형 연구질문을 하게 된다. 그리고 연구문제에 대한 이해가 확대되면서 연구과정 동안에 질문이 변하게 된다. 또한 이러한 질문들을 현장으로 가지고 나가야 한다.

여섯째, 자료수집과 분석의 과정을 거치면서 내러티브(질적연구에서 나타나는 형식을 가지고 있는 이야기)를 형성하게 된다. 내러티브를 통해 연구수행 경험과 그 결과에 대한 연구자의 해석을 어떻게 형성하게 되었는지에 대해 이야기하며, 이 이야기는 연구 참여자의 목소리로 말할 수 있도록 한다.

일곱째, 연구의 모든 과정 동안 윤리적 고려사항에 주의를 해야한다. 윤리적 문제는 연구자가 현장에 들어가고자 할 때, 연구참여자를 참여시키려고 할 때, 참여

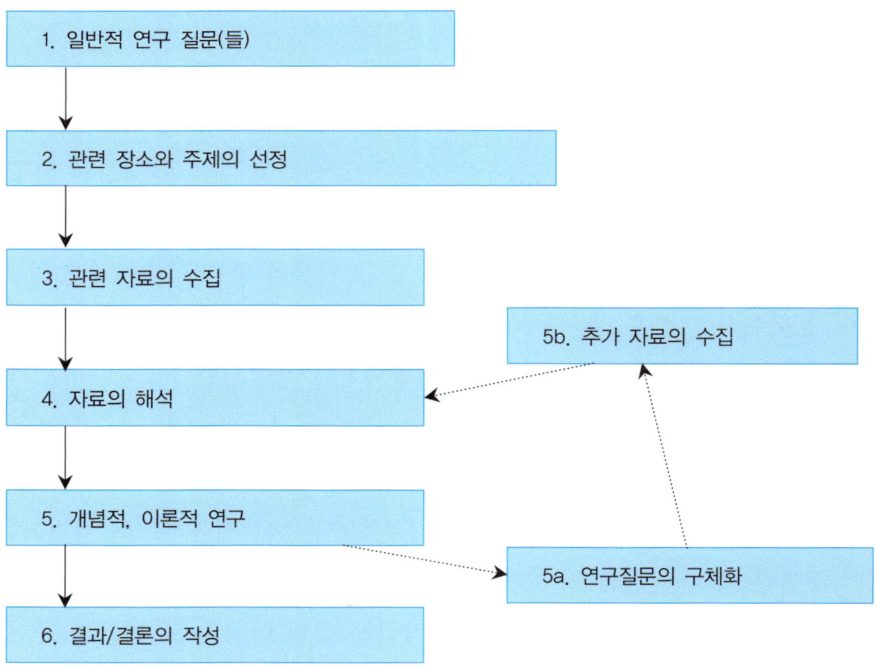

출처: Bryman(2012), p.384.

[그림 12-1] 질적연구의 주요 단계 개요

자들의 개인적이고 정서적인 세세한 생활의 자료를 수집할 때, 연구참여자들에게 상당히 많은 시간을 요청하게 될 때 특히 중요하다.

2) 질적연구의 표집과 연구대상

질적연구에서의 표본선택의 논리는 양적연구와 다르다. 양적연구의 표본선택이 확률의 논리에 기반한다면, 질적연구의 표본선택은 준거(criteria)의 논리에 기반한다(김인숙, 2016). 양적연구에서는 모집단에서 연구대상을 무차별적으로 선택하는 무선 표집방법 등과 같이 일반화를 목적으로 하는 대규모 표집을 사용한다. 질적연구는 그와 달리 연구자가 자신의 연구목적과 관심에 적합한 특정한 대상과 사례를 의도적으로 선택하여 연구대상으로 삼는 '의도적 표집(purposive sampling)'을 사용한다. 여기서 '의도적'이란 연구자가 연구문제에 대해 풍부한 정보를 제공하는 대상과 사례를 선택한다는 뜻이다. 즉, 질적연구에서의 표본선택은 준거의 논리를 기반으로 다양성을 고려하고, 추가적 표본 선택을 허용함으로써 연구의 타당성을 확보하는 것이다. 의도적 표집은 연구자의 판단에 근거하고 기준을 정한다는 의미에서 판단표집(judgement sampling) 또는 준거표집(criteria sampling)이라고도 한다(김인숙, 2016).

또한, '의도적 표집'은 어떠한 기준을 갖고 표집을 실시했는지에 따라서 다양한 방법이 존재하는데, Merriam(2009)와 Patton(2002)은 다음과 같은 몇 가지를 소개하고 있다(유기웅 외, 2012).

첫째, 전형적 표집(typical sampling)이다. 연구하고자 하는 문제에 대해서 가장 일반적인 환경과 사람 등을 연구대상으로 선정하는 경우이다. 이 방법은 연구를 읽는 독자들이 주변에서 흔히 일어나는 상황에 쉽게 대입해 볼 수 있다는 장점을 갖는다. 그러나 연구결과가 너무 일반적 상황을 연구한 까닭에 흥미롭지 않을 수 있다는 단점이 있다.

둘째, 특수표집선정(unique sampling, extreme case sampling)이다. 연구목적에 부합하는 특수하고 흔하게 일어나지 않는 상황이나 대상자를 표집하는 방법으로 전형적

표집의 반대로 볼 수 있다. 그동안 관심을 받지 못했던 현상을 연구함으로써 다른 사람들이 미처 생각하지 못한 흥미로운 결과를 얻을 수 있는 장점이 있지만, 너무 특수한 상황을 연구한 나머지 일부 독자에게만 흥미있는 연구가 될 수 있다는 단점을 갖는다.

셋째, 최대편차표집(maximum variation sampling)이다. 표집의 대상 안에 최대한 다양한 차이를 보이는 대상을 수집해서 연구하는 방법이다. 다양한 특성을 가진 현상을 연구함으로써 그 현상의 다양한 차이에도 불구하고 존재하는 핵심적 개념에 대하여 이해할 수 있다는 장점이 있는 반면에 다양한 특성을 가진 참여자를 모집하는 것이 쉽지 않다는 점이 단점이다.

넷째, 편의표집(convenience sampling)이다. 연구자가 자신의 재정적 상태, 연구에 허락된 시간, 접근 가능한 장소 등을 고려할 때 연구하기에 가장 편리한 표집을 선정하는 경우이다. 연구를 쉽고 빠르게 진행할 수 있는 장점이 있지만, 연구문제에 충분한 답을 줄 수 있는 표집을 선정하기 어려울 수 있다는 것이 단점이다.

다섯째, 눈덩이표집(snowball sampling)이다. 연구자가 연구대상자 선정 기준에 부합하는 핵심 연구대상자를 초기에 먼저 선정하고 그들에게 연구주제와 관련한 정보를 많이 갖고 있는 다른 대상자들을 소개받는 방법을 말한다. 장점은 연구참여자의 수집이 용이하지만, 단점은 소개받은 연구대상자들이 연구주제에 대한 풍부한 자료를 갖고 있는지 아닌지를 자료수집 전에는 확실히 알 수 없다는 점이다.

이제 위에서 소개한 다양한 표집 선정 방법을 활용하여 연구대상자를 선정한 후에는 과연 얼마만큼의 표집을 해야 할 것인가를 판단하는 일이다. 먼저 지적할 것은 양적연구와 달리, 질적연구는 표본의 크기를 결정하는 규칙이 없다는 점이다(Patton, 1990). 대단위 사례보다는 연구목적과 연구문제를 가장 잘 대표하고 있는 특정 사례를 선정하여 연구하기 때문에, 연구대상, 즉 연구참여자나 사례의 수가 양적연구에 비하여 상당히 적다. 질적연구의 접근법이나 장르 또는 구체적인 연구목적에 따라서 필요한 경우에는 한 명 또한 한 개의 사례가 연구대상이 될 수 있다.

어떤 사람은 인터뷰를 활용하는 연구의 경우 50명 이하를 말하고, 근거이론을 활용하는 경우는 20~30명, 현상학적 연구는 10명 내외를 주장하는 등의 기준이 제시되기도 하지만, 일괄적으로 기준을 제시하는 것은 어렵다(김인숙, 2016). 그래서 질적 연구를 수행하는데 적절한 표집의 수를 선정하는 가장 이상적 기준은 표집의 수를 초기에 정하지 않고 지속적으로 자료를 수집하는 과정에서 더 이상 새로운 내용이 발견되지 않을 때 자료수집을 그만두는 것이다(Merriam, 2009).

한편, 질적연구의 표본의 크기가 작은 것은 일반화의 문제를 제기한다. 그러나 질적연구는 양적연구처럼 표본을 통해 나온 변수들 간의 관계를 통계적 추론을 통해 모집단에 추정하는 통계적 일반화를 목적으로 하지 않는다. 질적연구의 목적은 사람들의 경험 이면에 작동하는 의미를 맥락을 고려하여 이해하는 데 있다. 오히려 너무 큰 규모의 표본은 특정 지점에서 더 이상 새로운 증거나 통찰이 나타나지 않는 '포화상태'를 넘어, 중복되고 불필요한 자료를 생산해 낼 수 있다고 본다.

4. 질적연구의 발달과 탐구전통

질적연구방법은 여러 학문의 영향을 받아 발전되어 왔으며 문화인류학으로부터 그 대표적인 방법이 유래된 것으로 본다. 인류학적 연구법은 탐구자의 관찰능력과 해석능력에 주로 의존하는 방법이므로 이를 제대로 수행하기 위해서는 자료수집과 분석, 글쓰기 등과 관련한 질적탐구전략에 많은 경험과 훈련이 필요하며 연구과정 전반에 걸쳐 지속되어야 한다. James(1997)에 의하면 질적연구를 민속학적 연구, 자연주의적 연구, 인류학적 연구, 현장연구 또는 참여관찰연구와 같은 연구의 방법론에 대한 포괄적인 용어로 본다.

실제로 질적연구를 형성하고 이어오는 데 기여한 지적 전통에는 여러 가지가 있다. Creswell(2007)은 내러티브연구, 현상학적 연구, 근거이론 연구, 문화기술지 연구, 질적사례연구 등을 질적연구방법의 주요한 '다섯 가지 접근'으로 강조하면서 질적연구자는 이러한 접근법들 중의 하나를 선택할 것을 제안한 바 있다. Creswell (2009)은 그 외의 방법으로 참여실행연구(Kemmis & Wilkinson, 1998)나 담화분석(discourse analysis, Check, 2004)과 같은 접근도 질적연구를 수행하기 위해 실용적인 방법이라는 것을 지적하고 있다. 연구자는 개인을 연구하거나(내러티브, 현상학), 과정, 활동, 사건을 탐색하거나(사례연구, 근거이론), 개인이나 집단이 광범위하게 문화를 공유하는 행동을 연구한다(문화기술지)는 것이다(천정웅, 2017).

1) 문화기술지 연구(ethnographic study)

질적연구방법으로서의 문화기술지는 문화적 또는 사회적 집단이나 체계에 대한 기술과 해석이다. 따라서 문화를 이해하고 기술하는 이론에 입각하여 쓰게 된다. 문화기술지가 갖는 함의는 왜 문화적인 차이를 보이는가 그리고 그들은 왜 그러는가를 알아내는 것이다(심우찬, 2011). 문화기술지 연구는 연구자가 주로 관찰 및 면접 자료를 수집하면서 오랜 기간 동안 자연상태의 환경에 있는 기존의 문화집단을 연구하는 탐구전략이다(Creswell, 2009).

문화기술적 연구는 특정 사회나 집단에 직접 들어가서 장기간 참여관찰하며, 그 집단구성원들이 생활하는 모습, 행위 양상, 의사소통, 사고방식 등 총체적인 부분에 대한 이해를 도모하는 연구방법이라 할 수 있다. 연구자는 집단의 관찰 가능하고 학습된 행동, 관습, 생활방식의 패턴을 검토한다. 하나의 과정으로서, 문화기술지는 집단에 대한 장기간의 관찰을 수반하게 되는데, 대개, 연구자가 그 사람들의 일상생활에 몰입된 참여관찰을 통해 또는 집단구성원들과의 일대일 면접을 통해 이루어진다. 연구자는 문화공유집단의 행동(behavior), 언어(language), 상호작용의 의미를 연구한다.

2) 현상학적 연구(phenomenological study)

현상학적 연구(phenomenological study)는 하나의 개념이나 현상(the phenomenon)에 대한 여러 개인의 체험(lived experiences)의 의미를 기술한다. 현상학적 접근은 Husserl에 의해 정초된 현상학적 철학의 전통에 토대를 두고 발전하였다. Husserl은 수학가였고 인간이 어떻게 사물과 대상을 경험하는지 묘사하는데 관심을 두었으며, 또한 인간이 어떻게 경험되는 사물과 대상을 구성하는지 설명하는데 관심을 두었다(심우찬, 2011).

현상학적 연구는 연구자가 연구참여자를 묘사함으로써 현상에 관련된 인간경험의 본질을 확인하는 탐구전략이다(Creswell, 2009). 생생한 경험을 이해한다는 것은 방법뿐만 아니라 철학으로서 현상학에 주목하는 것이고, 연구절차에는 의미의 패턴과 관계를 개발하기 위해 광범위하고 장기적인 참여를 통해 소수의 대상을 연구하는 것이 포함된다(Moustakas, 1994). 이 과정에서 연구자는 연구참여자의 경험을 이해하기 위해 자신의 경험을 배재하기도 한다(Nieswiadomy, 1993).

현상학(phenomenology)은 철학사적, 이념사적으로 중요한 위치를 차지하고 있는 것으로서 전통철학으로부터 현대철학으로의 전환을 이루는 직접적인 계기가 되었으며 오늘날 대부분의 철학적 관점들이 발달하는데 상당한 영향을 주었다. 현상학은 크게 두 가지로 나누어 생각해 볼 수 있는데 Husserl 이래로 다양한 학자들과 사상가들에 의해 논의된 특정한 철학내용으로서의 현상학과 논의를 가능하게 했던 현상학만의 독특한 관점과 태도 혹은 그러한 관점과 태도를 바탕으로 하는 탐구방식으로서의 현상학이 그것이다.

3) 근거이론(grounded theory)

1960년대 Strauss와 Glaser(1967)에 의해 주장된 근거이론접근 방법은 현재까지도 많은 질적연구를 수행하는 학자들에게 다양한 형태로 활용되고 있다. 근거이론은 연구자가 연구참여자의 관점에 근거한 과정, 행동, 상호작용의 일반적·추상적 이론을 추출하는 탐구전략이다(Creswell, 2009). 근거이론의 과정에는 다단계에 걸쳐 자료 수집하기와 정보의 범주를 정제하고 상호관련짓기하는 것이 포함된다(Charmaz, 2006; Strauss & Corbin, 1998).

이 설계의 주요 특징은 생성되는 범주로 자료를 연속 비교하는 것과 정보의 유사성과 차이를 극대화하기 위해 서로 다른 집단을 이론적 표집(theoretical sampling)하는 것이다. 이는 확률적인 자료수집을 통한 대표성의 확보와는 달리 현상의 심층적인 분석을 위한 분석적 연구의 틀과 개념을 가장 잘 확보할 수 있는 자료를 찾는 과정을 말한다.

근거이론적 연구방법은 연구의 도구로서 학습하는 연구자를 중심에 두고, 연구자가 자료에 대한 완전한 포화도(saturation)의 이해를 얻을 때까지 연구대상 및 자료와의 반복적인(iterative) 상호작용을 할 것을 요구하며, 이러한 이해를 코딩을 통해 이론의 형태로 표현해 낼 것을 요구한다. 주의할 점은 이렇게 발생된(emergent) 이론은 그 자체로 최종적이고 완결된 것이 아니며, 다른 사례의 연구대상을 통한 검증(theoretical sampling)과 다른 자료 및 분석에 대한 계속적인 비교(constant comparison)를 통해 수정하고 보완될 수 있는 잠정적이고 비완결적인 것이라는 것이다.

4) 질적사례연구(qualitative case study)

사례연구는 질적 조사에서 가장 흔한 방법으로 사용되지만, 방법론적인 선택이 아닌, 하나의 사례를 연구해야 하는 선택으로 이해된다. 이는 사례연구가 현장연구(fieldwork)라는 이름이 아닌, 사례연구라는 이름을 강조하며, 하나의 사례에서 특별히 배울 수 있는 문제에 관심을 두고 있다는 사실을 말해주는 대목이기도 하다(Lincoln & Denzin, 2000). 사례연구는 연구자가 어떤 프로그램, 사건, 행동, 과정, 1명 이상의 개인을 심층적으로 탐구하는 전략이다(Creswell, 2009). 사례는 시간과 활동에 의해 제한되고 있어서 연구자는 연구기간 내 다양한 자료수집절차를 통하여 상세한 정보를 수집한다.

질적 사례연구는 일반적으로 수량화된 데이터를 이용하여 가설검증하는 방법보다 특정 사례를 관통하고 있는 독특한 특성들에 대한 통찰력, 발견적 맥락, 맥락에 대한 해석에 관심을 두고 있으며(Sharan, 1988), 연구질문에 대한 가설검증을 목표로 하는 실증주의적 관점과는 달리 연구 분석대상에 대한 현상을 전체적으로 이해하는 데 초점을 두고, 분석대상에 대한 '이해(verstehen)'를 목표로 특정 현상에 내재된 의도와 의미를 그 현상이 관련되어 있는 상황적 맥락 속에서 파악한다.

5) 내러티브(narrative inquiry)

내러티브는 현상(phenomena)인 동시에 연구방법(method)으로 인간을 이해하고자 하는 많은 학문에서 긴 역사를 가지고 연구되어 왔다. 내러티브는 질적연구방법의 하나로서 인간 경험에 초점을 두고 있고, 인간 경험의 기본적인 구조이며, 또한 총체적인 질(holistic quality)을 가지고 있다. 내러티브는 연구자가 개인의 삶을 연구하고, 1명 또는 그 이상의 개인에게 그들의 삶에 대한 이야기를 제시해 달라고 요구하는 탐구전략이다(Creswell, 2009). 개인의 삶에 대한 정보는 연구자에 의해 이야기식 연대기로 종종 재진술된다. 마지막에는 개인의 삶으로부터 나온 관점과 연구자의 삶으로부터 나온 관점이 협동적인 이야기로 결합된다(Clandinin & Connelly, 2000).

내러티브 탐구는 '이야기하기'(story telling)와 '다시 이야기하기'(retelling story), 즉 내러티브를 통해 인간이 자신의 경험에 대한 의미를 만들어 가며, 지식을 구체적이고 내러티브적이며 관계적인 것으로 개념화하고 있는 Clandinin과 Connelly (1995)의 연구에 기반을 둔다(Clandinin & Connelly, 2000). 이들에 의하면 내러티브 탐구는 경험을 이해하기 위한 하나의 방법이며, 한 장소 또는 일련의 장소에서 환경과의 상호작용 하에 계속적으로 일어나는 연구자와 참여자 간의 협력이다. 연구자는 이러한 관계망 속으로 들어가서 이와 같은 영감(spirit)을 가지고 탐구를 진행시켜 나간다.

5. 질적연구의 적용과 오해

1) 질적연구의 적용

질적연구가 필요한 경우를 여러 가지 측면에서 고찰할 수 있다. 먼저 Padgett (1998)은 다음과 같은 여섯 가지를 제시하고 있다.

첫째, 잘 알려지지 않은 주제에 대한 탐구적 접근을 하고자 할 경우 필요하다.

둘째, 민감하고 정서적으로 깊이 있는 주제를 연구하는 경우에 필요하다.

셋째, 실제로 어떤 삶을 살고 있는 사람들의 시각으로부터 그들의 '살아있는 경험'에 대한 이해를 얻거나 그들의 삶으로부터 어떤 의미를 도출하고자 하는 경우 필요하다.

넷째, 프로그램과 이를 통한 개입효과를 이해하고자 하는 경우 필요하다.

다섯째, 양적연구를 하는 연구자로서 자료수집이나 연구를 통해 발견한 내용을 설명하는데 한계에 부딪힌 경우에 필요하다.

여섯째, 연구와 적극적 행동을 하나로 묶고자 하는 경우에 필요하다.

또한 Creswell(2007)은 다음과 같은 다섯 가지로 설명하고 있다.

첫째, 문제나 이슈를 탐색할 필요가 있을 때 질적연구를 한다.

둘째, 이슈에 대한 복합적이고 상세한 이해를 필요로 하기 때문에 질적연구를 한다.

셋째, 사람들이 자신의 이야기를 공유하고 그들의 목소리를 듣게 되며, 연구자와 연구참여자 사이에 존재하는 권력관계를 최소화하도록 북돋을 때 질적연구를 수행한다.

넷째, 공식적인 학술적 글쓰기 구조의 제한을 받지 않고 이야기와 연극, 또는 시를 전달하는 문학적이고 유연한 방식으로 글을 쓰고 싶을 때 질적연구를 한다.

다섯째, 양적연구를 보완하기 위해 인과이론이나 모델의 기제 및 연결고리를 설명하고자 할 때 질적연구를 한다.

2) 질적연구에 대한 오해

한편, 질적연구에 대해 많은 관심이 있지만, 이러한 질적연구의 필요성과 적용에 대하여 잘못 이해하거나 무시하는 경우도 종종있다. 질적연구에 대한 오해는 다음과 같은 사고에서 비롯된다(서대진, 장형유, 김명희, 2016).

첫째, 질적연구는 엄격성이 떨어지거나 과학적이지 못한 방법이라고 보는 것이다.

둘째, 질적연구를 신비화하려는 경향이 있다. 일부 연구자들은 신비스러운 용어로 질적연구를 설명하면서 질적연구가 매우 창의성이 있는 사람이나 선택된 일부 소수의 사람들에게만 주어지는 특별한 재능을 필요로 하는 방법인 것처럼 말하는 경우가 있는데 이는 질적연구를 지나치게 과장함으로써 사람들로 하여금 잘못된 생각을 갖게 하거나 그 중요성을 손상시키는 결과를 초래한다.

셋째, 잘못된 이해와 신비화를 가속시키는 데에는 원인이 있다. 질적연구방법을 교육하고 연구자를 훈련하는 데 필요한 체계적인 방법이나 질적연구의 수준을 평가할 수 있는 방법이 없다는 것이 잘못된 이해와 신비화를 가속시키는 원인이 된다. 질적연구는 관심이 있는 사람은 누구나 배울 수 있는 것이며, 방법론상으로 엄격하고 책임성 있는 연구를 수행할 수 있는 것이다.

13 질적연구의 자료수집과 자료분석

1. 질적연구의 자료수집

질적 자료의 수집에서는 연구자가 곧 가장 중요한 현장 도구라고 할 수 있다. 자료가 현장에 놓여있는 것이 아니라 연구자가 현장에 분석적, 능동적, 창의적으로 참여하고 질문하고 관찰하는 과정에서 자료가 수집된다고 할 수 있기 때문에, 질적연구자들은 자료수집과정(collecting data)이 곧 자료생성과정(generating data)이 된다(김영천, 2006). 질적연구에서 일반적으로 사용하게 되는 대표적인 자료수집방법은 인터뷰(interview)와 관찰(observation), 그리고 문서(document)를 통한 것이다.

1) 인터뷰

인터뷰는 오늘날의 질적 자료수집방법 중에서도 가장 보편적으로 널리 활용되는 강력한 방법 중의 하나로 볼 수 있다. 질적연구방법에서 주목하는 인터뷰는 친밀감을 매개로 이루어지는 통상적인 대화나 의견교환과는 구분되며, 일종의 형식과 구조를 가지고 있는 대화, 또는 의도적인 의사소통과정으로 규정할 수 있다(유기웅 외, 2012). 연구자가 관심을 갖는 주제와 관련한 지식의 생산을 목적으로 이루어지는 연구자와 참여자 간의 의도적인 대화로 볼 수 있으며, 연구자가 보고자 하는 집단이나 사례의 사람들의 일상경험의 패턴이나 내용 파악뿐 아니라 개념적 범주나 논리 등을 파악하는데 큰 이점을 갖는다(McCracken, 1988).

인터뷰를 활용한 자료수집방법에는 다음과 같은 두 가지가 있다. 첫째는 면대면뿐만 아니라 전화나 인터넷을 통한 공간상에서 두 사람 사이에 직접적인 의사소통을 하는 것이며, 둘째는 면접자가 질문을 하고 상호작용을 함으로써 응답자로부터 정보와 감정, 의견을 이끌어내는 것이다. 실제로 인터뷰는 두 사람 이상 사이의 특정한 대화 형식이며 대체로 질문을 하는 사람에 의해 제어(control)된다. 인터뷰는 넓은 범위의 질문을 통해서 더 많은 정보들을 찾아내는데 쓰이고 있다. 연구자와 연구참여자 사이의 직접적인 상호작용의 기회를 제공한다.

그러나 질적 자료수집방법으로서의 인터뷰는 두 가지 측면에서 다르다(Matthews & Ross, 2010). 첫째는 인터뷰는 구조와 표준화의 정도에 있어 차이가 있다. 대체로 구조화(structured) 인터뷰, 반구조화(semi-structured) 인터뷰, 그리고 비구조화(unstructured) 인터뷰 등 3가지로 구분할 수 있다. 구조화 인터뷰에는 서베이 인터뷰(survey interviews)와 표준인터뷰(standardised interviews)가 포함되며, 반구조화 인터뷰에는 심층인터뷰(in-depth interviews), 집단 인터뷰(group interviews)를 예로 들 수 있다. 비구조화 인터뷰에는 내러티브 인터뷰(narrative interviews)가 있다.

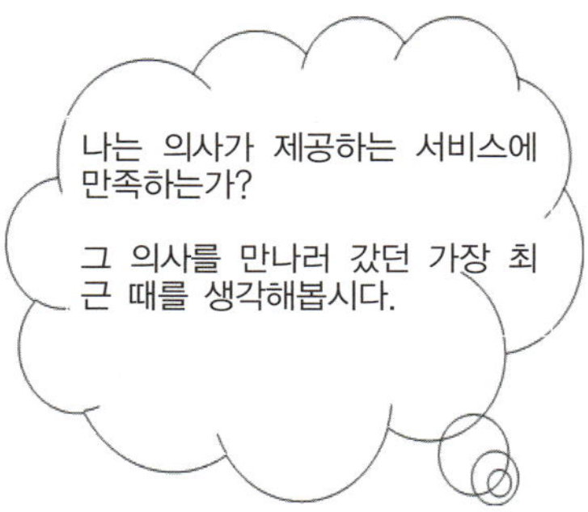

	만족한다	잘 모르겠다	불만족한다
접수처			√
대기시간	√		
의사상담	√		
치료		√	

출처: Matthews & Ross(2010), p.182.

[그림 13-1] 구조화 자료(structured data)

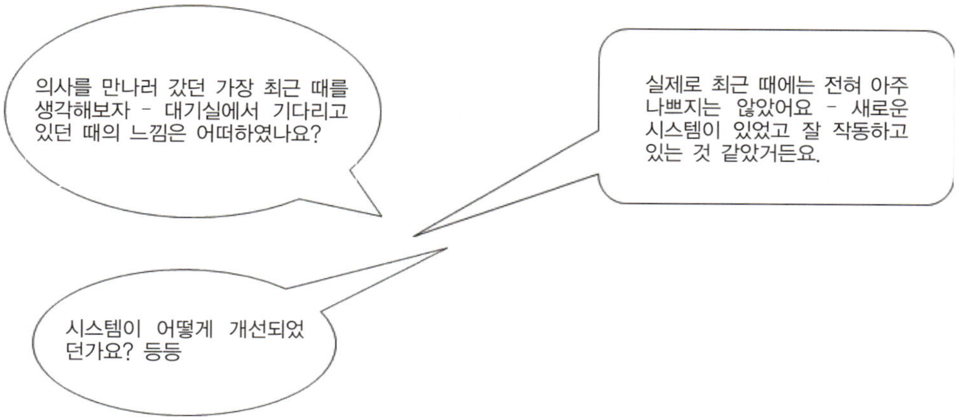

출처: Matthews & Ross(2010), p.182.

[그림 13-2] **반구조화 자료(semi-structured data)**

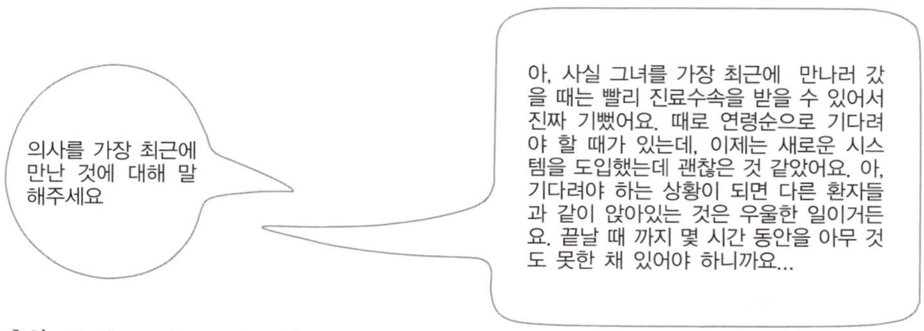

출처: Matthews & Ross(2010), p.183.

[그림 13-3] **비구조화 자료**

둘째로 인터뷰는 연구자와 참여자가 인터뷰에서 하는 역할과 관련하여 차이가 있다는 점이다. 연구자가 인터뷰를 제어(control)하는 것부터, 응답자가 대답할 수 있도록 질문을 하는 것(참여자 인터뷰, participant interview), 참여자가 인터뷰를 상당히 제어하고 그들의 고유 이야기를 하는 것(정보제공자 인터뷰, informant interview)까지 다양하게 존재한다. 비구조화 인터뷰에서 연구자의 역할은 꽤 다르다. 예를 들어, 내러티브 연구에서는 연구자가 거의 말을 안하고 참가자에 의해 데이터가 만들어진다. 즉, 비구조화 인터뷰에서 연구자는 가장 소극적이 되며(passive researcher), 공동 협력 인터뷰(collaborative interview)에서는 연구자가 적극적인 역할을 하고(active researcher) 반구조 인터뷰에서는 중간적 역할을 한다는 것이다.

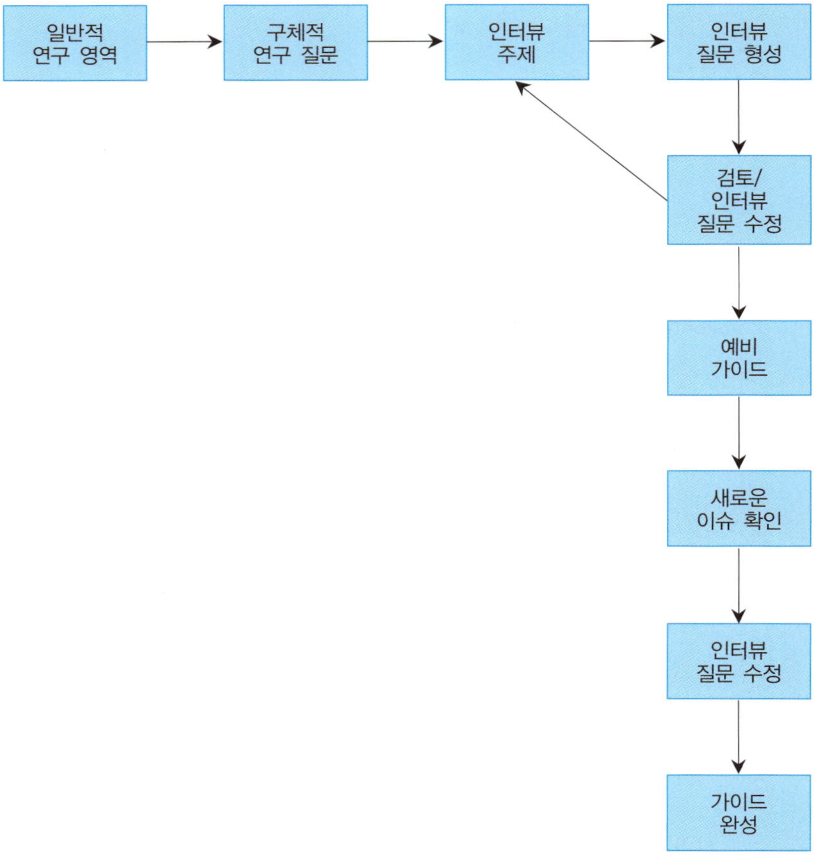

출처: Bryman(2012), p.476.

[그림 13-4] 인터뷰 가이드를 위한 질문 형성

질적연구의 인터뷰는 또한 생애사적 인터뷰, 현상학적 인터뷰, 문화기술지적 인터뷰, 근거이론 인터뷰 등으로 구분하기도 한다. 이들 인터뷰는 각 질적연구의 전통들이 갖는 특징을 반영한다. 인터뷰는 연구의 목적에 따라 다르게 구분하기도 한다. 서베이 연구를 목적으로 한 서베이 인터뷰, 현장에서 현재 시점의 살아있는 경험을 포착하고자 하는 문화기술지 인터뷰, 심층적인 정보와 이해를 찾으려는 심층 인터뷰, 그리고 개별 인터뷰가 아닌 다수의 집단구성원을 대상으로 한 포커스 그룹 인터뷰 등이 그것이다. 최근에는 전화나 인터넷을 이용한 인터뷰도 이루어지고 있다. 연구자는 연구목적을 가장 잘 달성할 수 있는 인터뷰 방법을 선택할 필요가 있다(김인숙, 2016).

2) 관찰

관찰(observation)은 질적연구의 자료를 수집하기 위한 가장 기본적인 (가장 단순한 것은 아니지만) 방법이다. 연구자는 그들이 관찰한 것을 기록한다. 실제로 관찰은 사람이 있는 한 존재한다. 그것은 세계에 대한 정보를 수집하고, 그들이 살아가는 다양한 구성요소의 기능을 살펴보기 위한 기본 중 하나이며, 가장 기본적인 것이다. 관찰은 연구자들에게 실제 세계에서 생성된 정보를 수집할 수 있는 기회를 주고, 만약 그들이 원한다면 참여 관찰자로서 과정의 일부가 될 수 있다. 관찰된 자료는 시각, 청각, 촉각, 미각, 후각의 다섯 가지 감각 혹은 이러한 감각들의 조합을 통해 수집될 수 있기 때문에 관찰은 단지 보는 것 그 이상으로 더 복잡하고 다른 감각들을 포함할 수 있다(Matthews & Ross, 2010).

그러나 관찰연구는 질적연구의 한 갈래인 문화기술지 연구가 연구자의 관찰과 참여를 중심으로 이루어지고 있는 상황으로 인해서 참여관찰(participant observation) 또는 문화기술지(ethnography)를 비슷한 용어로 혼용하여 사용하기도 한다(유기웅 외, 2012). 이러한 용어의 개념에 대한 불명확성에도 불구하고 질적연구의 방법으로서의 관찰에 대해 연구자들이 공유하고 있는 요소는 관찰은 자연스러운 상황에서 진행되어야 하며 인간에 대한 이해를 목적으로 하는 행위라는 것이다. 참여관찰은 상징적 상호작용론의 원리에 기초를 둔 튼튼한 이론적 배경이 있다고 주장한다.

즉, "상호작용 관찰자들은 보통 그들과 상호작용하는 동안에 주제에 관한 데이터를 모으는 것을 원한다."는 것이다(Matthews & Ross, 2010).

참여관찰을 사용하는 세 가지 주된 이유는 다음과 같다. 첫째, 참여관찰을 사용하는 것은 연구자들로 하여금 사회적 세계에 자신의 사회적 현실과 해석을 부과하려고 할 가능성을 줄이는 것을 의미한다. 둘째, 참여관찰은 종종 일반적인 연구로는 접근할 수 없는 부분에 접근을 가능하게 한다. 그러나 이러한 종류의 연구에 중요한 위험이 있음을 주의해야 한다. 셋째, 참여관찰은 왜 특정 행동이 일어나고 시간이 흐름에 따라 어떻게 유래하고 변화하는지 이해하기 위해 노력한다.

Spradley(1980)는 관찰의 초점에 따라 기술적 관찰(descriptive observation) → 집중적 관찰(focused observation) → 정선적 관찰(selective observation)로 연구의 초점을 좁혀갈 것을 제안하다.

첫째, 기술적 관찰은 관찰의 시작으로 광범위하고 개괄적이며 전체적인 윤곽을 파악하는 것이다. 이 단계에서는 특정한 질문을 염두에 두지 않고 "여기서 무슨 일이 벌어지는가?"와 같은 일반적인 의문을 갖는다. 이에 따라서 연구자가 간 곳, 자신의 행동, 본 것, 들은 것, 느낌 등을 모두 기술한다. 즉, 폭은 넓지만 표면적인 조사를 하게 된다. 기술적 관찰 단계에서는 우선 '일주여행식 관찰'(grand tour observation)에서 시작하여 점차 세세한 부분에 대한 '국지여행식 관찰'(mini tour observation)을 해 나간다. 여기서 '일주여행식 관찰'은 연구대상의 사회적 상황의 9가지 차원에 대한 일반적이며 개략적인 기술을 해 주는 것을 의미한다. Spradley에 따르면 대부분의 사회적 상황을 구성하는 9가지 차원은 공간, 행위자, 활동(사람들이 행하는 일련의 관련된 행동), 물건, 행동(단일행동), 사건, 시간, 목적, 감정 등으로 보고 있다(이용숙, 1998).

둘째, 집중적 관찰 단계에서는 연구의 초점을 하나 또는 몇 개의 연관된 문화적 영역들에 맞춘다. 즉, 연구대상이 되는 사회적 상황에서의 9가지 차원에 대한 이론적 관계 중 초점이 된 것들에 대해서만 상세한 정보를 수집한다. 문화기술적 초점의 선정 기준은 첫째는 연구자의 개인적 관심, 둘째는 제보자(현장 구성원)의 제안, 셋째는 이론적 관심, 넷째는 인간(사회)의 요구에 대한 봉사 가능성 중에서 한 가지 또는 두 가지 이상의 조합이 될 수 있다.

셋째, 정선적 관찰 단계에서는 집중관찰보다도 더 연구의 초점을 좁히게 된다. 이 단계에서는 집중관찰의 결과로 찾아낸 특정 영역에 속한 범주들 간의 차이를 찾아내는 작업을 한다.

참여관찰 과정을 단계로 분류해 볼 수는 있지만 실제 연구에서는 기술적 관찰만 하는 연구 초기를 제외하고는 동시에 두 가지 또는 세 가지 형태의 참여관찰이 병행된다. 또한 모든 연구에서 이 세 단계를 모두 거치는 것은 아니다. 기술적 관찰 단계나 집중적 관찰 단계에서 연구를 끝낼 수도 있다. 연구의 폭과 깊이를 모두 살리기 위한 절충적인 방법은 특정한 문화 영역에 대해서는 정선 관찰까지 깊이 있게 실시하고 보다 많은 영역에 대해서는 기술적 관찰만을 실시하는 것이다(이용숙, 1998).

3) 문서

문서(document)는 질적연구에서 인터뷰나 관찰에 비해 덜 사용되고 과소평가되어 왔다. 인터뷰나 관찰방법을 통해 얻은 자료를 보완하는 정도로 사용되는 측면이 있다(김인숙, 2016). 그러나 이것은 문서가 어떻게 생산되고 소비되며 어떻게 사람들의 일상의 삶에서 작동하는지를 잘 모르기 때문이다. 사실 모든 문서는 특별한 맥락에서 그리고 특정한 목적으로 누군가에 의해 쓰여지고 만들어진다. 문서의 내용은 쓰여진다고 해서 단순히 사실이나 진실이 되는 것이 아니지만, 왜 그리고 어떻게 그것이 특별한 형식으로 그리고 특정한 맥락에서 쓰여졌는지를 알아보는 것은 조사연구에서 중요한 일이 될 수 있는 것이다(Matthews & Ross, 2010).

질적연구의 자료수집방법으로서의 문서는 질적연구와 관련한 모든 형태의 문자로 쓰여진(written), 시각적(visual), 그리고 물리적 형태의 자료를 의미한다(Merriam, 1988). 즉, 문서는 연구와 관련한 모든 형태의 손으로 작성된 문서, 컴퓨터로 작성된 문서, 그리고 각종 인쇄물 등이 포함되며, 연구자는 이러한 문서에 나타난 글이나 기호 등을 분석하고 해석하는 노력을 통해 연구문제를 해결하고자 하는 것이다(유기웅 외, 2012). 질적연구에서 흔히 수집하고 활용되는 문서자료로는 개인문서(personal documents), 공적 문서(public documents), 각종 인공물(artifacts), 연구자에 의해서 또는 연구를 위해 작성된 문서, 그리고 온라인(on-line) 형태의 문서 등으로 구분할 수 있다(Merriam, 1998).

사회과학 특히 질적연구에서 문서가 활용되는 것은 그것이 사회적으로 구성된 방식(socially organized ways)으로 만들어지고 공유되고 사용된다는 점에서 '사회적 사실(social facts)'이기 때문이다. 문서란 그것들의 형태, 목적, 그리고 매체에 따라 매우 다른 종류의 자료를 포함할 수 있다. 이것은 사회적 삶의 범위를 걸쳐서 나타나며 다음과 같은 예들을 포함할 수 있다: 즉, 새로운 항목(그리고 논평); 숫자적 자료(인구 통계, 조사); 질적인 자료(연구 프로젝트의 보고서와 결과물들); 정책(정부와 다른 '공식적인' 문서들); 개인적인 정보와 해석(다이어리, 편지, 또는 쇼핑리스트); 역사 ; 시각적 자료(영화, 사진 또는 비디오); 청각적 자료; '기타' 자료 등이다. 물론, 문서는 한 가지 종류의 자료로만 한정되지 않을 수도 있고 또 단일한 문서 내에 많은 다른 형태로 나타날 수도 있다.

Matthews와 Ross(2010)은 이러한 문서자료는 다음과 같은 이유로 연구에 사용되고 있다고 본다. 즉, ① 문서는 보통 쉽게 이용가능하고 방대한 양의 정보를 포함할 수 있다. ② 문서는 정적이고 특정한 시대의 '스냅샷(snapshot)'을 보여준다. ③ 두 가지 포인트만큼 중요하진 않지만, 그것들은 자료의 출처 그 이상의 것이다. 왜냐하면 그것은 연구 '분야(field)'에서 오로지 자기 자신만의 편에서 문서 연구를 할 수 있기 때문이다(Prior, 2003). ④ 문서는 사회적으로 만들어진다 : 이것은 그것들이 우리에게 단지 자료 이상의 것을 말해줄 수 있으며 그들이 포함한 정보 이상의 것을 말해준다는 것을 의미한다. ⑤ 문서는 다면적으로 자료를 분석할 때 매우 유용하다: 즉, 다른 출처로부터 연구를 위해 이미 모은 자료의 그림을 그리기 위해서 사용한다.

이와 같이 질적연구에서의 자료수집방법을 관찰, 인터뷰, 문서수집의 세 가지로 크게 구분하고 고찰하였다. 각 수집방법은 각기 다른 장단점을 가지고 있기 때문에 어떠한 수집방법을 사용할 지는 연구문제와 연구상황에 따라 달라진다(Maxwell, 2005).

첫째, 인터뷰 방법의 장점은 역사적인 정보를 제공하는 연구참여자를 직접 관찰할 수 없을 때 유용하다. 연구자가 질문을 "통제"할 수 있으나 단점으로는 응답자의 입장에서 걸러진 "간접적인" 정보를 제공하며, 자연스러운 배경이라기보다는 명시된 "장소"에서 정보를 제공한다. 또한 연구자가 있다는 것이 반응에 편견을 일으킬 수 있으며, 사람들이 말로 명확하게 설명하고 감지하는 데에 차이가 있기 마련이다.

둘째, 참여관찰의 장점은 연구자는 연구참여자와 직접적인 경험을 가지며, 연구자는 밝혀지는 대로 정보를 기록할 수 있다. 또한 관찰하는 동안 예기치 못한 양상을 알아차릴 수 있으며, 연구참여자들이 토론하기에 편하지 않을 것 같은 주제를 탐구하는데 유용하다. 단점은 연구자가 침입하는 것처럼 보일 수 있으며, 연구자가 보고할 수 없는 "개인적인" 정보를 관찰할 수 있다. 또한, 연구자가 적절한 참여기술이나 관찰기술을 가지지 않을 수도 있으며, 어떤 연구참여자(예, 아동)는 친밀감을 형성하는데 특별한 문제를 가질 수도 있다.

셋째, 문서자료를 통한 자료수집의 장점은 연구참여자의 언어와 단어를 얻을 수 있게 하며 연구자에게 편리한 시간에 접근할 수 있고 남의 눈에 띄지 않게 정보를 얻을 수 있다. 또한 연구참여자가 문서로 남겼다는 측면에서 사려 깊은 자료이기도 하다. 자필 증거로써, 연구자가 녹취하는 시간과 경비를 절약하게 한다. 그러나 보호된 정보라서 공적으로나 사적으로 접근 불가능할 수도 있다는 단점이 있다. 또한 연구자가 찾기 어려운 장소에서 정보를 찾아보게 할 수도 있다. 컴퓨터에 입력하기 위해서 전사나 시각적 스캐닝이 필요할 수도 있고 자료가 불충분할 수도 있다. 문서가 진짜가 아니거나 정확하지 않을 수도 있다.

한편, 시청각 자료의 경우도 조심스럽게 해를 끼치지 않는 방법으로 자료를 수집할 수 있는 장점이 있으며, 연구참여자가 직접적으로 "실제"를 공유할 기회를 제공한다. 시각적으로 주의를 이끈다는 점에서 창의적이라는 장점도 있다. 그러나 해석하기 어려울 수 있으며, 공적으로나 사적으로 접근할 수 없을 수도 있다. 관찰자(예를 들면, 사진사)의 존재가 혼란을 주고 반응에 영향을 끼칠수도 있다는 단점이 지적되고 있다.

2. 질적연구의 자료분석과 해석

1) 질적자료분석의 방법

질적연구의 자료분석은 자료수집과 동시에 이루어진다. 그러므로 질적연구에서는 자료분석방법만 따로 떼어내서 설명하는 것은 부적절하다. 수집된 자료는 연구자에 의해 분석되고, 이 같은 분석과정에서 추가적인 의문이 생기면 연구자는 다시 현장에 들어가서 자료를 재수집하는 등 자료의 수집과 분석과정은 해석학적 순환을 거치게 된다(Hatch, 2002). 따라서 질적연구의 분석은 당초 자료수집방법이 담고 있는 연구설계의 틀과 그 철학적 배경이 직·간접적으로 연결되어 있다(김진우, 2012).

질적연구의 자료분석은 무질서한 자료를 조직화하여 자료 속에서 질서를 찾아내는 것이다(김인숙, 2016). 그런데 질적연구는 이러한 질서짓는 방법이 양적연구의 자료분석과는 다르다는 것이다. 양적연구는 SPSS나 AMOS 같은 통계프로그램이 있으며, 단일하게 표준화된 분석절차가 있으며, 통계분석방법에 대해 이해하고 프로그램들을 활용하여 수행하는 것이 일반적이다. 질적연구의 자료분석은 그 필요성에도 불구하고 자료분석에 대한 체계적이고 일관성 있는 지침이 있다고 볼 수 없다(김윤옥 외, 2009). Atlas.ti 또는 Nvivo와 같은 질적연구의 자료분석을 위한 소프트웨어들이 있지만, 양적연구의 통계프로그램 같이 보편적으로 활용되고 있지 못하다.

질적연구의 자료분석은 질적연구의 다양한 장르와 접근법 또는 연구자별로 다양한 분석방법을 제시하고 있기 때문이다. 근거이론방법의 경우를 예를 들면 Glaser의 방법, Strauss의 방법, Chamaz의 방법들이 차이를 갖고 제시되어 있으며, 문화기술지 연구방법의 경우에는 Spradely의 방법, Giorgi의 방법, Colaizzi의 방법, 그리고 Van Manen의 방법 등이 있다. 이러한 현상은 현상학적 연구와 사례 연구 등 다른 질적연구 접근에서도 마찬가지로 나타나고 있으며, 전체적으로 보면 합의된 하나의 방법을 찾기가 쉽지 않은 실정이다(김인숙, 2016).

이와 같이, 질적연구의 자료분석은 양적연구와 같이 합의된 표준적인 방법이나 획일적인 방법은 없다고 볼 수 있다. 이는 질적자료분석의 과정이 연구자의 사고, 경험, 민감성, 연구주제에 대한 천착 등이 연구자의 의식세계 속에서 유기적으로 작용하면서 이루어지며 이 과정에서 추론능력, 통찰, 직관이 작동하기 때문이다(김인숙, 2016). 오히려, 질적연구자들은 너무 지나친 구조화는 질적자료분석을 양적 유형에서 사용하는 너무 지나친 공식적 절차처럼 만든다고 생각한다. 그리고 이들은 미리 정해진 방식이 실행된다면, 자료분석의 사려깊은 해석적 측면은 상실될 것이라고 우려한다(Hatch, 2002).

Creswell(2009)은 질적자료분석과 관련하여 다음과 같은 몇 가지 기본적인 질적분석방법을 제시하고 있다. 첫째, 질적자료분석은 데이터 수집, 해석, 기록이 동시에 이루어진다. 인터뷰가 진행되는 동안 연구자는 사전에 수집한 면접자료를 분석하고, 최종 보고서에 이미 수록된 자료를 메모하고, 최종보고서의 구조를 조직할 수 있다. 둘째, 비구조적 자료를 수집한 경우에는 참여자가 제공한 정보에 의해 질문을 하고 그 정보로부터 분석방법을 개발함으로써 이루어진다. 셋째, 많은 질적연구자들이 포괄적인 분석방법을 넘어서서 질적방법의 전략 중에서 한 가지 이내에서 절차를 추가한다.

2) 질적자료분석의 특징

김진우(2012)는 질적자료분석과정에서의 핵심사항을 다음과 같이 제시하고 있다.

첫째, 주제분석방법, 대화분석방법, 내러티브분석방법, 근거이론분석방법 등 다양한 분석방법에 대해 알고 있어야 한다. 둘째, 수집한 자료를 어떻게 분석하기 좋게 자료를 일차적으로 가공할 것인가? 라는 질문은 어떤 분석방법을 쓸 것인가, 분석 프로그램을 사용할 것인가 등과 연관되어 있다. 셋째, 분석과정에서는 연구자의 주된 관심사항, 연구주제가 무엇인가, 연구질문이 무엇인가를 항상 염두에 두고 분석에 임하고 있는가? 등의 질문을 하면서 분석작업을 진행해야 한다. 그리고 넷째, 분석결과가 연구자의 자의적인 판단이 아니라 자료를 충분히 반영한 내용임을 어떻게 보여줄 것인지에 대해 생각해야 한다.

질적연구의 자료분석은 양적연구의 분석과는 달리 순환적으로 이루어진다는 측면에서 질적자료분석의 특징을 구체적으로 다음과 같은 다섯 가지로 살펴볼 수 있다(조용환, 1999; 김용천, 2005). 첫째, 질적분석은 변수중심분석보다는 사례중심분석에 더욱 치중한다. 여기서 변수중심분석은 사람, 사물, 현상의 속성을 인위적으로 조작하여 측정 가능한 형태로 표현한 것을 말하며, 사례중심분석은 맥락 속에서 등장하는 자연적인 사람, 사물, 현상 그 자체를 말하는 것이다(Huberman & Miles, 1984). 둘째, 질적연구에서는 분석과 자료수집이 상호보완적이고 통합적인 관계에 있으므로 충분한 현장자료를 수집하여 분석하여야 한다. 셋째, 질적분석은 양적연구와 달리 직선적이고 질서정연한 방식을 통하여 진행되지 않으므로 기계적이거나 체계적이지 않고 연구자에 따라 다양한 분석이 적용될 수 있다. 넷째, 사회과학에서 요구되는 통계분석 같은 분석의 자질 이상의 연구능력을 필요로 한다. 기존 사회과학이 요구하는 분석의 객관성이나 합리적 사고 이외의 인간적 능력이 필요하다는 의미로 볼 수 있다. 다섯째, 질적연구자는 상황이 진행됨에 따라 역할을 수행하는 귀납적 분석을 많이 한다. 이미 알고 있는 그림을 그리는 것이 아니라 자료를 수집하면서 그림을 완성한다(김윤옥 외, 2009).

3) 질적자료의 일반적 분석과정

질적연구에서 분석을 실시하는 과정은 학자들마다 다르게 제시되고 있다. Miles와 Huberman(1984)은 질적분석의 과정을 자료의 감소, 자료의 배열, 그리고 결론 도출 등으로 구분한다. 자료의 감소에는 자료의 선정과 응축, 범주화, 주제로 세분화시키기가 포함되며, 자료의 배열에는 자료가 의미하는 바를 잘 나타내기 위하여 감소된 자료를 다이어그램, 그림, 시각적 형태로 표현하는 것, 결론의 도출을 가능하게 하는 정보를 조직적으로 그리고 응축적으로 배열하는 것 등이 포함된다. 또한 결론도출이란 배열된 자료로부터 의미를 도출하는 것을 의미한다.

Creswell (2009)는 자료분석의 과정을 6단계로 설명하고 있다. 1단계는 분석할 자료를 조직하고 준비한다. 2단계는 모든 자료를 읽는다. 3단계는 코딩과정을 통한 구체적 분석을 시작한다. 4단계는 코딩절차를 사용하여 장소나 사람에 대한 기술, 분석을 위한 범주(category)나 주제를 생성한다. 5단계는 서술과 주제가 질적 내러티브에서 어떻게 표현될 것인지를 생각한다. 6단계는 자료분석의 마지막 단계로서 해석하기이다. 이렇게 다양한 분석과정에 대한 논의가 있지만, 질적자료의 분석과정은 대체로 '전사'와 '코딩', 그리고 '자료의 범주화'로 크게 나눌 수 있다(김윤옥 외, 2009).

(1) 전사과정

전사(transcribing)는 자료를 기록하고 저장하는 작업이다. 전사는 현장작업에서 수집된 자료(녹음 자료, 연구자의 관찰 노트, 일지) 등을 분석과 해석을 위하여 체계적으로 기록하는 것을 뜻한다. 전사는 또한 이 작업을 컴퓨터에 저장하는 것도 포함한다. 전사과정이 분석작업에서 중요한 이유는 자료의 보관, 기밀유지, 편집을 자유롭게 할 수 있는 간편성, 경제성, 계속 사용할 수 있는 용이성 등과 같은 효과적인 자료관리를 위해서도 필요하며, 동시에 전사과정 자체가 연구자의 현장경험과 생각을 정리할 수 있는 분석의 과정이 된다는 점이다(김윤옥 외, 2009).

전사를 하는 사람은 연구자가 아닐 수도 있지만, 본인이 하는 것이 바람직하다. 본인이 듣고 옮기는 것과 옮겨진 내용을 읽는 것은 다를 수 있는 것이다. 전사과정이 끝나면 연구자는 저장된 자료를 출력하여 의사소통에 문제가 있을 수 있는 틀린 글자, 띄어쓰기에 대한 편집, 그리고 원문에서 생략된 내용을 보완한 다음 그 과정을 마무리한다(김윤옥 외, 2009). 특히, 개인정보보호에 대해 약속을 했다면 더욱 데이터 보호에 신경을 써야할 것이다. 자료 데이터의 분석과정에서 손상될 가능성에 대비해서 백업을 받고 출력을 하거나 인쇄물로 챙겨놓는 것도 바람직할 것이다(김진우, 2012).

(2) 코딩과정

전사의 다음 단계는 '코딩(coding)'을 개발하고 적용하는 과정이다. 코딩은 정보에 의미를 부여하기 전에 자료를 텍스트 조각으로 조직하는 과정이다. 이는 전사된 자료를 읽으면서 텍스트의 특정부분이 어떤 특정한 주제나 이슈를 언급하고 있다고 느낄 때 연구문제나 연구자 자신의 이론적 관점에 근거하여 그 텍스트의 특정한 부분을 가장 잘 설명해주는 주제로서 이름을 부여하는 것을 말한다(김윤옥 외, 2009).

그러한 과정, 즉 질적자료로부터 의미들을 찾아내고 핵심주제(themes)로 발전시켜 나가는 과정을 coding(코딩) 과정이라고 하며 찾아내어진 의미를 code(코드)라고 한다. 이러한 code는 초기에는 수집된 자료들을 군집화하고 이에 대해 특정한 속성을 부여하는 기술적 코드의 형태를 띠지만 이후에는 좀 더 추론적이고 설명적인 패턴코드(pattern code)로 변화하게 된다. 패턴코드는 떠오르는 주제, 윤곽 또는 설명을 확인하는, 설명적이고 추론적인 코드를 의미한다. 첫단계의 코드는 데이터 부분을 요약하는데 쓰이는 도구라면, 패턴코드는 그러한 요약들을 더 작은 수의 단위, 주제 또는 구성들로 묶어내는 방법을 의미한다. 그것은 통계분석에서 요인분석도구와 유사하다(김진우, 2012).

(3) 범주화 과정

코딩의 다음 단계는 '자료의 범주화' 작업이다. 범주화 작업은 전사된 자료를 정독하면서 자료 속에 내재된 주제를 찾아가고, 수집된 자료를 주제별로 구분하여 체계화 시키는 작업을 뜻한다. 연구자는 범주화 과정을 통하여 원래의 자료들이 특정한 개념이나 범주 또는 주제들로 특정화하거나 발전될 수 있음을 알게 된다. 연구자는 도출된 여러 가지 코드를 면밀히 읽고 분석하면서 추론하는 과정을 통하여 이들 자료의 내용을 전체적으로 포괄하여 설명해 줄 수 있는 또 다른 새로운 개념이나 범주를 생성하는 것이다(김윤옥 외, 2009). 이 과정은 자료를 수집하는 동안 텍스트 자료와 시각 자료를 수집하고 문장(또는 문단)이나 시각자료를 범주화하고 범주에 이름을 붙인다. 이름은 보통 참여자가 실제 사용하는 언어를 사용한다(in vivo 라고 부른다)(Creswell, 2009).

연구자의 범주화 작업은 코드들을 출현 빈도수에 따라서 계산하여 서열을 정하는 방법, 규칙적인 패턴을 찾는 방법, 동일한 현상을 한 개의 새로운 단위로 묶는 방법, 상황을 잘 설득할 수 있게 하는 은유를 개발하는 방법, 인과관계를 구성하는 방법 등이 있다(김윤옥 외, 2009). 연구자는 범주화된 자료 사이의 관계를 해석하여, 주제를 개념화시키게 된다. 이 과정에서 연구자의 상상력과 창의성이 요구되는데, 이는 허구적 상상력이 아니라 범주화된 자료를 사유하고 해석하는 연구자의 능력이 필요하다는 것을 뜻한다(Feldman, 1995).

3. 질적자료분석의 종류

위에서 살펴본 바와 같이, 질적자료분석과정은 연구자의 인식의 흐름에서 도출된다. 질적자료분석 컴퓨터 프로그램은 이를 대신해 주는 것이 아니라 여러 주제와 개념들 간의 복잡한 관계를 기억하고 표현하는데 따르는 어려움을 도와주는 것에 불과하다. 이러한 질적자료분석은 다양하게 분류, 나열될 수 있다. 이는 Text와 Verbatim 중 어디에 치중하는지, 연구자의 목소리가 얼마나 비중을 가지는지, 단일 사례인지 사례 간 비교인지 등에 따라 달라진다. 아래에서는 자주 쓰이는 분석방법의 개념 정도를 설명하고자 한다. 그림은 자료수집의 형태와 분석방법 간의 관계를 도식화한 것이다. 그러나 관찰(Observation)은 과학적인 양적 조사에서도 흔히 쓰인다는 것을 들 수 있는 바와 같이, 실제로는 연구의 내용, 연구의 철학적 기반에 따라 다양하게 적용될 수 있다(Matthews & Ross, 2010).

1) 내용분석(Content Analysis)

내용분석방법은 관심 변인이나 현상을 연구하기 위하여 산출해 놓은 텍스트(text)를 체계적으로 양적·질적으로 분석하는 방법을 말한다. 양적 내용분석은 메시지의 내적구조나 언어의 함축적, 복합적 의미를 분석하는 데는 한계를 지닐 수밖에 없기 때문에 질적 내용분석방법은 메시지가 그 사회와 문화의 이데올로기를 반영하고 있다는 점을 중시하면서 양적 내용분석의 한계를 극복하고자 한다(김진우, 2012).

2) 주제분석(Thematic Analysis)

주제분석은 무정형의 질적 자료를 질서짓는 과정에서 현상이나 경험 속에 들어 있는 주제를 찾아내는 것이다. 주제분석은 흔히 서술을 목적으로 한 연구에서 사용된다. 서술을 목적으로 한 연구는 이론을 개발하거나 입증하려는 연구와 구별된다(김인숙, 2016). 이는 경험적 자료를 근거로 하여 그로부터 현상의 구조, 과정, 유형, 기재 등을 밝히기 위해 새로운 개념을 발견하거나 기존의 개념을 재개념화한다(Mammersely, 2008). 모든 해석적 질적연구에서 얻고자 하는 가장 기본적이고 공통적인 것은 주제(theme)이다.

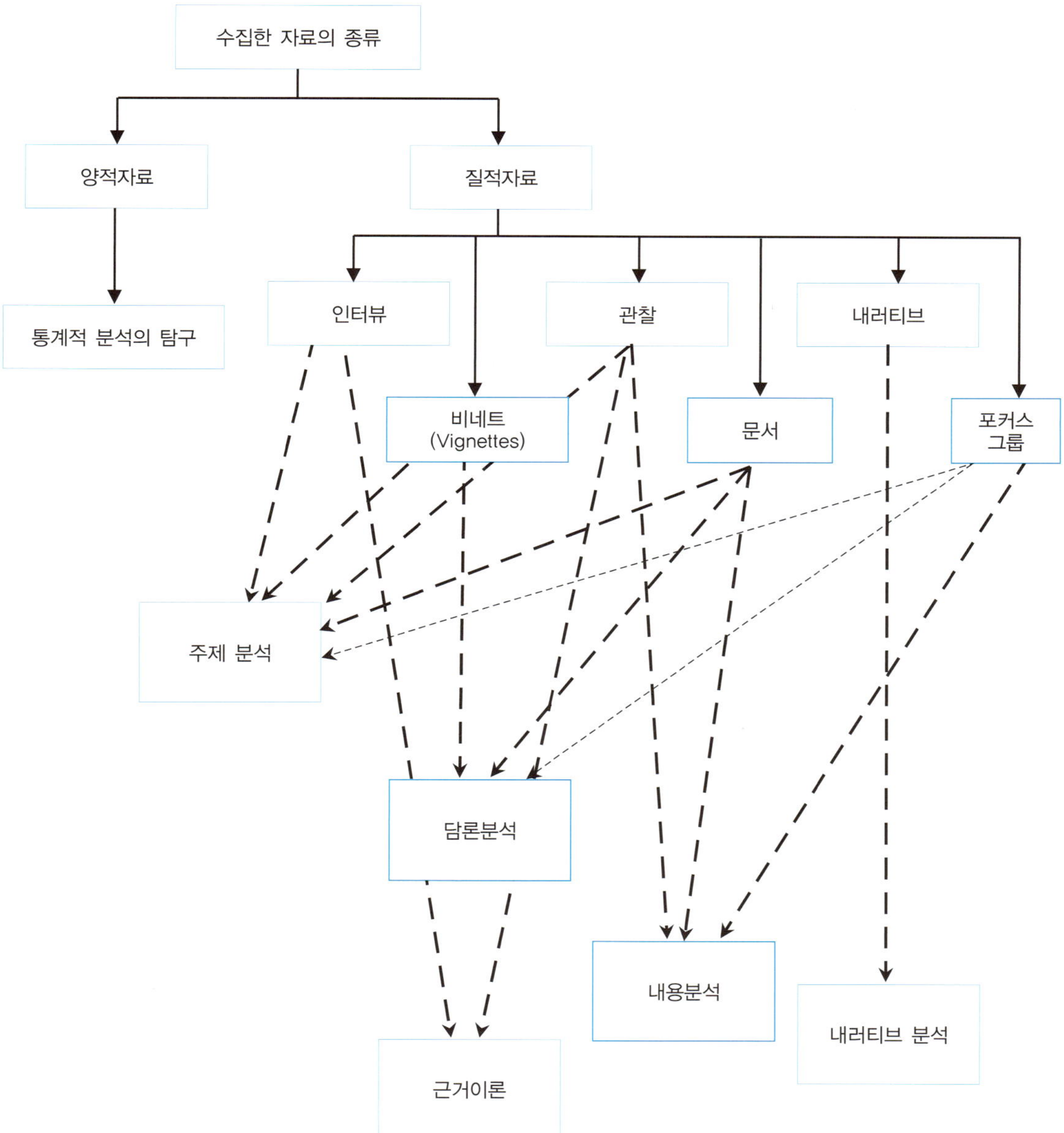

출처: Matthews & Ross(2010), p.340.

[그림 13-5] **질적 자료수집 방법과 자료분석 기법의 선택**

주제란 좁게는 자료들을 기술하고 조직화하는 것이며 넓게는 현상의 측면을 해석하는 정보 속에서 드러나는 패턴이다(Boyatzis, 1998). 즉, 주제는 해당 자료를 관통하는 중요한 아이디어를 의미하는 것이다. 질적분석에서 '주제'를 이해하는 방법 중 하나는 주제가 가져야 하는 속성들을 중심으로 접근하는 것이다. 질적분석에서 주제는 ① 자료로부터 나온다. ② 주제는 자료에서 추출하거나 추론하는 것이므로 추상성을 지닌다. ③ 주제는 패턴(patterns)으로 표현되는 다양한 경험들이 반복해서 일어나는 것이다. ④ 주제는 다양한 수준에서 통합되고 결합되어야 한다.

이와 같이 보면, 주제분석은 일반적으로 귀납적 논리, 즉 자료로부터 도출되는 과정을 따르고 있음을 알 수 있다. 사실, 주제분석은 문화기술지, 현상학적 연구, 사례연구, 근거이론 등과 같은 다양한 질적 접근에 공통적으로 사용된다. 이들 각 접근에서 사용하는 분석방법들과 용어는 구체적으로 서로 다르지만, 이를 관통하는 것은 패턴과 주제를 찾고자 한다는 점이다(김인숙, 2016).

3) 담론분석(Discourse Analysis)

담론연구는 언어 사용자 또는 담론 생산자를 언어과정의 능동적인 주체로 두고, 그들이 일상적인 사회생활 속에서 언어규칙을 이용하여 자신의 의도를 관철하고 의미를 창출하며 목적을 달성하는 과정을 이해하기 위해서 전체적 맥락(Context) 속에서 담론을 연구하는 것을 말한다. 담론분석은 인간적 상호작용에서 생겨난 언어적 또는 비언어적 산물, 즉 텍스트를 분석하여 그 속에서 구성된 실재성(constructed reality)을 찾아내는 것을 분석의 목표로 삼는다(김진우, 2012).

4) 내러티브 분석(Analysing Narrative)

내러티브 연구는 인간은 이야기하고 싶어 하고 이야기를 통해 자신의 삶을 정돈하고 싶어 하는 속성이 있다는 것을 전제한다. 과거의 사건에 대하여 이야기한다는 자체가 인간의 보편적인 행동이며 과거사건에 대한 현재화, 현재의 상태에 대한 리뷰(review), 미래에 대한 예상·추측의 현재화, 과거와 미래 그리고 내적 및 외적 사건에 대한 스토리텔링(storytelling)이 삶의 핵심을 이룬다(김진우, 2012).

5) 근거이론 분석(Analysis in Grounded Theory)

근거이론은 실체 영역에서 무엇이 일어나고 있는지를 알기 위해 자료를 개념화하고 이 개념들을 위계화하여 이론으로 만드는 접근방법이다. 근거이론은 자료분석을 위한 하나의 방법이기도 하지만, 자료에 대해 사고하는 하나의 방식이기도 하다. 출현되는 아이디어들은 추상화과정을 거쳐 개념화되며, 이 개념들의 위계화를 통해 가설적 관계가 그려진다. 개념들의 위계화를 시도하면 공통점이 없어 보이는 자료 내의 경험적 본질을 넘어서 더 많은 것을 얻을 수 있다고 보는 것이다. 근거이론의 자료분석적 핵심전략은 지속적 비교와 이론적 표집의 두 가지로 볼 수 있다(김인숙, 2016).

첫째, 지속적 비교는 질적분석의 핵심적 전략이자 원리이다. 자료들을 비교하지 않고는 질적분석이 이루어질 수 없으며 분석의 타당성도 확보하기 어렵다. 이러한 비교의 중요성을 가장 분명히 보여준 것이 근거이론 방법이며, 비교의 원리는 '지속적 비교방법(constant comparative method)'으로 불린다. 지속적 비교방법은 근거이론을 넘어, 근거이론 밖에서도 질적분석의 핵심전략으로 사용되며 그 활용범위는 점차 확장되고 있다. 지속적 비교방법은 범주들과 속성들을 개발하고 포화시키고 통합시키기 위해 자료와 자료를 비교하고, 자료와 개념들을 비교하는 것이다.

둘째, 이론적 표집(theoreical sampling)은 근거이론에 사용되는 또 다른 중요한 방법이다. 이론적 표집은 "이론 창출을 위한 자료수집과정으로 이론 개발을 위해 자료를 수집하고 코딩하고 분석해서 그 다음에 어떤 자료를 수집할지, 어디서 자료를 수집할지를 결정하는 것이다. 이 정의만 놓고 보면 질적연구에서 행해지는 여타의 표집과 별 차이가 없어 보인다. 그러나 이론적 표집을 사용하지 않은 이론은 근거이론이라 할 수 없다고 한다(Glaser, 1978). 이론적 표집을 사용했다고 하는 경우도 사실은 선택적 표집(selective sampling)을 사용하는 경우가 많다는 것이다.

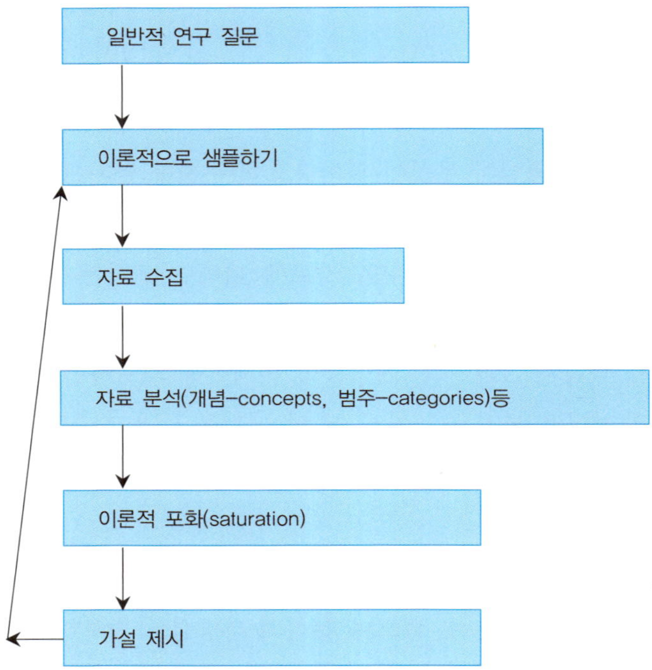

출처: Bryman(2012), p.420.

[그림 13–6] **이론적 표집(theoretical sampling)의 과정**

4. 질적연구의 엄격성

질적연구의 자료분석은 일정한 틀 내에서 창의성을 갖는다. 그러한 창의성을 바탕으로 진지하게 고민해야 할 것은 출현(emergence)과 해석(interpretation), 포화점(Saturation Point)에 대한 인지, 분석결과의 질적 수준 등이다(김진우, 2012). 더욱이 연구자 자신의 생각이나 관점이 중요한 질적연구에서도 연구자의 분석과 이해가 현장을 설명하는데 적합한가를 확인하기 위한 후속 작업은 반드시 필요하다. 연구자는 자신의 분석이 현장의 상황을 제대로 설명하고 있는가를 연구참여자로 하여금 확인하게 하거나 동료 연구자의 의견을 구함으로써 분석의 타당도를 높일 수 있다.

질적연구에서 말하는 타당도는 양적연구와는 다르고, 신뢰도(응답의 안정도나 일관성 조사)나 일반화(결과를 새로운 환경, 사람, 사례에 적용하는 외적 타당도) 역시 마찬가지이다. 질적 타당도는 연구자가 특정 절차를 사용하여 결과물의 정확성을 확인하는 것이고, 질적 신뢰도는 연구자의 연구방법이 다른 연구자나 다른 프로젝트에서도 일관성 있게 나타나는 것을 검증하는 것이다(Creswell, 2009). 그러면 질적연구자에게 있어서의 일관성과 신뢰성은 어떻게 알 수 있는가?

먼저 Lincoln과 Guba(1985)는 양적연구에서의 타당도에 상응하는 개념으로 질적연구에서는 신빙성(credibility)이라는 개념을 제안하였다. 이들 외에도 다른 학자들에 의해서도 질적연구 상황에서의 타당도라는 용어를 대신하여, 확실성, 명백성, 완전성, 확증성 등의 개념이 제시되었으며, 질적연구에서의 타당성에 대한 재개념화가 시도되었다(유기웅 외, 2012). Patton(2002)은 질적연구의 신빙성을 판단하는 데 이용할 수 있는 근거를 현장조사의 엄격성, 자료수집 및 연구자의 다각화, 이론에의 기여, 연구결과와 실제 현실과의 상응정도, 분석에서의 신뢰성, 진실성 및 진정성, 그리고 타당한 데이터 등의 7가지를 제시하였다.

또한 Merriam(1998)은 타당성을 높이기 위한 여섯 가지 구체적인 전략을 제시하였다. 첫째, 삼각검증법(triangulation)이다. 이는 다수의 연구조사자, 다수의 자료원, 혹은 연구결과를 확인하기 위한 다수의 방법을 사용하는 것을 말한다. 둘째, 연구참여자 확인법(member checking)이다. 연구결과에 대해서 또는 연구를 수행하고 수집된 자료를 분석하는 과정에서 연구자는 연구참여자의 견해를 물어 연구의 정확성을 추구하는 것이다. 셋째, 장시간 관찰법(long-term observation)이다. 연구가 행해지고 있는 장소 혹은 같은 현상이 반복되고 있는 것을 비교적 장기간에 걸쳐 관찰을 수행함으로써 타당성을 높이는 방법이다. 넷째, 동료검토법(peer examination)이다. 수행하고 있는 연구주제, 방법론, 그리고 관련분야에 식견있고 전문적 의견을 제공할 수 있는 동료 3~5명을 선정하여 자료분석과 연구결과에 대한 검토를 요청하는 방법이다. 다섯째, 연구참여자를 연구목적, 연구문제 도출, 이론적 배경과 틀의 구성, 연구설계, 참여자 선정, 자료수집 방법의 선정, 연구결과 분석과 해석 등의 전체 연구과정에 관여하게 하는 것이다. 여섯째, 연구자의 편견(researcher's bias)을 독자들에게 명확하게 알리는 방법이다. 연구자의 성별, 인종, 과거 경험, 직업, 성장배경 등 관련사항을 제공함으로써 이러한 요인이 연구에 접근하고 수행하는데 어떤 영향을 주는 것인지를 알 수 있게 도와주는 것이다. 일곱째, 외부감사(audit)를 통한 방법으로 연구자가 고용한 감사자 또는 전문가가 연구의 과정과 결과에 대해 조사하여 타당성을 평가하는 방법이다.

타당성과 마찬가지로 질적연구에서 신뢰성(reliability)은 양적연구에서 논의되는 신뢰도라는 용어 및 개념과는 다소 차이가 있다. Marshall과 Rossman(2006)은 질적연구가 연구절차와 연구결과를 똑같이 재현하기가 어려우며, 의도적 샘플링을 통해 선정된 연구참여자나 상황을 조작하지 않고 자연스러운 상태에서 연구를 수행하게 된다는 점을 강조하며 질적연구에서의 신뢰성의 특이성을 설명하였다. Lincoln과 Guba(1985)는 질적연구에서의 신뢰성의 개념을 일관성(consistency) 또는 의존성(dependability) 등으로 제안하였으며, Merriam(1998)은 같은 연구결과를 얻어낼 수 있느냐의 문제보다는 수집된 동일한 데이터를 가지고 일관성있는 결과를 찾을 수 있는가의 문제로 보아야 한다고 지적하였다.

질적연구에서 일반화에 대한 논의도 연구자들 사이에서 종종 거론되는 주제 중의 하나이다(유기웅 외, 2012). 일반화의 개념은 대개 외적 타당도(external validity)라는 용어로 사용되며, 연구의 결과를 일반화 시킬 수 있는 정도를 뜻한다. Guba와 Lincoln(1981)은 질적연구 상황에서는 전이성(transferability)이 실험연구 상황에서의 일반화를 대체할 수 있는 용어임을 제안하였다. Stake(1995)도 실험연구에서의 일반화의 개념과는 달리 질적연구에서는 독자의 자연주의적 일반화(reader's naturalistic generalization)라는 개념을 제안하였다.

Merriam(1998)은 질적연구에서 외적 타당도를 향상시키기 위한 구체적인 전략으로 다음의 세 가지를 제시하였다. 첫째, 풍부하고 많은 양의 기술(rich and thick description)을 제공함으로써 독자들 자신의 경험과 상황과의 전이성을 향상시키는데 기여할 수 있다. 둘째, 가장 전형적인 사례, 프로그램, 연구물, 연구대상자를 묘사함으로써 독자들로 하여금 자신의 상황과 서로 비교하도록 할 수 있다. 셋째, 다수의 장소, 사례, 상황 특히 어떤 특별한 관심이 있는 현상에 다양성을 증가시켜 독자들에게 많은 다른 상황들을 접할 수 있게 도움으로써 전이성을 향상시킬 수 있다고 하였다.

연구계획서와 조사보고서 작성

1. 연구계획서의 작성

1) 연구계획서의 필요성과 역할

연구계획서(proposal)는 조사연구를 수행하기 전에 연구를 어떻게 진행할 것인가에 대한 계획을 연구과정과 함께 체계적으로 서술한 계획서를 말한다. 연구를 위한 일종의 청사진이며 설계도로서 연구절차의 과정을 개관할 수 있게 해주는 것이다. 연구계획서는 다른 사람의 검토나 승인을 위하여 세부사항을 보여주어야 할 경우에도 중요하다. 특히 재단이나 정부기관 등으로부터 연구비를 얻을 필요가 있을 때에는 주어진 연구예산을 어떻게 쓸 것인가에 대해 상세히 기술한 연구계획서를 요구할 것은 분명하다(Babbie, 2014). 따라서 연구주제가 분명하고 연구문제가 확실한 경우에도 사전에 충분한 준비와 치밀한 계획을 세워서 제3자의 검토와 승인을 받는데 부족함이 없도록 준비해야 한다.

연구계획서의 필요성은 다음과 같은 점에서 볼 수 있다. ① 설정된 주제에 대한 구체적 연구절차나 방법을 체계화한다. ② 연구의 실행을 용이하도록 하고 ③ 전문가들로부터 조언이나 제안을 들을 수 있는 근거자료가 된다. ④ 연구자가 미처 생각하지 못했던 연구의 제한점에 대해 사전에 알 수 있는 기회를 갖게 되어 이를 보완할 수 있다.

2) 연구계획서의 요소

연구계획서는 여러 목적을 가질 수 있지만 기본적으로는 연구자가 계획하는 연구에 관한 정보를 제3자에게 전달하는 것이다. 이를 위해 계획서에는 다음과 같은 내용이 포함되어야 한다(Matthews & Ross, 2010).

- 연구는 무엇에 관한 것인가? 즉, 연구주제를 설명한다.
- 연구는 어떻게 수행될 것인가? 즉, 연구의 방법 및 기타 주제에 관해 논한다.
- 연구는 어떤 가치를 가지고 있는가? 즉, 해당 주제가 중요한 또는 적절한 이유를 설명한다.
- 연구의 소요 시간은 얼마인가?
- 연구에 대한 자금지원은 왜 이루어져야 하는가? (이는 아마도 학생들에게는 중요한 주제가 아니라 특히 학계의 일부 연구자들에게 중요한 주제이다.)

연구계획서는 특정한 청중을 대상으로 한다는 점에 유의해야 한다. 학생들에게 그 대상은 아마도 다음과 같은 목표를 위한 강사 또는 교수일 것이다.

- '연구계획서' 작성 과제 제출
- 학위논문에 대한 승인

만약 대학원 연구과정의 신청일 경우에는 해당 과정에 대한 연구자의 적절성 평가에 이용될 수 있는 연구계획서의 작성을 요청받을 것이다.

Babbie(2014)는 프로젝트를 수행하는 기관에 따라 다를 수 있지만, 연구계획서는 일반적으로 다음과 같은 몇 가지 요소를 포함하는 것으로 제시하였다.

① 문제 혹은 목적을 명시해야 한다. 정확히 무엇을 연구하고자 하는가? 왜 그것이 연구할 가치가 있는가? 제안된 연구는 실용적 중요성이 있는가? 그 연구는 사회이론의 구성에 기여하는가? 등에 대한 내용을 밝혀야 하는 것이다.

② 문헌검토를 포함한다. 여기에는 다른 사람들은 이 주제에 대하여 무엇이라고 말했는가? 어떤 이론에서 그 주제를 다루며, 그 이론은 무엇을 제시하는가? 예전에 어떤 연구가 수행되었는가? 발견이 일관적인가, 아니면 과거의 연구 결과가 서로 다른가? 기존의 연구물에는 개선할 수 있다고 느끼는 약점이 있는가? 등에 대한 내용을 제시하여야 하는 것이다. 동일한 기법을 사용하는 선행 연구설계를 검토한다면 조기에 연구를 기획할 수 있을 것이다. 동시에 다른 연구자의 방법과 상관없이 자신의 연구주제에 대해 초점을 맞추면서 찾아야 한다.

③ 연구대상을 분명히 한다. 자료를 수집하기 위하여 누구를 혹은 무엇을 연구할 것인가? 표본을 선택하는 것이 적절할 것인가? 그렇다면 어떻게 표본을 선택할 것인가? 연구가 연구대상에게 영향을 행사할 가능성이 있다면, 어떻게 해가 되지 않도록 보장할 것인가? 등에 대한 질문의 대답을 포함하는 것이다. 연구대상을 일반적 · 이론적 개념으로 규명하고, 그 연구를 하는데 누구를 접촉할 수 있으며 그 사람들을 어떻게 만날 것인지 보다 구체적인 개념으로 밝혀야 한다.

④ 측정에 대한 내용이다. 여기에는 연구의 핵심 변수는 무엇이며 그 변수를 어떻게 정의하고 측정할 것인가? 또한, 주제에 관한 기존의 연구와 동일한 측정 방법인가? 등에 대한 것을 포함한다.

⑤ 자료수집방법을 명시한다. 실제로 연구를 위해 자료를 어떻게 수집할 것인가? 실험인가, 아니면 서베이인가? 현장조사를 할 것인가? 다른 사람이 이미 준비한 통계의 재분석에 초점을 맞출 것인가? 등과 같은 항목을 고려할 수 있다.

⑥ 분석의 유형을 제시하고 분석의 목적과 논리를 명확히 한다. 정밀한 기술에 관심을 가지고 있는가? 현상이 왜 그러한지 설명하고자 하는가? 성향의 차이를 설명하고자 하는가? 등과 같은 질문에 대한 대답을 포함할 필요가 있다.

⑦ 연구단계에 대한 시간계획을 제시한다. 여러 연구단계를 완성하고자 하는 때와 어떻게 진행하고 있는지를 알려줄 시간표가 없다면 연구수행이 어려워질

수 있는 것이다.

⑧ 예산을 구체화하는 내용을 포함한다. 재단이나 기관에 예산을 요청하는 상황일 경우에는 물론이고, 자체적으로 비용을 부담하는 경우에도 비용에 대한 예상을 하고 인력, 장비, 소모품 등과 같은 예산 항목을 포함하는 것은 중요한 일이다.

3) 연구계획서 양식과 작성

일반적으로 연구계획서는 대개 짧은 구문들로 제한되며, 이 조건의 준수에 유의해야 한다. 연구계획서의 요소를 포함하여 계획서를 작성하는 경우 보통은 서론, 이론적 배경, 연구방법, 기대되는 결과, 연구일정 및 소요예산 등과 같은 항목으로 구성하는데, 특히, 재단이나 정부기관 등에 정책과제수행을 위해 제출하는 경우는 연구비용 부분과 연구일정을 포함하는 것이 중요하다.

연구계획서의 구성양식을 보면 일반적으로 연구논문의 구성과 유사한 형태를 갖는다. 연구계획서는 연구를 진행하기 위하여 수립한 절차를 기록한 것이고 논문의 계획서 같은 경우도 이와 유사하며 특히 연구가 완료된 논문은 계획서의 내용에 따라 수행한 연구결과와 결론 부분을 추가한 형태를 갖는 것이 차이가 있다. 또한, 연구계획서는 미래형으로 서술하며, 연구논문보다 간결한 형태이지만, 연구논문은 과거형으로 서술하며 내용분량이 많은 특징을 갖는다(성태제, 2007; Matthews & Ross, 2010).

① 연구계획서의 서론은 연구의 시작이자 논문의 도입 부분이다. 연구계획서의 서론은 독자들이 이미 익숙할 수도 있는 에세이 및 리포트의 서론과 유사하다. 서론 부분에서는 독자들의 관심을 끌 수 있는 일반적 사실을 기술하는 것이 바람직하다. 특정 현상을 설명하면서 나타나는 문제점을 해결한다든지, 새로운 이론을 창출한다든지, 방향을 제시한다든지 등의 연구의 필요성을 강조

한다. 연구자는 필요하다면 개념정의를 할 기회를 가질 수 있으며 개인적으로 해당 주제에 관심을 가진 이유를 이야기할 수도 있다.

② 이론적 배경 또는 문헌고찰은 연구의 골격을 이루는 중요한 문헌을 인용하면서 연구의 이론적 기반을 세우는 부분이다. 이론적 배경에서는 교과서, 논문, 학술지 등의 다양한 문헌을 인용할 수 있으며, 가능한 최근 문헌을 참고하여 인용할 필요가 있다. 실제로 연구계획서에서 가장 양이 많은 부분은 대개 문헌 고찰이다. 그러나 문헌고찰은 해당 주제에 대해 참고할 수 있는 문헌에 대한 단지 지시자 역할을 한다는 것을 이해해야 한다. 연구의 전체과정 중 연구계획서 수립단계에서 연구자가 문헌고찰을 완료하는 것은 쉽지 않으며 지속적으로 진행하는 경우가 많다.

Rubin과 Babbie(2016)는 관련성이 있다고 해서 기존 문헌을 불필요하게 너무 많이 인용하거나 자세히 인용하지 말아야 한다고 강조한다. Moss(1988)는 "문헌고찰은 지겹게 느껴지지 않을 정도로 충분히 간결해야 하며 동시에 연구계획서를 검토하는 사람이 연구주제가 무엇인지를 명확하게 이해할 수 있을 정도로 충분히 포괄적이어야 한다."고 지적한다(p.434). 이런 두 가지 조건을 모두 충족하려면 핵심이 되는 주제를 유지하면서 많은 관련 문헌 및 연구를 간략하게 종합해 핵심이 되는 주제와 연결하는 것이 바람직하다.

③ 연구방법은 연구를 실시하는 세부절차를 기록하는 부분이므로 구체적이고 상세하게 서술하는 것이 좋다. 연구방법에는 연구대상, 연구절차, 측정도구, 연구가설과 자료분석 등에 대한 내용을 기술한다.

첫째, 연구대상은 연구에 참여하는 사람들로서 연구결과에 결정적인 역할을 한다. 실험연구인지, 관찰연구인지, 조사연구인지에 따라 연구대상 선정방법이 달라진다.

둘째, 연구절차에서는 연구대상이 선정된 후 연구결과를 얻기 전까지 일어나는 모든 연구행위를 단계적으로 기술하여야 한다. 연구대상이 결정된 후에는 연구방법의 특성에 따라 연구를 수행하기 위한 작업이 진행된다.

셋째, 연구결과를 분석할 때 인간을 대상으로 하는 연구에서는 비가시적 특성을 측정하기 때문에 도구를 사용하여 측정한다. 검사나 설문지를 주로 사용하는데, 이 경우 검사의 이름, 목적, 특성, 문항 수, 타당도와 신뢰도 등의 정보를 서술하여야 한다.

넷째, 연구가설 및 자료분석방법과 관련한 내용이다. 연구가설은 그 연구에서 중요하다고 생각하는 연구가설 순으로 나열하는 것이 바람직하며 연구내용이 유사한 연구가설끼리 근접하도록 배열하여 서술하는 것이 연구를 이해하는 데 도움이 된다. 또한, 연구계획서에 연구가설이 구체화되면 각 연구가설에 대한 해답을 얻기 위하여 어떤 자료분석방법을 사용하여야 할 것인지를 결정해야 한다. 자료분석방법에는 기초통계, 추리통계를 사용할 수 있고, 각각의 연구가설에 적합한 자료분석방법을 사용하여 연구가설을 검증해야 한다. 연구가설을 검증하는 자료분석방법으로는 빈도수로 검증하는 방법, t검정, 중다회귀분석, 메타분석, 경로분석 등이 있다.

자료분석과 관련하여 Rubin과 Babbie(2016)는 다음과 같은 내용을 중심으로 분석의 목적과 논리를 설명할 것을 강조하고 있다. 특히, 연구비를 지원하는 기관들은 연구계획서의 구성요소 가운데 이 부분의 분량과 구체성에 대해서 각기 다른 기대를 갖고 있다. 만약 연구비 지원기관이 어떤 기대를 갖고 있는지 모른다면 자료분석 기법을 선택한 근거를 구체적으로 서술한다.

- 현상을 설명하고자 하는 것이 연구의 목적인가?
- 속성의 차이, 예를 들어 어떤 아동은 왜 다른 아동에 비해 훨씬 다루기 어려운지를 설명하고자 하는가?
- 어떤 설명변수들을 사용할 것이며, 설명하려는 차이를 적절히 설명했는지 어떻게 알 수 있는가?

한편, 연구방법과 관련하여 윤리적 문제에 관한 사항들을 담을 필요가 있다.

특히, 자신의 기관이 윤리적 승인 절차에 제출할 것을 요구하거나, 그러한 승인을 포함시킬 수 있는 경우라면, 자신이 윤리적 문제 및 인간 대상 연구가 가질 수 있는 시사점을 이해하고 있다는 것을 확인시키기 위해 윤리적 문제에 관한 언급을 포함하는 것이다.

④ 기대되는 결과는 연구결과와 논문을 작성할 때 시간을 절약할 수 있고 연구결과를 서술하는 것이 용이하기 때문에 연구계획서에 포함할 수 있다.

⑤ 연구일정과 연구예산을 포함한다. 연구계획서에 기술되는 연구일정은 연구기간과 세부적인 연구작업에 필요한 기간을 단계별로 서술한다. 연구일정에 대한 표준양식은 없으며 연구방법에 따라 다를 수 있으며, 일정계획을 포함하면 된다. 연구비는 연구자가 부담하는 경우 기록하지 않을 수 있으며, 소요항목별로 산정하여 집행해 보는 경험을 통해 대규모 연구를 수행할 수 있는 감각을 갖는데 도움을 준다.

요약하면, 전체적으로 연구계획서는 누군가에게 영향을 미치고, 자신의 연구 프로젝트를 완수할 능력이 있다는 것을 인정하도록 설득하려는 노력이다. 그러나 재단이나 정부기관 등을 통해 연구비를 얻어야하는 목적을 가진 연구계획서를 작성하기 위해서는 부가적으로 알아야 할 사항이 있으며, 위에서 언급한 여러 가지 요소와 구성내용 외에도 고려할 요소들이 있을 것이다(Rubin & Babbie, 2016).

특히, 질적 연구계획서와 양적 연구계획서의 차이점에 관한 내용을 이해할 필요가 있다. 질적연구의 설계는 연구주제, 연구방법 그리고 진실이 자연스럽게 나타날 수 있는 개방적인 출발점을 제시한다. 이는 연구방법과 구체적인 연구결과를 미리 계획하고 밝힐 수 있는 양적 연구설계와는 분명히 다른 점이다. 연구계획서를 준비하는 데 가장 어려운 점은 연구를 시작해 보기 전까지는 아무런 구체적인 연구방법을 갖고 있지 못함에도 연구방법에 대해서 설명해야 한다는 것이다. 해결방안으로 표본추출, 자료수집 및 자료분석에 관한 계획을 밝히고 동시에 이런 계획은 잠정적인 것이며 연구를 진행하는 과정에서 필요에 따라 변할 수도 있다는 점을 함께 명시하는 것이다.

또한 질적 접근방법의 종류와 내용을 설명한다. 연구자는 어떤 일반적인 원칙에 준해 질적연구를 할 것인지를 시사한다. 그리고 왜 이런 유형의 연구대상이 가장 유용한 자료를 제공하리라 생각하는지, 표본추출 방법의 원리나 이론적 근거에 대해서 설명한다. 또한 질적연구자로서 자신의 전문성과 연구수행 능력을 연구계획서에 밝히는 것이 중요하다. 질적 연구계획서의 문헌고찰은 양적 연구계획서의 문헌고찰에 비해서 연구비 지원자들에게 '믿을 만하다'는 확신을 갖게 하는 데 더 중요한 역할을 하므로 연구자의 전문성을 잘 보여줄 수 있도록 광범위하고 포괄적으로 서술할 필요가 있다.

2. 조사보고서의 작성

1) 조사보고서의 목적과 의의

사회복지조사를 실시하는 주요한 이유는 사회복지의 과학적 지식을 구축하거나 확대하는 데 기여하는 것이다. 사회복지조사를 통해 얻은 결과는 이를 분석하고 해석하여 관심을 가진 다수의 관계자에게 전달하여야 하는데, 이를 위해 조사와 관련한 과학적 결과를 담은 조사결과보고서를 작성하게 된다. 즉, 조사결과보고서는 사회조사의 최종단계로서 조사결과를 알림과 동시에 이를 공개해서 그것의 보편타당성과 객관성을 검증받는 것이 목적이다. 따라서 전문가를 위한 조사결과라면 상세한 결과를 서술하고 용어의 정의부터 조사방법까지 자세히 설명해야 할 것이며, 일반 독자를 위한 결과보고서인 경우에는 중요한 점을 강조하는 것으로 제시될 필요가 있을 것이다.

조사결과보고서가 갖는 중요한 의미는 다음과 같은 몇 가지로 제시할 수 있다(황창순 외, 2016). 첫째, 조사결과의 발표는 사회의 관련분야에 기여한다. 조사결과보고서는 이를 위한 효과적 전달을 담당하는 것이다. 둘째, 조사결과의 발표를 통해 재현과정을 거칠 수 있게 됨으로써 오류와 거짓을 찾아낼 수 있다. 조사결과보고서는 조사결과의 보편타당성과 객관성을 검정하는 기회를 주는 역할을 할 수 있는 것이다. 셋째, 조사결과보고서는 조사결과를 무시하거나 고의로 통제하는 일을 어렵게 하는 역할을 하고 조사결과를 사용할 가능성이 있는 사람이 조사결과에 주목할 수 있게 해준다. 이런 점에서 조사결과보고서는 다음과 같은 작성기준과 함께 일정한 양식에 따라 작성하는 형식과 내용을 갖는다.

2) 조사보고서의 작성기준과 고려사항

사회복지조사보고서의 작성기준으로는 포괄성의 원칙, 효율성의 원칙, 정확성의 원칙, 명확성의 원칙을 들 수 있다(강종수, 2016). 먼저 포괄성의 원칙은 조사연구에서 제기한 문제, 조사방법, 수집자료의 성격과 분석결과, 결과의 적용과 함의, 가능한 대안 등 관련한 모든 정보를 포함하여야 한다는 것이다. 조사보고서는 또한 포괄성을 가지면서 그것들이 최소한의 함축된 내용들로 구성되어 간결하면서도 핵심적인 내용을 전달할 수 있는 효율성을 갖도록 되어야 한다. 정확성의 원칙은 자료수집 과정의 타당성, 수집된 자료의 질, 자료처리 및 분석과정의 적절성 등의 여러 측면에서 정확하게 작성되도록 유의하여야 한다는 것이다. 조사보고서는 또한 내용이 분명하고 뜻이 잘 전달되도록 표현방식이 명확할 필요가 있다. 가능한 능동태 형식의 직접적인 표현을 사용하는 것이 좋으며, 명확한 문장으로 표현하여야 한다.

이와 관련하여 Babbie(2014)는 좋은 사회조사보고서가 되기 위해서는 무엇보다도 문장력이 좋아야 한다고 지적하고 있다. 과학적 보고서는 몇 가지 기능이 있다. 첫째, 보고서는 구체적인 자료와 아이디어의 내용을 독자들에게 전달한다. 보고서는 독자들이 평가할 수 있도록 구체적인 내용을 명확하고 아주 자세하게 제공해야 한다. 둘째, 과학적 보고서는 과학지식체계에 기여한다. 겸손하면서도, 자신의 조사보고서가 사회적 행동에 관한 지식의 발전에 기여한다고 생각해야 한다. 마지막으로 보고서는 후속 연구를 자극하고 방향을 제시하는 기능을 한다.

Babbie(2014)는 좋은 보고서 작성을 위한 고려사항으로 독자, 즉 보고대상의 측면과 보고서의 형식과 분량을 지적하고 있다. 첫째, 보고서의 초안을 만들기 전에 누가 보고서를 읽기 바라는지 스스로 자문해야 한다. 일반적으로, 동료 과학자들과 일반 독자를 구분해야 하는데, 전문과학자들을 상대로 한다면, 세세하게 설명하기보다는 요약하는 편이 나을 것이다. 그러나 일반 독자에 비해 더 많은 전문용어를 사용할 수 있을 것이다. 반면에 일반 독자를 대상으로 한다면, 이론적인 배경이나 선행연구들을 비교적 상세히 설명하고 내용이나 용어는 상대적으로 평이하게 서술하도록 할 필요가 있다.

둘째, 결과보고서의 형식과 분량은 다양하다. 연구논문으로 학술지에 발표하기도 하고, 책으로 출판하기도 하며, 후원자를 위해서는 보고서 형태로 제출하기도 한다. 학술지에 싣는 짧은 연구노트(research note) 형식으로 준비할 때에는 대략 1~5 페이지 정도로 하고, 간략하고 직설적이어야 한다. 조사결과를 간략한 연구 노트 형태로 쓰는 이유를 밝히는 것도 중요하다. 연구후원자에게 보고서를 쓰는 경우, 프로젝트를 후원한 이유를 염두에 두고, 조사가 사회복지의 과학적 지식 발전에 기여한 바를 요약한다.

많은 조사 프로젝트는 학술논문 형태로 전문학술회의에서 발표된다. 학술논문의 경우, 회의를 주최하는 조직에 따라 다를 수 있지만 분량이 너무 많지 않은 것이 좋다. 보편적인 조사보고서는 학술지에 실린 논문일 것이다. 분량은 다양하며, 기존 학술지 논문의 분량을 검토해봐야 한다.

3) 조사보고서 구성

조사보고서는 조사의 목적 및 대상 독자에 따라 구성의 내용과 순서가 결정된다고 볼 수 있다. 조사보고서의 구조가 하나의 형태로 정해져 있지는 않지만, 일반적으로는 앞부분, 본문부, 그리고 참고부분의 세 가지로 구분할 수 있는데 앞부분에서는 제목, 요약, 내용 목차, 표와 그림의 목차 등을 포함하고 본문은 서론(조사의 필요성과 목적, 연구문제, 용어정의 등), 본론(이론적 배경, 선행연구고찰, 조사대상, 측정도구, 표집방법, 분석방법, 조사결과 등), 결론(논의, 함의, 제한점, 향후 연구과제 등)으로 구성된다. 참고부분은 참고문헌과 부록(설문지) 등을 포함하는 것으로 볼 수 있다. 조사보고서를 학술논문의 형태로 하는 경우는 일반적인 논문작성의 양식을 준수하는 것으로 나타난다.

Babbie(2014)는 조사보고서의 구성과 관련하여 학술논문에 직접적으로 적용되는 구성의 내용을 중심으로 이해하면서 이를 약간 변형하면 조사보고서에도 적용된다고 본다. 목적과 개관, 문헌검토, 표절의 예방, 연구설계 및 실행, 분석과 해석, 요약 및 결론 등으로 구분하여 설명하고 있다.

(1) 목적과 개관

연구목적과 주요 분석결과에 대한 간략한 문장으로 시작하는 것이 좋다. 학술논문에서 개관은 초록 또는 개요의 형식을 취하는 경우도 있다. 예를 들면, 분석에는 상당량의 탐색작업이 필요하고, 주요 조사결과는 상상력이 풍부한 연역과정과 자료조작을 통해서만 가능하다. 따라서 연구자는 조사과정을 시간에 따라 서술하여 독자가 어느 정도 흥분과 놀라움으로 그 과정을 따르도록 할 수 있다. 보고서는 이런 형식으로 조사과정의 정확한 기술 정도에 따라 교육적 가치가 평가된다.

(2) 문헌검토

조사보고서가 보편적 과학지식체계에서 차지하는 비중을 밝혀야 한다. 연구자는 연구의 전체 목적을 제시하고 기존 연구에 대해 동의하는 것과 동의하지 않는 것을 지적하면서, 독자에게 기존 연구에 대한 최신 정보를 제공해야 한다. 문헌검토를 통해 연구의 가치를 밝힘으로써 연구의 토대를 마련해야 한다. 문헌검토는 특정 주제에 관한 기존 연구를 열거함으로써 독자에게 참고문헌으로서의 기능을 한다. 그러나 기존 연구검토의 도입부는 페이지 분량이 많지 않도록 해야 한다. 참고문헌으로서의 기능은 보고서 마지막 부분에 참고문헌 목록으로 충분하기 때문에 문헌검토는 현재 연구와 관련있는 연구에 한해 이루어지도록 해야 한다.

(3) 표절의 예방

다른 사람의 조사를 보고할 때는 누가 무엇을 이야기 했는지를 명확히 해야 한다. 즉, 표절(plagiarism)을 예방하는 것이 중요하며 이는 다른 사람의 말이나 생각을 훔쳐서 의도적이든 우연이든 자기의 것인 양 표현하는 절도행위임을 인식하는 것이 중요하다. 표절에 관한 주요 기본 규칙으로 다음과 같은 몇 가지를 제시하고 있다.

첫째, 인용부호나 독자들이 원자료에서 인용문을 찾을 수 있도록 하는 인용문의 출처를 밝히는 인용주 없이 다른 사람의 말을 그대로 사용할 수 없다.

둘째, 다른 사람의 말을 편집하거나 바꾸어 수정한 것을 자신의 것처럼 제시하는 것도 허용되지 않는다.

셋째, 다른 사람의 생각을 완전히 다른 말로 표현할 때도 자신의 생각인 것처럼 제시하는 것도 허용되지 않는다.

(4) 연구설계 및 실행

독자가 조사의 방법론적 설계와 실행을 이해할 수 없으면, 조사결과와 결론이 흥미 있는 조사보고서라도 큰 실망을 줄 수 있다. 모든 과학적 조사결과의 가치는 자료수집 및 분석방법에 따라 정해진다. 예를 들면, 서베이의 설계와 실행을 보고할 때는 언제나 모집단, 표집틀, 표집방법, 표본크기, 자료수집 방법, 응답률, 자료처리 및 분석 방법 등을 포함하여야 한다.

(5) 분석과 해석

자료의 제시, 자료의 조작 및 해석은 하나의 논리로 통합되어야 한다. 정리되지 않은 내용들을 보고서의 끝에 제시하거나 관련이 적은 분석과 결과를 나열하면 독자는 관심과 흥미를 잃는다. 또한 분석은 여러 단계를 거치게 되므로 각 단계가 명료하게 구분되어야 하며, 단계별 분석에 대한 이유를 밝히고 그와 관련한 자료를 제시하고 결과를 해석한 후에는 그 결과와 다음 단계의 분석과의 관련성을 적시해야 한다.

(6) 요약과 결론

요약에 있어 모든 조사결과를 낱낱이 재검토하는 것은 피해야 하지만, 주요 결과들에 대해서는 그 중요성을 다시 한 번 강조하면서 정리해야 한다. 결론은 조사에서 발견한 것과 후속 연구의 방향을 제시하는 방식으로 기술한다. 자신의 조사가 지닌 한계를 검토하고, 후속 연구에서 그 한계를 극복할 방법을 제안해야 한다.

4) 보고서 작성의 일반원칙과 질적연구의 고려사항

연구보고서 작성을 위한 일반원칙으로 다음과 같은 몇 가지를 제시할 수 있다(Rubin & Babbie, 2012). 첫째, 연구보고서는 유익해야 한다. 연구보고서의 목적은 독자들에게 연구에 대하여 알리는 것이다. 독자들이 이해할 수 있도록 충분한 설명을 제공하되 독자들이 세부사항에 너무 빠지게 해서는 안 된다.

둘째, 연구보고서는 솔직해야 한다. 모든 연구는 결점을 가지고 있다. 따라서 연구자들은 결점을 숨기려고 하기보다는, 솔직해져야 하고 연구의 제한점으로 인한 영향을 논의해야 한다. 숨겨진 결점의 징후는 둔감한 언어, 난해한 통계적 검증(부적절한 타당화를 동반하는), 과장된 정당화이다. 만일 결점이 연구에 치명적이라면, 연구를 시간이 걸리는 학습경험으로 간주하는 것이 최선이다.

셋째, 연구보고서는 과장하지 말아야 한다. 연구는 시간이 지남에 따라 근거가 축척되고 우리의 지식을 추가하는 점진적이고 순환적인 노력으로 보는 것이 가장 적절하다. 따라서 과학적인 공동체가 다양한 학파의 가치와 연구자의 기여에 대해 판단을 내린다. 의견의 차이를 지적하는 것은 수용 가능하지만, 요령껏 해야 한다.

넷째, 연구보고서는 논리적이고 조직화될 필요가 있다. 작성된 보고서는 사실에 대한 나열이 아닌, 하나의 입장에 관한 표현이다. 연구에 대해 견고한 근거가 존재하기 때문에 결과가 정당화되었다는 점을 독자들에게 설득해야 한다. 연구질문은 검토된 문헌을 고려하여 정당화되어야 하고, 논리적이고 조직화된 서론을 통해 연구질문을 입증해야 한다.

연구보고서 작성에 관하여 이제까지 논의한 내용은 대부분 양적연구와 질적연구 모두에 해당하는 내용으로 볼 수 있다. 그러나 질적연구보고서에만 적용되는 추가적인 사항들이 있음을 알 필요가 있다. Neuman(2010)은 질적연구에서 수집하는 자료는 양적연구에 비해 축약하기 어렵기 때문에 질적연구보고서는 양적연구보고서보다 일반적으로 긴 경향이 있음을 지적하고 있다. 이런 점에서 질적연구보고서는 질적 연구를 주로 다루는, 학술지명에 '질적'이라는 말이 들어가는 학술지를 통해 발표하는 것이 바람직하며 질적연구자들은 또한 자신의 연구결과를 종종 책의 형태로 발표하는 것이 하나의 방법이 될 수 있다.

또한, 양적연구보고서가 공식적이고 간결한 문체로 쓰이는 것과 대조적으로 질적연구보고서에서의 연구자는 연구대상에 대한 심층적이고 감정이입적이며 주관적인 이해를 독자들에게 전달하기 위해서 창의적이고 다양한 문장스타일을 사용한다. 비록 질적연구의 경우가 보고서의 형식이나 구성에 있어서 좀 더 융통성을 가질 수 있는 것은 사실이지만, 질적 연구의 모든 결론은 납득할 만한 방법을 통해서 수집된 양적으로 충분한 근거자료에 의해서 뒷받침되어야만 한다(Rubin & Babbie, 2014).

3. 조사결과의 발표

1) 구두 발표의 의미와 구성

조사결과 발표의 형태는 갈수록 더 획기적인 방법이 요청되고 있는 추세이다. 21세기의 사회적 특성을 반영하는 것이기도 하지만, 인쇄된 연구 자료를 사용은 옛날 방식이 되어 버렸고 대부분의 학술회의에서 연구결과를 시각적으로 발표하는 것이 장려되고 있는데, 그 중 가장 대표적인 방법은 구두발표(oral presentation)일 것이다.

구두발표란 자신의 의견이나 경험, 주장과 같은 정보나 이론을 상대방에게 발표, 소개, 표현하는 일체의 의사전달행위를 의미한다(강종수, 2016). 구두발표가 다른 발표와 가장 다른 점은 역동적 과정이며 종종 청중과의 교류가 필요하다는 점이다. 조사결과에 대한 구두보고, 즉 프리젠테이션에 대한 기회가 점차 많아지고 있으므로 이에 대한 준비도 중요한 과제가 되고 있어 주목할 필요가 있다.

구두발표, 즉 프레젠테이션의 논리전개는 서론-본론-결론의 순서로 이루어진다. 그러나 효과적인 프레젠테이션을 위해서는 단순한 논리 전개보다는 참가자에게 어떤 동기를 제공하는 것이 좋다. 효과적인 구두발표를 위해서는 구성에서부터 자료의 작성, 기기의 사용방법 습득 등 프레젠테이션을 능숙하게 진행할 수 있도록 끊임없는 숙련과정을 쌓아야 한다(강종수, 2010).

2) 구두발표의 준비와 방법

Matthews와 Ross(2010)는 구두발표와 관련한 내용을 다음과 같이 제시하고 있다.

(1) 준비

아무리 얘기해도 지나치지 않는 것이 준비의 중요성이다. 주제에 대해 확실히 알고 발표할 여러 가지 포인트를 파악하고 있어야 한다. 그리고 어떤 장소에서 하는지 어떤 장치를 어떻게 사용할 수 있는지 필히 숙지하고 있어야 한다. 전자기기에만 의존해서는 안 된다(예: 인터넷 연결 불량).

(2) 대본

대부분 처음 발표하는 사람들은 대본을 쓰는 경향이 있다. 처음 시작하는 경우에는 좋은 방법이다. 대본은 무엇을 말할 것인지에 대한 지침서이기 때문이다. 그러나 가장 어려운 점은 청중의 상황이 바뀌었음에도 불구하고 발표자가 준비한대로 제한을 해서 발표를 할 수가 있으니 주의를 할 필요가 있다.

(3) 구조

발표의 가장 중요한 것은 구조라고 할 수 있다. 서론, 본론, 결론은 발표의 3가지 규칙이라고도 한다. ① 청중에게 무엇을 말할 것인가를 얘기해준다(서론). ② 중심내용을 이야기 한다(본론). ③ 청중에게 지금까지 무엇을 말했는지 요약 정리해준다(결론).

(4) 리허설

발표를 위한 연습은 필요하다. 이것은 내용에 좀 더 친숙해지는 것뿐만 아니라 시간제한도 지키고 좀 더 자신감이 생기게 할 것이다. 연습만큼 중요한 것이 없음을 기억할 필요가 있다.

(5) 발표

발표자일 때에는 스스로 매력적으로 청중에게 보여주는 것이 필요하다. 이는 연기자와 공통점이 있다. 발표자가 그들의 역할을 좀 더 용이하게 하는 모습을 고를 수 있다. (예를 들어, 연예인이나 전문가로서 자신을 나타낼 수 있다.) 발표할 환경과 필요한 일들을 고려해서 신중하게 역할을 골라야 한다.

(6) 가청도

만약 청중이 발표를 잘 듣지 못했다면 실패했다고 봐야 한다. 라디오 마이크 같은 기구를 사용한다면 미리 그것들이 작동하는지 그리고 사용법에 친숙해져야 한다. 발표가 시작될 때, 뒷줄에 앉은 사람도 들리는지 점검해야 한다.

(7) 명료성

물론 그냥 소리가 크다고 해서 충분한 것이 아니다. 발표자의 말이 이해하기 쉬운지 확실히 체크할 필요가 있다. 대부분의 발표자는 그들이 불안해 할 때 말을 빨리하는 경향이 있다. 항상 일정한 소리의 크기와 속도를 신경 쓰면서 발표를 하는 연습을 할 필요가 있다. 연습만큼 중요한 것은 없다.

(8) 청중과의 관계

청중들은 발표자가 자신들에게 관심이 있기를 희망하고 청중이라 하면 그럴 자격이 있다. 결국엔 그들이 발표를 듣고 있는 것이다. 청중 개개인들은 발표자가 그들에게 집중하고 있다는 생각을 하길 원한다. 그들과 눈을 마주친다면 그렇게 생각할 것이다.

(9) 청중과 눈 맞추기(eye contact)

청중과 눈을 맞추는 것은 발표자에게 아주 큰 문제가 될 수가 있다. 청중들 중 누군가가 문자를 보내거나 신문을 본다거나 하는 것을 보았을 때 발표자는 낙심을 하게 될 것이다. 그러나 만약에 발표자가 청중과 눈을 맞출 만큼 자신이 있으면 별

문제가 안 될 것이다.

(10) 유머와 농담

청중과 전혀 관계가 없는 농담을 추천하지는 않는다. 그러나 사람들은 유머와 농담이 있을 때 쉽게 기억할 수가 있기 때문에 이를 활용하는 것이 중요하다. 유머와 농담은 발표를 더 기억에 남게 할 것이다.

(11) 청중과 함께하기

활동적인 사람이 많은 사람들에게 기억에 남는다. 그래서 가능하면 투표나 질문에 참여를 시킨다든지 하여 청중을 끌어들이는 것이 중요하다. 거의 모든 참여가 긍정적인 면을 가지고 있을 것이다.

(12) 읽지 말고 말을 하라

발표자들 중에는 노트나 대본을 보고 읽는 경우가 있다. 이런 발표는 청중을 지겹게 할 수가 있으니 주의해야 한다. 경험이 풍부한 발표자는 간단한 메모를 활용하거나 메모가 없이 한다. 그러나 이는 시간과 경험이 필요함을 알고 있어야 한다. 노트를 사용한다는 것이 잘못 되었다는 것이 아니다. 그러나 절대로 쓰여진 대로 읽기만을 하지 않는 것이 바람직하다.

(13) 시각적인 원조

시각적인 원조는 유용하다. 요즈음 대부분의 사람들이 컴퓨터프로그램 Microsoft, 파워포인트, 화이트보드, 플립 차트 등에 익숙하다. 이것은 굉장히 유용하지만 청중의 시선을 빼앗기지 않기 위해서는 제한을 두고 사용하여야 한다.

(14) 겉모습

발표자는 옷이 전달하는 메시지를 고려해야 한다. 심각한 주제로 논의할 경우 보수적으로 옷을 입는 것이 좋다. 어떤 옷을 입어야 할지에 대한 특별한 가이드는 없으나 발표시에는 어떤 옷을 입을 것인지를(dress code) 계획단계에 넣어놓기를 희망한다.

4. 조사보고와 윤리적 이슈

1) 연구의 윤리적 고려사항

윤리적 문제가 발생하는 영역은 인간의 권리, 자료 수집, 자료 분석 및 해석, 그리고 연구 분야에 대한 존중, 글쓰기 및 연구와 관련한 관심내용까지를 포함한다. 다음은 연구윤리와 관련한 주요한 몇 가지 내용을 제시한 것이다.

첫째, 인간 대상 연구에서는 다음과 같은 권리가 연구의 모든 참가자에게 부여되어야 한다. 즉, 올바른 정보에 대한 권리이다. 모든 예비 참가자는 참여하기로 동의한 연구과제에 대한 참여절차와 위험부담에 대한 정보를 얻어야 한다. 자유와 자율성의 원칙은 개인이 연구에 참여하거나 참여하지 않을 수 있으며, 참여 중에도 언제든지 철회하거나 거부할 수 있어야 한다, 즉, 참여는 자발적이어야 하는 것이다.

둘째, 비밀보호(confidentiality)는 모든 연구자의 주요책임이다. 비밀보호라는 뜻은 Sieber에 의하면(1992), "그들의 데이터로 수행할 수 있는 상황에 대해 사람들과 함께 합의하는 것을 의미한다"(p. 52). 개별 참가자의 신원과 참가자의 정보를 의미하며 연구 데이터가 수집되면, 연구자 이외의 누구도 접근할 수 없다. 참가자의 기밀데이터를 포함하는 전자 종이와 파일이 잠겨 있어야하며 일반인 출입권에서 떨어져 있는 장소에 저장되어야 한다. 때때로 익명이 요청되는데, 이는 개인이나 조직 등 데이터를 제공하는 식별자가 없음을 의미한다. 설문조사는 데이터를 수집하는

데 사용되는데, 이 경우 개별응답이 전체 집계 데이터에 포함되도록 데이터를 결합하는 것이 중요하다. 또 다른 기술은 익명성을 보장하기 위해 가상의 이름을 사용하는 것이다.

셋째, 자료수집에서의 윤리적 문제가 있다. 연구에 대한 자료를 수집하는 과정에 윤리적 책임을 갖는 것이 중요하다. 사회과학에서 데이터는 주로 설문조사, 인터뷰, 참가자 관찰 또는 행동연구 방식을 통해서 수집된다. 데이터를 수집하기 위해 인터넷 및 기타 통신기술을 사용할 때 참가자의 허가가 필요하다. 웹 설문조사를 사용하여 데이터를 수집하는 경우에도 묵시적 동의가 필요하다. 참가자가 자신의 웹 설문조사로 링크를 클릭할 때, 그것들은 정보에 동의하여 참석하였고 그들이 계속 자발적으로 동의하여 참여함으로써 정보를 얻는다.

넷째, 조사 결과보고서 내에서의 윤리적 이슈들이 있다. 윤리적 연구자들은 연구결과를 정직하고 객관적으로 보고한다. 부정적인 결과들을 숨기지 않고, 주의깊게 선별해서 보고하고, 모순된 데이터로 속임수를 부리지 않는다. 예를 들어, 데이터셋(set)을 편집하게 될 경우 아무런 논의 없이 임의로 시행하는 것은 비윤리적인 것이다. 또 다른 예는 일반화 가능성과 관련하여 생각할 수도 있다. 연구결과에서 만약 연구대상이 다른 경우인데도 얻었던 결과 값들을 일반화하려고 애쓰면 안 된다. 대신에, 연구결과의 한계점에 이러한 상황을 언급하는 것이 필요하다. 윤리적인 연구자로서, 입증할 수 있는 방법들을 이용하여 얻은 데이터들을 정확하며 정직하게 기록하고 보고할 책임이 있다.

다섯째, 표절에 관한 윤리문제이다. 표절을 담고있는 보고서나 논문을 쓰는 것은 연구자의 업적과 학위 그리고 평판에 위험을 미칠 수 있다. 저작권법을 무시하거나 가볍게 여기는 사람들에게는 엄격한 처벌이 부과될 수 있다. 표절과 저작권 위반은 학문에 있어 최악의 죄이며 심각한 문제이다. 표절은 남의 생각을 훔치는 것이다. Booth, Colomb, 그리고 Williams(1995)는 표절의 정의를 다음과 같이 명시하고 있다.

의도했거나 아니거나, 당신이 타인의 용어와 생각을 사용했으나 그 사람에게 적절한 대가를 하지 않았을 때 표절이 발생한다. 심지어 작가와 신용 거래를 했음에도 불구하고 인용 표시 및 문단 들여쓰기를 하지 않고서 그 사람이 썼던 용어를 쓰는 것도 표절이다. 또한 본인의 작품 속에서 사용한 용어가 원본과 비교해봤을 때 의미가 달라진다면 역시 표절이다. 그러므로 기본적으로 당신이 표절이라는 죄를 짓게 되는 것에는 3가지가 있다.

① 타인의 용어와 생각을 적절한 대가 없이 사용
② 타인의 용어를 인용 표시 및 들여쓰기를 하지 않고 사용
③ 타인의 용어를 의역하는 것(비록 원본을 인용했더라도)

아이디어만큼 용어 또한 표절되기 쉽기 때문에 타인의 것을 의역할 때에는 매우 주의를 기울여야 한다. 만약 표절의 의심을 받게 되면, 그 보고서나 논문을 읽는 사람들에게 다시 신용과 존경을 얻기는 매우 어렵게 될 것이다.

여섯째, 논문작성 윤리에 유의할 필요가 있다. 윤리적 연구를 계획하고 수행하기 위한 첨언으로, 글쓰기에 있어서도 반드시 윤리를 고려해야 한다. 특별한 인종이나 민족적 집단에 속하는 사람들이나, 특이한 성적 지향이나 생활방식을 가진 이들에 대한 열등한 지위를 인식하게 하는 차별적 언어나 편견을 삼가는 것이 중요하다. APA Manual, 6판(2010)에서는 "과학적 글쓰기는 연구되고 있는 집단원이나 집단에 대한 부적절한 평가나 암시를 삼가야 한다."고 언급하였다. 또한 이러한 이슈들에 대한 깊이 있는 토론이나 가이드라인을 제시할 것을 밝히고 있다. Rudestam과 Newton(2007) 또한 편견 없는 글쓰기에 관해 "과거에 허용적인 용어법이었던 것이 오늘날 허용되지 않을 지도 모르기 때문에 몇몇 다른 집단의 언어유통에서 민감할 것을 글 쓰는 이들에게 충고한다"(p. 282).

이상의 내용을 요약하면, 보고서나 논문의 윤리적 이슈는 연구수행의 모든 측면에서 발생하게 된다. 인간을 대상으로 하는 주제를 연구하는 경우 인간의 권리, 자료 수집, 자료 분석, 해석, 연구결과 보고서작성, 표절, 연구문 쓰기, 저작권법에서

자기논문보호와 논문에 인용된 다른 저자의 보호와 같은 윤리적 고려에 대해 더욱 유의해야 할 필요성에 대한 이해를 높여야 할 것이다.

참고문헌

강병서 · 조철호(2013). 연구조사방법론. 서울: 무역경영사.

강영걸 · 박성복(2009). 사회복지조사론. 경기: 학현사.

강종수(2011). 사회복지행정의 이해: 복지경영적 접근. 서울: 학지사.

강종수(2013). 사회복지조사방법론. 경기: 양서원.

고수현 외(2013). 사회복지조사론. 경기: 정민사.

고홍월 · 권경인 · 김계현 · 김성회 · 김재철 · 서영석 · 이형국 · 탁진국 · 황재규(2014). 상담연구방법론. 서울: 학지사.

곽종형 외(2013). 사회복지조사방법론. 경기: 양서원.

김갑용 외(2010). 사회복지조사론. 경기: 학현사.

김기덕 외(2012). 사회복지조사방법론. Cengage Learning.

김기덕 · 김용석 · 유태균 · 이기영 · 이선우 · 정슬기(2012). 사회복지조사방법론. Rubin, A., & Babbie, E. (2011). Research Methods for Social Work. Brooks/Cole Cengage Learning. 서울: 센게이지러닝.

김렬(2009). 연구조사방법론. 서울: 박영사.

김병진 · 소재진 · 김항곤(2013). 사회복지조사방법론. 서울: 신정.

김성이 · 채구묵(1997). 욕구 조사론. 서울: 한국사회복지사협회.

김영숙 외(2003). 사회복지 프로그램 개발과 평가. 서울: 교육과학사.

김영종(2007). 사회복지조사방법론. 서울: 학지사.

김영종(2013). 사회복지 프로그램 개발과 평가. 서울: 학지사.

김영천(2010). 질적연구방법론 I: Bricoleur. 서울: 문음사.

김윤옥 · 박성미 · 박소영 · 손미 · 신경숙 · 이은화 · 정명화 · 허승희 · 황희숙(2009). 질적연구 실천방법. 경기: 교육과학사.

김인숙(2016). 사회복지연구에서 질적방법과 분석. 서울: 집문당.

김정우 · 양심영(2010). 사회복지조사론. 경기: 양서원.

김진숙(2011). 사회복지조사론. 서울: 신정.

김진숙(2015). 사회복지조사론. 서울: 신정.

김진우(2012). 질적연구 자료분석방법의 다양성 이해. 서울: 한국청소년정책연구원.
김진우(2012). 질적연구 자료수집방법에 대한 이해. 서울: 한국청소년정책연구원.
김창대 외(2011). 상담 및 심리교육 프로그램 개발과 평가. 서울: 학지사.
김학주(2004). 사회복지 프로그램 평가. 서울: 집문당.
김형식 외(2013). 사회복지행정론. 경기: 양서원.
박기우 · 이정우 · 유희숙 · 문성균 · 박혜상(2013). 사회연구조사방법론. Newman, W. (2010). Social Research Methods. Pearson Education.
변창진(1994). 프로그램개발. 대구: 홍익출판사.
사회복지교육연구센터 편저(2010). 사회복지조사론. 서울: 나눔의 집.
사회복지교육연구센터(2015). 사회복지행정론. 서울: 나눔의 집.
서대진 · 장형유 · 김명희(2016). 인문사회과학도를 위한 연구방법과 사례별 활용서. 서울: 청람.
성숙진 · 유태균 · 이성우(1998). 사회복지조사방법론. Rubin, A., & Babbie, E. (1997). Research Methods for Social Work. Brooks/Cole Publishing Company.
성태재 · 시기자(2011). 연구방법론. 서울: 학지사.
소영일(2001). 연구조사방법론. 서울: 박영사.
신원식 · 김민주(2010). 사회복지 프로그램 개발과 평가: 프로포절 작성의 실제. 서울: 공동체.
심우찬(2011). 실천현장에서의 질적연구의 필요성과 활용법. 글로벌시대 비판청소년학 (p.99-132). 서울:세계청소년학아카데미.
양성관 외(2014). 사회복지조사론. 경기: 정민사.
양승일(2014). 사회복지행정론. 경기: 양서원.
양점도(2009). 사회복지프로그램 개발과 평가. 경기: 양서원.
양정하 외(2006). 사회복지조사방법론. 경기: 공동체.
양정하 외(2011). 사회복지 프로그램 개발과 평가. 경기: 정민사.
오세영 외(2012). 사회복지행정론. 서울: 신정.
우수명(2004). 사회복지 프로그램 개발과 평가. 서울: 인간과 복지.
유기웅 · 정종원 · 김영석 · 김한별(2012). 질적연구방법의 이해. 서울: 박영사.
유영준(2014). 사회복지조사론의 이해. 서울: 학지사.
유진이 · 윤혜순(2013). 청소년프로그램 개발과 평가. 경기: 양서원.
이목훈 · 양용희(2015). 새사회복지행정론. 서울: 대왕사.
이종규(2007). 질적 연구방법론. 경기: 교육과학사.
이창희 외(2011). 사회복지조사론. 서울: 창지사.

이팔환 외(2007). 사회복지조사방법론. 서울: 신정.

임봉호 외(2012). 사회복지조사론. 경기: 양서원.

임봉호 · 이인수 · 김승훈 · 김동호(2012). 사회복지조사론. 경기: 양서원.

장정순(2016). 사회복지조사방법론. 경기: 양서원.

정무성(2010). 사회복지 프로그램 개발론. 경기: 학현사.

정무성 · 정진모(2001). 사회복지프로그램 개발과 평가. 서울: 양서원.

정민정 외(2008). 사회복지 프로그램 개발과 평가. 서울: 창지사.

정영숙(2006). 사회복지조사방법론. 경기: 공동체.

정현욱(2012). 사회과학 연구방법론. 서울: 시간의 물레.

지은구(2005). 사회복지프로그램 개발과 평가. 서울: 학지사.

채구묵(2006). 사회복지조사방법론. 경기: 양서원.

채구묵(2010). 사회복지조사방법론. 경기: 양서원.

채서일(2007). 사회과학조사방법론(제3판). 서울: 비앤엠북스.

채서일(2011). 사회과학조사방법론. 서울: 비앤엠북스.

천정웅(2017). 사회복지연구방법론. 경기: 양서원.

천정웅 · 김용환 · 김승돈(2015). 사회복지행정론. 서울: 신정.

최성재(2005). 사회복지조사방법론. 서울: 나남.

최성재(2008). 사회복지조사방법론. 서울: 나남.

최성재(2012). 사회복지조사방법론. 서울: 나남.

최성재 외(2016). 사회복지행정론. 서울: 나남.

한국청소년개발원(1994). 프로그램의 개발과 운영. 서울: 한국청소년개발원.

한국청소년개발원(2008). 청소년 프로그램개발 및 평가론. 서울: 교육과학사.

황성철(2005). 사회복지프로그램 개발과 평가. 서울: 공동체.

황성철(2008). 프로그램 개발과 평가. 서울: 공동체.

황창순 외(2010). 사회복지조사론. 경기:양서원.

Bryman, A. (2012). *Social research methods*. New York, NY: Oxford University Press.

Creswell, J. W. (2015). *30 Essential skills for the qualitative researcher*. 한유리 역(2017). 질적연구의 30가지 노하우. 서울: 피와이메이트.

Guba, E. and Lincoln, Y. (1994). Competing paradigms in qualitative research, in Denzin, N. K. and Lincoln, Y. (Eds.), *Handbook of Qualitative Research*, Newbury Park: Sage.

Matthews, B. and Ross, L. (2010). *Research Methods: A Practical guide for the social science.* London: Pearson Education.

Newman, W. L. (2011). *Social research methods: Qualitative and quantitative approaches* (7th ed.). Pearson Education Inc.

Patton, M. (2002). *Qualitative Evaluation and Research Methods* (3rd ed.). Newbury Park: Sage.

Patton, M. Q. (2015). *Qualitative research and evaluatin methods: Integrating theory and practice.* 김진호 · 나장함 · 차동춘 · 조대훈 · 조윤경 · 임정완 · 임부연 · 최윤정 · 이연선 · 최진혁 · 박주영(2017). 질적연구 및 평가방법론. 경기: 교육과학사.

Rubin, A., & Babbie, E. (2010). *Essentials Research Methods for Social Work.* Brooks/Cole Cengage Learning. 유태균 역(2012). 에센스 사회복지조사방법론. 서울: Cengage Learning Korea.

Rubin, A., & Babbie, E. (2011). *Research Methods for Social Work.* Brooks/Cole Cengage Learning. 김기덕 외 옮김. 사회복지조사방법론, 6판, 서울: Cengage Learning Korea.

Shaughnessy, J. J., Zechmeister, E. B., & Zechmeister, J. S. (2014). *Research Methods in Psychology.* 조영일(2016). 사회과학에서의 연구방법론. 서울: 시그마프레스.

Sheperis, C. J., Young, J. S., & Daniels, H. (Eds.) 최한나 · 김은하 · 김형수 (역)(2013). 상담연구방법론: 양적 · 질적 · 혼합적 방법론. 서울: 학지사.

찾아보기

인 명

내 용

저/자/소/개

■ **박 선 희**(성덕대학교)

현재 성덕대학교 노인재활복지상담과에 교수로 재직 중이다. "사회복지전공 대학생의 다문화 역량에 관한 영성지능과 인권태도의 구조관계 분석"으로 대구가톨릭대학교에서 사회복지학 박사 학위를 받았고, 대구가톨릭대학교에서 조사방법론, 논문연구방법론, 사회복지법제론, 다문화 글로컬 생활세계 등을 강의하였다. 사회복지에서 영성을 활용한 실천과 접근을 중요하게 생각하고 탐색해 왔으며 청소년 정신건강, 중독문제와 영성 등에 관한 강의와 연구를 하고 있다. 또한, 다문화와 관련하여 사회통합, 다문화 수용성, 다문화 역량 및 국제사회복지 등에 관심을 가지고 있으며 다문화청소년과 외국의 청소년이슈 등을 주제로 국제학술대회와 세미나 등에서 발표하였다. 대표논문으로 "범분야 이슈와 Post-2015(2016)"와 "프랑스 청소년의 삶과 정책"(2013),"잠재성장모형을 활용한 청소년의 다문화수용성발달에 관한 종단연구"(2014), "청소년의 영적안녕감이 사회성발달에 미치는 영향"(2014) 등이 있으며, 저서로 『다문화글로컬 생활세계』(2015), 『지역사회복지론』(2016), 『사회복지개론』(2016) 등이 있다.

■ **천 정 웅**(대구가톨릭대학교)

미국 캔사스대학교(The University of Kansas)에서 사회복지학 박사학위를 취득하였으며 한국 중앙대학교에서 정치학 박사학위를 받았다. 한국청소년정책연구원 기획조정실장, 한국청소년학회 사무총장, 미국 아이오와 대학교(University of Iowa) 방문학자, 미국 캔사스대학교(University of Kansas), 사회정책분석연구원 Research Manager 등으로 일한 바 있다. 현재 대구가톨릭대학교 사회복지학과 교수로 재직하고 있으며, 대구다문화가족지원센터 협회장 등을 맡은바 있다. 대구가톨릭대학교의 주요보직은 국제다문화대학원장, 다문화연구원장, 다문화교육원장, 청소년복지연구소장, 사회복지학과장, 대학원 사회복지학과장 등이 있다. 국제사회복지론을 비롯하여 청소년복지론, 사회복지정책론, 사회복지행정론, 지역사회복지론, 고급통계자료분석론, 질적연구방법론, 사회복지법제론, 인간행동과 사회환경 등을 담당하고 있다.

1980년대 중반 이후 30여 년간 청소년학, 사회복지 및 영성복지 등과 관련한 이론과 실천, 양적/질적 연구방법론 등에 관한 연구, 강의 및 저작활동에 진력해오고 있다. 한국전통사상에 관해 특별한 관심을 갖고 있으며, "적극적 관점의 청소년개발", "청소년인권과 참여" 등 40여종의 저서와 "청소년참여의 유형화 연구" 등 다수의 논문이 있다. 또한, "Best practices in community-based prevention for youth substance reduction", "Causal relationships between service outcomes and satisfaction, service utilization, and demographic characteristics: A path analysis" 등 단독저자로서 SCI, SSCI 등재 영문저널에 게재된 영문논문을 여러 편 갖고 있다. 한국사회복지질적연구학회 편집위원장, 한국시민청소년학회 회장, 한국청소년연구 편집위원 등을 역임했으며, 최근에는 국제사회복지학회 회장, 글로벌청소년학회 회장을 맡아하고 있다.